IDEALIZADORA
Paula Aliende

CURADORA e COORDENADORA EDITORIAL
Claudia Cardillo

BEM VIVA
DE CORPO E ALMA

Literare Books
INTERNATIONAL
BRASIL · EUROPA · USA · JAPÃO

© LITERARE BOOKS INTERNATIONAL LTDA, 2021.
Todos os direitos desta edição são reservados à Literare Books International Ltda.

PRESIDENTE
Mauricio Sita

VICE-PRESIDENTE
Alessandra Ksenhuck

DIRETORA EXECUTIVA
Julyana Rosa

DIRETORA DE PROJETOS
Gleide Santos

RELACIONAMENTO COM O CLIENTE
Claudia Pires

EDITOR
Enrico Giglio de Oliveira

ASSISTENTE EDITORIAL
Luis Gustavo da Silva Barboza

REVISORES
Ana Mendes e Ivani Rezende

CAPA
Victor Prado

DESIGNER EDITORIAL
Lucas Yamauchi

IMPRESSÃO
Gráfica Paym

Dados Internacionais de Catalogação na Publicação (CIP)
(eDOC BRASIL, Belo Horizonte/MG)

A455b   Bem viva de corpo e alma: uma abordagem com medicina e terapias
integrativas / Organizadora Paula Aliende. – São Paulo, SP:
Literare Books International, 2021.
240 p. : il. ; 16 x 23 cm

Inclui bibliografia
ISBN 978-65-5922-223-0

1. Corpo e mente. 2. Terapia integrativa. 3. Medicina. I. Aliende,
Paula.
                                    CDD 616.8914

Elaborado por Maurício Amormino Júnior – CRB6/2422

LITERARE BOOKS INTERNATIONAL LTDA.
Rua Antônio Augusto Covello, 472
Vila Mariana — São Paulo, SP. CEP 01550-060
+55 11 2659-0968 | www.literarebooks.com.br
contato@literarebooks.com.br

SUMÁRIO

7   PREFÁCIO
Dr. Roberto Zeballos

9   BEM VIVA DE CORPO E ALMA: UMA ABORDAGEM COM MEDICINA E TERAPIAS INTEGRATIVAS
Paula Aliende

17   MISSÃO SALVAR VIDAS: SER HUMANO, CIÊNCIA E TECNOLOGIA
Claudia Cardillo

25   NADA COMO ANTES
Fernando Scherer, o Xuxa

33   UM NOVO EQUILÍBRIO
Maurício Sita

41   ORGANIZAR PARA VIVER COM MAIS SAÚDE: A ORGANIZAÇÃO E OS BENEFÍCIOS PARA UMA VIDA MAIS EQUILIBRADA
Aline Ceron

49   A ALMA DO NEGÓCIO: CONSTELAÇÃO SISTÊMICA APLICADA AO MUNDO DOS NEGÓCIOS
Ana Carolina Vaz

59   MÚSICA & OS QUATRO GIGANTES DA ALMA: A MÚSICA CURA, ELEVA E TRANSFORMA!
Betth Ripolli

67   SAÚDE E BEM-ESTAR COM O MÉTODO PISANO®
Carlos Pisano

75   TRÊS ÂNCORAS DA MEDITAÇÃO
Dianeli Geller

83	ALEGRIA CARIOCA CONTAGIANDO O MUNDO	

Doris Barg

91   AS QUATRO ENERGIAS PARA UMA VIDA PLENA
Fernanda Fiori

99   A BELEZA E A ESTÉTICA COMO CAMINHO DE CURA DA ALMA
Flávia Maklouf

107   O QUE É DEMÊNCIA? E COMO PREVENI-LA?
Francine Mendonça

113   COMO VOCÊ ESCOLHE VIVER SUA VIDA?
Hyndiara Lorena Frota Oliveira

123   MEDICINA, ONCOLOGIA, CIRURGIA ROBÓTICA E ESPIRITUALIDADE
Igor Nunes Silva

131   *SOUND HEALING*: A MEDICINA DO SOM
Ingrit Rojas

139   A SAÚDE PELA ORELHA
Larissa A. Bachir Polloni

147   HIPNOTERAPIA: TERAPIA POR MEIO DA HIPNOSE COM OLHAR SISTÊMICO
Lia Paludo

153   CUIDANDO DO SORRISO DO ROSTO E DO SORRISO QUE VEM DA ALMA COM
THETAHEALING
Luciana Aidar Guarino

161   O INÍCIO DE UMA JORNADA RESPIRATÓRIA
Maria Eugênia Anjos

169   O DESPERTAR DAS DEUSAS NO UNIVERSO DA GINECOLOGIA-OBSTETRÍCIA: MENTES QUE ILUMINAM O MUNDO
Marlene Siqueira

177   SONHOS: PORTAIS PARA A MANIFESTAÇÃO DO PODER PESSOAL
Pedro Marata

185   *MINDFULNESS*: VOCÊ PODE RESSIGNIFICAR A SUA VIDA
Priscilla Rosa

193   BENEFÍCIOS DO EMDR (*EYE MOVEMENT DESENSITIZATION AND REPROCESSING*) ALIADOS À TERAPIA CLÍNICA
Renata Cardillo Homem de Mello

201   MEDICINA E ESPIRITUALIDADE
Renata Isa Santoro

209   ARARÊTAMA: ESSÊNCIAS VIBRACIONAIS DA MATA ATLÂNTICA
Sandra Epstein

217   QUATRO DICAS PARA RENOVAR A SAÚDE FEMININA FÍSICA E EMOCIONAL: PERMITA-SE VIVER O NOVO!
Thaisa Miessa

225   ÓLEOS ESSENCIAIS E A SAÚDE EMOCIONAL: UM COMPLEMENTO À MEDICINA INTEGRATIVA
Val Yoshida

233   RMDZ: REPROGRAMAÇÃO MENTAL EM DELTA
Zaika Capita

PREFÁCIO

Ao longo dos anos, percebi a importância da atitude do médico e a percepção individual do paciente no resultado da cura. O meu objetivo é ajudar os meus pacientes e as pessoas em geral a expandir a consciência em função dos novos conhecimentos de Física, Biologia da Crença e Epigenética. Demonstrar como tudo isso está ligado à espiritualidade milenar de Jesus, Buda, entre outros, que nunca se preocuparam em provar nada, pois era a fé pela fé.

Novos conhecimentos de Epigenética, Biologia da Crença e Física obrigaram a ciência a rever seus conceitos, abrindo caminho para as possibilidades infinitas e finalmente o alinhamento com os conceitos milenares da espiritualidade.

Espero que o conteúdo deste livro traga a consciência de que somos responsáveis diretos pela realidade que vivemos. Nós temos uma ferramenta que tem um poder absurdo sobre a nossa realidade, que ainda não sabemos usar. Muito dessa ferramenta que existe dentro de nós depende da nossa consciência, que foi criada ao longo da nossa existência, principalmente nos primeiros sete anos de vida. Nós temos algumas crenças que regem nosso dia a dia. Às vezes nos limitam ou facilitam as nossas realizações. Segundo os físicos, a matéria é um produto da consciência com realidades infinitas à nossa disposição. Realidade e fantasia habitam o íntimo do mesmo ser, o que muda é a maneira de observarmos o universo.

Basta sentir com a alma e desejar com o coração, sentindo-se merecedor. Sonhe, viva, visualize. Lembre-se: um ser humano é do tamanho de seu sonho. Todas as pessoas de sucesso têm experiências similares de imaginação prévia utilizando a meditação com técnicas de visualização.

Portanto, o médico confiante, seguro, com diagnóstico baseado em fatos tem um poder enorme na cura, pois estimula a fé (biologia de crença) do próprio paciente associada ao tratamento técnico competente. Descrevo vários exemplos no meu livro *Desejo, logo realizo,* nos quais o carinho e a confiança foram determinantes no resultado da cura.

Tudo muda quando você muda; viva o dia de hoje com amor, gratidão e intensidade, passa muito rápido. Não perca tempo com lamentações, mas com a busca de soluções. Lembre-se, de que não existe fracasso nem sucesso, mas experiência e aprendizado. Viva na sintonia do agradecimento, do amor e dos sonhos. Não cultive mágoa, raiva ou vitimização. Várias doenças estão associadas a esses sentimentos nocivos.

Como mencionado acima, o universo é grande construção mental. A percepção individual depende de programas, paradigmas e crenças. Os Jesuítas diziam: "Me dê seu filho ao nascer que eu te devolvo um homem aos sete anos".

Então, para mudar a programação individual basta colocar o cérebro no modo de programação. Existem várias técnicas disponíveis, como Meditação, Tetha Healing, Hipnose, Neurolinguística, entre outras. Preencha o seu o cérebro com pensamentos positivos antes de dormir e ao acordar. A visualização do sonho é uma ferramenta poderosa, quanto mais pessoas se beneficiarem com os seus sonhos, mais fácil eles se realizarão.

Dicas para mudar a percepção: siga seu coração, evite o adiamento das decisões, viva intensamente, pois é melhor errar do que não tentar.

Exercício mental fantástico: escreva, em um papel, tudo que você gostaria de fazer se o mundo fosse acabar em seis meses. Seja verdadeiro consigo mesmo!

O segredo do sucesso e da felicidade é a paixão pela atividade, a autoconfiança, a visualização, o preparo técnico, sendo este último uma consequência natural das duas primeiras

Abraços,

Dr. Roberto Zeballos

1

BEM VIVA DE CORPO E ALMA
UMA ABORDAGEM COM MEDICINA E TERAPIAS INTEGRATIVAS

Neste capítulo, a autora fala sobre a escolha do tema Medicina Integrativa, o que se justifica, pois o livro é resultado do seu percurso na área de jornalismo, no qual se motivou muito para estudar e construir sua trajetória no campo do bem-estar, da saúde e da qualidade de vida.

PAULA ALIENDE

Paula Aliende

Apresentadora do *talk show* Bem Viva de Corpo e Alma

Paula Aliende é jornalista, pós-graduada em Bases de Saúde Integrativa e Bem-estar pelo Hospital Israelita Albert Einstein (HIAE), atriz, apresentadora do *talk show* Bem Viva de Corpo e Alma, comunicadora, *coach*, terapeuta integrativa e idealizadora do projeto Bem Viva de Corpo e Alma. Todas essas características têm um objetivo em comum: a atividade holística que desenvolve. É um trabalho de autoconhecimento, integração e transformação aprimorado em suas iniciações espirituais com Sri Prem Baba, na Índia, em 2015, e nos ritos tradicionais indígenas que realizou em 2017. Paula Aliende trabalha com as terapias Reiki, Numerologia, Florais, Meditação, *Coaching* de saúde e bem-estar para promover a harmonização e a integração de corpo, mente e espírito.

Contatos
www.bemvivadecorpoealma
www.paulaaliende.com.br
Instagram: @paulaaliende/@bemvivadecorpoealma

Agradeço a todos que me ajudaram a materializar esse sonho de escrever um livro que pode ajudar tantas pessoas na busca de uma vida mais saudável. Agradeço especialmente a Deus, minha família, Claudia Cardillo, Mauricio Sitta, Dr. Roberto Zeballos, Fernando Scherer, Doris Barg, Igor Nunes e a todos os autores deste livro.

Dedico este livro aos meus pais, à minha família, a todos os meus mestres e às pessoas que buscam a espiritualidade e a saúde integral – corpo, mente e espírito. Abordar saúde, bem-estar, qualidade de vida, autoconhecimento e espiritualidade, além da realização de um sonho que se une a muitos outros sonhos dos coautores, é validar todo o conteúdo compartilhado pelos médicos e terapeutas como um novo caminho. É inspirar, motivar e engajar pessoas para descobrirem as novas terapias integrativas. Ser *Coach* e Terapeuta Integrativa na promoção da saúde me fez entender que podemos nos manter saudáveis quando cuidamos de nós mesmos como um todo, olhando para as partes espiritual, mental, emocional, energética e física. Este livro, que tem foco na Medicina Integrativa, vem com uma abordagem muito relevante para uma mudança de paradigma e um novo modelo de saúde. A visão da Medicina Integrativa humaniza os médicos e traz uma mudança de consciência para todos. É preciso olhar para questões mais profundas a fim de entendermos as causas das doenças e não somente tratar os sintomas. Acredito que quando a doença chega ao corpo físico é porque nossa alma está tentando nos mostrar o que precisamos mudar em nossas vidas. Então pergunto: quais são os hábitos que podem estar nos deixando doentes? Estamos nos cuidando de verdade? Cuidando das nossas emoções? Estamos promovendo o autocuidado?

O autocuidado é algo muito relevante na promoção da saúde e no equilíbrio emocional. Nossos pensamentos, emoções e sentimentos influenciam demais nosso sistema imune. Quando não conseguimos elaborar e ressignificar nossas emoções, que são os sentimentos vivenciados, nosso organismo entra em colapso. Vivi na pele um colapso que veio de um sentimento mal elaborado e acabei adoecendo. Depois de ter vivido um relacionamento abusivo, tive um mioma no útero e precisei ser operada às pressas. Tentei por um ano elaborar minha separação, indo a terapeutas, psicanalistas, terapeuta de casais e psicólogos, mas não conseguia tomar uma decisão para finalizar a relação, e isso foi me deixando exausta. Acredito que meu corpo trouxe a resposta como forma de livramento. Tenho total consciência disso e experienciei na pele uma somatização: minha alma trouxe a resposta em forma de mioma. Já passei por muitas coisas que validam minha crença de que nosso corpo fala e que nosso sistema imune está diretamente ligado às nossas emoções.

Fé e espiritualidade

Nasci em Vargem Grande do Sul, uma cidadezinha linda do interior paulista. Tenho uma irmã gêmea idêntica, parecida comigo em muitas coisas. Hoje estou certa de que, apesar do amor verdadeiro entre nós e nossa amizade, somos diferentes em algumas coisas. Este meu "segundo eu" refletia como um espelho e hoje consigo enxergar claramente o quanto o *Coach* e o estudo das terapias integrativas me ajudaram na busca do autoconhecimento. Isso tem tudo a ver com a minha missão: compartilhar tudo o que aprendi e ajudar na busca da sua felicidade. Assim como tudo na vida, essa descoberta foi um processo de amadurecimento e muito estudo.

Ousei várias vezes e quebrei os padrões preestabelecidos, e assim consegui enxergar um universo de possibilidades e caminhos de acertos e erros. Trago na bagagem a experiência de uma mulher sonhadora e realizadora. Sempre arrisquei e busquei o preenchimento do "vazio" que persistia nos meus sentimentos e pensamentos. Da Advocacia, profissão do meu pai e meu irmão, cursei a Comunicação Social. Trabalhando na televisão conquistei a realização, porém ainda faltava algo. O vazio só começou a ser preenchido depois que conheci Doris Barg, psicanalista e numeróloga que guiou os meus primeiros passos para o caminho do autoconhecimento.

O caminho

Sempre fui questionadora, inclusive sobre as minhas próprias atitudes. Aos 18 anos tive minha primeira crise de ansiedade e pânico. As crises perduraram durante minha juventude e a última e mais forte foi aos 29 anos.

Por muito tempo tive crises de ansiedade e pânico e fui tratada com alopatia e ansiolíticos de tarja preta. No final de 2008, comecei as sessões de terapia floral, e logo percebi o poder que esses pinguinhos de flores tinham nas minhas emoções. Nas sessões com Doris Barg, a psicanalista trabalhava com numerologia e essências florais, que me encantaram nos quatro anos que não faltei em uma sessão sequer. Isso me ajudou a descobrir novos horizontes e inclusive respondeu a muitas perguntas sobre a minha personalidade. A numerologia me ajudou muito; com essa ferramenta pude entender as diferenças com minha irmã gêmea. Com as sessões pude olhar para dentro e limpar muitas coisas do meu porão (inconsciente). Depois de alguns meses tomando florais e fazendo as sessões de terapia não precisava mais ir ao psiquiatra e nem dos remédios ansiolíticos. Sempre fui muito ansiosa, mas, com a terapia floral e as outras práticas integrativas que fui fazendo ao longo da vida, eu realmente me curei.

Despertar espiritual

Em 2013, descobri que queria trabalhar ajudando as pessoas, então conheci a profissão de *Coach* e, depois de ler sobre o tema, senti que era um caminho a ser percorrido. Fiz o curso de *Life Coach* pela Sociedade Brasileira de Coaching (SBC). Foi muito intenso! Como eu já vinha em um caminho de buscas e autocuidado, foi muito transformador. O *Coach* ajuda a expandir a consciência, desenvolver habilidades e resolver conflitos e problemas, além de trazer muitos outros benefícios à nossa saúde. Pude enxergar e equilibrar as crenças limitantes que estavam dificultando a minha vida. Quando acabei o curso logo quis dar sequência à minha especialização e me matriculei no curso de *Positive Psychology Coaching*. O *Positive Psychology Coach* é um processo que visa a aumentar o nível de satisfação, bem-estar e felicidade. Aprendi a importância de desenvolver as emoções positivas e como gerenciá-las. Foi um caminho de transformação e satisfação.

Querer mudar e se manter saudável é uma responsabilidade nossa também como pacientes Precisamos ter autorresponsabilidade para nos mantermos saudáveis, pois o sistema de saúde é bastante questionável e frustrante, e não consegue dar conta de tudo. Então, cabe a nós mesmos buscar esse equilíbrio. Hoje, esse formato de treinamento está crescendo, sendo cada vez mais difundido. Diante do cenário da pandemia, a profissão do *Coach* vem sendo muito procurada. Com tantas transformações que estamos vivendo em razão das mudanças na rotina e no estilo de vida, o *Life coaching* tem um papel importante, pois oferece uma nova perspectiva. Nessa fase de isolamento, ter objetivos e nos mantermos motivados é fundamental. Muitas pessoas ainda acreditam que as coisas irão voltar ao "normal" quando a pandemia passar, algumas estão desempregadas e deprimidas e outras repensando sobre o futuro da carreira. A necessidade de nos conhecermos melhor e encontrarmos um propósito de vida vem aumentando e a pandemia fez muita gente se questionar. O *Coaching* oferece técnicas de reflexões, ajuda a definir metas e objetivos, e facilita a visualização de todos os setores da vida. Promove ainda a reflexão e o autoconhecimento, ajudando a pessoa a perceber quais são as áreas da vida que estão demandando maior atenção no momento.

Depois de algum tempo de buscas, cursos, retiros e treinamentos, um novo mundo se abriu e fiquei muito conectada à minha intuição. Em 2014, soube de Piracanga e logo senti uma conexão inexplicável, encantei-me com o centro holístico na Bahia e busquei um retiro, pois só queria estar naquele lugar mágico. Em junho daquele mesmo ano, arrumei minha mala e fiz um curso de leitura de aura. Estava fascinada com tudo o que vinha chegando até mim. Nessa época eu já não ingeria álcool, parei de pintar o cabelo, me vestia o mais confortável e natural possível. Era como se uma nova Paula surgisse com mais pureza, encantamento pela vida e gratidão por tudo que estava recebendo de bom. Meus amigos e familiares estranhavam essa nova Paula, que na verdade era mais autêntica e verdadeira.

Esse retiro foi um marco em minha vida, o início de um novo ciclo com mais verdade e conexão.

Em 2016, fiz meu primeiro retiro na floresta com os Índios Huni Kuin (Kaxinawá), no Acre, e experimentei mais um despertar espiritual: minha consciência expandiu, meus interesses evoluíram, o sentido da vida mudou e surgiram em mim novas aspirações e inspirações. O desejo de me tornar minha melhor versão anda junto com o desejo de mudar o mundo, então percebi que a maior recompensa era ajudar as pessoas a encontrarem seus próprios caminhos. Quanto mais estudava sobre esses temas, mais entendia que o meu propósito era poder retribuir tudo o que estava aprendendo e fazer com que as pessoas também pudessem se sentir mais conectadas. Percorri uma longa jornada na busca por mais conhecimentos espirituais e certificados. Dentre eles, Reiki, Florais, Meditação, iniciação ancestral indígena, iniciação espiritual na Índia, Medicina Integrativa. O que descobri nessa jornada é que nenhum certificado seria capaz de definir o meu trabalho.

Motivação para seguir o chamado – minha missão

Enfim, estava conectada à minha essência, e a consciência sobre a fé e espiritualidade estava expandida. Encontrei um novo propósito e significado de vida. Meu compromisso com a minha verdade e conexão com a essência tornaram-se prioridade. Minha transformação primeiro impactou minha vida e inspirou meus amigos e familiares, depois, como meu propósito de vida, decidi colocar em prática todo o conhecimento adquirido na jornada, atuando de forma profissional para ajudar pessoas a despertarem sua melhor versão e se reconectarem com sua própria essência. Hoje atuo como Terapeuta Integrativa, Numeróloga, *Coach* de vida, facilitadora de *workshops* e meditações, e estou a serviço da alma, do amor, da positividade e do bem maior.

Medicina integrativa no Brasil nos últimos cinco anos

Durante o meu curso de pós-graduação em Medicina Integrativa, ficou mais claro como as práticas integrativas podem complementar os tratamentos contra o câncer, principalmente na questão emocional. A ciência vem validar que não adianta somente atacar a doença, mas que é preciso olhar para o ser humano como um todo. *Bem Viva de Corpo e Alma* traz uma leitura gostosa e uma abordagem clara do que é Medicina Integrativa e tem o objetivo de trazer esses novos estudos e conceitos para os médicos e a todos que buscam aprimoramento na área da saúde. Este livro busca fomentar o debate sobre a Medicina Integrativa, apresentando como os veículos de comunicação podem ajudar na divulgação das práticas. Primeiramente, é importante pontuar que a Medicina Integrativa está alicerçada na definição de saúde. A Organização Mundial da Saúde (OMS) define saúde como "um estado de completo bem-estar físico, mental e social e não apenas a ausência de doença ou enfermidade". Dessa forma, a Medicina Integrativa é uma disciplina médica holística que busca um estado de completo bem-estar físico, mental e social, levando em consideração os hábitos de vida do paciente. Analisa a saúde em geral, incluindo mente, corpo e alma, a fim de promover a cura e o bem-estar, trabalhando para tratar a pessoa como um todo, e não apenas a doença, usando uma combinação de práticas de saúde modernas para diagnosticar e tratar um paciente, com princípios muito definidos, como o paciente e o terapeuta serem parceiros no processo de cura. Ao fazer isso, as necessidades de saúde imediatas do paciente, bem como os efeitos da interação de longo prazo e complexa entre as influências biológicas, comportamentais, psicossociais e ambientais, são levados em consideração. Os tratamentos podem incluir modalidades como: acupuntura; homeopatia; fitoterapia; aromaterapia; yoga; massoterapia; terapia musical; meditação; terapia de alívio do estresse; reflexologia; auto-hipnose; práticas de respiração; imposição de mãos; reiki; florais, entre outras práticas e aconselhamento nutricional e suplementar que se concentra nos hábitos nutricionais e de exercício do paciente para reduzir os fatores relacionados à obesidade e diabetes. Os terapeutas e médicos integrativos acreditam que as escolhas inadequadas de estilo de vida são a causa raiz de muitas doenças crônicas modernas. Esse tipo de tratamento é orientado para a cura, e leva em consideração a pessoa como um todo, incluindo todos os aspectos do estilo de vida, enfatizando a relação terapêutica com o paciente, informado por evidências e fazendo uso de todas as terapias adequadas.

Nesse contexto, a Medicina Integrativa busca restaurar e manter a saúde e o bem-estar ao longo da vida de uma pessoa, entendendo o conjunto único de circunstâncias do paciente e abordando toda a gama de influências físicas, emocionais, mentais, sociais, espirituais e ambientais que afetam a saúde. Essa abordagem abrangente, personalizada para os cuidados de saúde, é benéfica, tanto para manter uma saúde ótima como para lidar com uma condição crônica. Em ambos os casos, os tratamentos melhoram a forma como o corpo físico interage com seu bem-estar psicológico e emocional.

A comunicação como divulgação

A escolha do tema deste livro é resultado do meu percurso nas áreas de jornalismo e práticas integrativas, da motivação para estudar e construir a trajetória no campo da Medicina Integrativa e, assim, poder demonstrar a importância dessas áreas em conjunto.

O projeto denominado "bem viva de corpo e alma" nasceu para agregar vários produtos e serviços à Medicina Integrativa, como promoção do bem-estar, desenvolvimento pessoal, expansão da consciência e qualidade de vida, visando o ser humano integral: corpo, mente e espírito.

Levo meu conhecimento além e trago a minha veia de comunicadora ao "Bem viva de corpo e alma", que também se apresenta em forma de *talk show* de entrevistas, transmitido pela Rede Brasil durante o ano de 2020. Atualmente é transmitido pelo *YouTube* com foco principal em ajudar as pessoas a alcançarem a saúde e o bem-estar enquanto trabalham com suas necessidades, valores e crenças pessoais para auxiliar na melhoria de vida.

A amplitude que os meios de comunicação possuem representa instrumentos para difundir a informação entre as pessoas, ajudando na divulgação e despertando a curiosidade dos telespectadores em implementar essas melhorias em suas vidas. Existe uma ligação claramente influente entre as reportagens da mídia e as atitudes e crenças em relação a tratamentos de doenças, com as respostas emocionais do público e as atribuições de responsabilidade afetadas pela forma como a mídia enquadra as notícias. Percebo que os profissionais entrevistados pelo *talk show* Bem Vida de Corpo e Alma, além da divulgação, tiveram procura e retorno, pois muitas pessoas buscaram esse tratamento para melhoria e aprimoramento em suas vidas. Os veículos de comunicação despertam o interesse das pessoas pela Medicina Integrativa e enfatizam que o cuidado é aplicado por meio de relacionamentos que fornecem uma visão sobre a situação e as necessidades únicas de cada indivíduo.

Referências

BRASIL. *Ministério da Saúde inclui 10 novas nas práticas integrativas no SUS*. 2019. Disponível em: <http://www.crfsp.org.br/comissoes/487-acupuntura/noticias/10074-amplia%C3%A7%C3%A3o-de-procedimentos.html>. Acesso em 28 abr. de 2021.

CORIOLANOS, M. W. L. et al. Comunicação nas práticas em saúde: revisão integrativa da literatura. *Saúde e Sociedade*, v. 23, p. 1356-1369, 2014.

FIGUEIREDO, R.; PAIVA, C. Práticas integrativas no SUS: Yoga e Meditação. Rev. Canal Saúde Fiocruz. Vol. 12(1): 12:17, 2017.

LIMA, P. *Medicina integrativa: a cura pelo equilíbrio*. MG Editores, 2013.

2

MISSÃO SALVAR VIDAS
SER HUMANO, CIÊNCIA E TECNOLOGIA

Neste capítulo, é abordada a missão de vida dos novos profissionais e as inovações que vêm transformando vidas na área da saúde, abrindo novos caminhos e oportunidades para as novas habilidades dos profissionais, que poderão ser mais criativos a fim de buscar soluções, aumentar a saúde e o bem-estar dos pacientes com diagnósticos de maior qualidade, e em menos tempo, para tratar as doenças em estágio inicial. Traz a "Saúde 4.0" – inovações da saúde digital (*eHealth*), que trata das ferramentas e soluções digitais que ajudam a melhorar a qualidade de vida das pessoas.

CLAUDIA CARDILLO

Claudia Cardillo

Comunicação Corporativa, *Branding*, Mentora, *Designer* de Carreira e Novos Negócios e Diretora de Novos Negócios da agência M11 Marketing.

Especialista em Marketing de Empreendedorismo, Comunicação Corporativa, *Branding*, mentora, *designer* de carreira e novos negócios, palestrante e escritora com experiência de mais de 25 anos, o que coloca em prática em sua agência, a M11 Marketing. Desde 2013, aprimora sua metodologia própria de trabalho para novos empreendedores. Um mix de técnicas, ferramentas baseadas em neurociência, treinamento de competências interpessoais que levam a mudanças e a novos comportamentos, que favoreçam e potencializam os resultados. O método ajuda a encontrar a *persona* com foco em alavancar a carreira e a imagem corporativa para o profissional se posicionar no mercado com sucesso e reconhecimento. Seu livro publicado em coautoria é o *Amor & Sexo*, da Editora Literare Books. É graduada em Música e Relações Internacionais, além da formação em Musicoterapia. É mestre em Reiki nos sistemas Usui, Tibetano e Kahuna Reiki, Cristaloterapia, Apometria, Cromoterapia, Neurociências e *Mindfulness*. Compartilha seu tempo com trabalhos voluntários.

Contatos
www.claudiacardillo.com.br
www.m11marketing.com.br
coachclaudiacardillo@gmail.com e contato@m11marketing.com.br
Instagram: @claudiacardillomentoring e @m11marketing
LinkedIn https://www.linkedin.com/in/claudiacardillo/

A ciência é a inteligência do mundo; a arte, o seu coração.
Máximo Gorki.

  Foi com muito prazer que aceitei o convite da Paula Aliende e o triplo desafio em ser curadora do livro *Bem viva de corpo e alma*, mentora de escrita e coordenadora editorial ao mesmo tempo. Durante o processo de mentoria de carreira, Paula comentou sobre o seu sonho de publicar um livro com a sua marca e, ao final, decidimos arregaçar as mangas juntas. Não há como aprender a nadar sem pular na água e eu mergulhei profundamente durante seis meses nessa viagem fantástica de autoconhecimento. Ao longo do tempo, uma egrégora de energia maravilhosa foi se construindo, trazendo, além dos temas de saúde, bem-estar, qualidade de vida, autoconhecimento e espiritualidade, os novos autores com as mais diversas experiências, superações, inspirações e motivações que os trouxeram até o momento presente.

  Coloco minha profunda gratidão a essa oportunidade maravilhosa de realizar o meu sonho de assumir a tripla responsabilidade em ajudar os autores a compartilharem a sua melhor versão para o livro, além de conhecer histórias fantásticas que pudemos compor a várias mãos nesta obra.

  Tive contato com as terapias integrativas desde muito nova. Estudava música desde os seis anos de idade. Na adolescência, fazia conservatório de música e, dentre as aulas da grade curricular, pude aprender Musicoterapia. Na época, tive acesso aos estudos comportamentais de animais em zoológicos, comprovando que o som é recebido como uma mensagem diferente que desperta um estado emocional e uma reação diferente em um ponto específico do cérebro. A música sempre teve cores, sempre despertou sensações em meu cérebro e corpo. Além de ouvir, eu sempre desenhava mentalmente gráficos, brilhos, movimentos e cores, porque entendo a música como uma experiência sensorial. Desenvolvi a percepção tátil tanto no dedilhado *pianíssimo* e quase inaudível quanto nos ataques do centro para as teclas mais distantes *con forza*, em uma experiência corporal, física, emocional e espiritual ao mesmo tempo. Ao longo dos mais de 25 anos estudando música, pude entender como os sons, os instrumentos, os ruídos, as letras, as harmonias e os ritmos influenciam positivamente o caráter, a autoestima, as tomadas de decisão, a saúde e o bem-estar do ser humano. Me formei, depois me bacharelei em Música, fiz outros cursos de musicoterapia, trabalhei como pianista tocando MPB e Bossa Nova. Sempre fui muito intensa e entendi que essa missão eu já havia concluído da melhor maneira possível em minha vida. Então, aos 27 anos de idade, busquei outra profissão, fiz uma transição de carreira para o marketing e me apaixonei pela comunicação escrita, pois até então eu só conhecia a comunicação sonora. Cursei Relações Internacionais, cursos na área e continuei dentro do meu coração com a centelha que a música me forjou. Foi uma sensibilidade que me ajudou muito na escuta empática, na liderança e em outras inteligências emocionais que fui desenvolvendo, uma vez que já tinha essa preocupação anterior de olhar para o ser humano de maneira integral. Cursei outras terapias integrativas, sou mestre em Reiki nos sistemas Usui, Tibetano e Kahuna Reiki, Cristais, Cromoterapia, Apometria, Neurociências e Mindfulness, que me ajudam cada vez mais no caminho da minha evolução interior, lapidando o meu ser, para ajudar outras pessoas a se conectarem em suas essências. Encontrar a essência pode levar rapidamente à Missão de Vida. E o quanto você está conectado à sua Missão e Propósito de Vida, e tudo a qual eu, você e os outros se determinam a fazer como meta na vida flui naturalmente. Eu me especializei e desenvolvi um mix de técnicas, ferramentas e treinamento de competências interpessoais que levam a mudanças e a novos comportamentos que favorecem e potencializam os resultados. O método ajuda a encontrar a *persona* com foco em alavancar a carreira e a imagem corporativa para o profissional se posicionar no mercado com sucesso e reconhecimento.

Missão de vida. Desde muito pequenos ouvimos essa frase: Quem você quer ser quando crescer? Observe o verbo **ser** da frase. Astronauta? Como o meu compatriota bauruense Marcos Pontes que chegou à NASA, ou Cientista? Como o neurocientista Miguel Nicolelis, que desenvolveu o protótipo do exoesqueleto, Médico ou Terapeuta? Então, este capítulo é para você!

Vidas impactadas pela tecnologia. A inovação tecnológica e a inteligência artificial (IA) estão muito presentes em todas as etapas dos processos de inovação, em várias das profissões da área da saúde. Cabe a nós, no papel de influenciadores, estimularmos positivamente os novos profissionais, começando pelas crianças, para que cresçam despertas para as profissões do futuro. É fundamental para quem quer ter sucesso na profissão da área médica ficar de olho nas mudanças e acompanhar as tendências do mercado de trabalho, além de abranger a visão humanizada e sistêmica da saúde.

Inovações tecnológicas na área da saúde. Sempre fui apaixonada por tecnologia futurista e te proponho agora: imagine-se em um tempo futuro em que *bots* (robôs com inteligência artificial para *machine learning*) podem prestar um primeiro atendimento aos pacientes, acessar dados armazenados em prontuários na nuvem para agilizar o serviço na área da saúde. Será bárbaro, você concorda comigo?

"Nunca antes da história a inovação ofereceu tantas promessas para tantos em tão pouco tempo". Bill Gates

Medicina e tecnologia. Você já assistiu ao filme de ficção científica *Elysium*? Em 2154, parte da população humana vive em um lugar extraordinário e sem doenças. Elysium é uma enorme estação espacial que cria um habitat artificial disponível onde qualquer doença ou ferimento são rapidamente curados em máquinas médicas (chamadas de "*Med-Bays*"). Nas suposições dos filmes, os acertos podem ser consideráveis. Até onde "a vida imita a arte"? Quais são as principais tendências que envolvem medicina e tecnologia? De forma geral, as instituições de saúde, clínicas, consultórios e hospitais se beneficiam com as novas tecnologias que, quando aliadas à Medicina, caminham juntas por uma maior eficiência nos serviços de saúde.

1. **Telemedicina** – De acordo, com a Resolução do Conselho Federal de Medicina (CFM) n. 2.227/18, os médicos brasileiros podem realizar consultas on-line, assim como telecirurgias e telediagnóstico, teleassistência, entre outras formas de atendimento médico a distância que envolvem uma série de ações desempenhadas remotamente por meio de uma plataforma on-line. Além dos benefícios de democratização à saúde, os serviços de telemedicina obedecem às normas técnicas do CFM pertinentes à guarda, manuseio, transmissão de dados, confidencialidade, privacidade e garantia de sigilo profissional. Na consulta ou atendimento on-line, o paciente pode, independentemente de onde estiver, resolver sua questão de saúde.

2. **Prontuário eletrônico** – O armazenamento em uma base de dados na nuvem dos dados cadastrais e informações clínicas, resultados de exames, histórico, medicações, tratamentos e sintomas dos pacientes são atualizados em tempo real. Isso facilita a automação de processos, como o acesso remoto e o compartilhamento pelo médico com a equipe de atendimento, facilitando a integração e o trabalho de uma equipe multidisciplinar.

3. *Business Intelligence* – O BI é um conjunto de processos que passam por várias etapas como coleta, organização, armazenamento, análise, compartilhamento e monitoramento de informações de dados de pacientes com todo o suporte à gestão de negócios com foco em tomadas de decisão específicas com qualidade e agilidade para instituições de saúde.

4. **Iot Médica** – IoT, na sigla em inglês, é a chamada internet das coisas e refere-se à conexão de objetos do dia a dia com a internet na medicina e nos hospitais. Podemos contar com registros digitais de exames, marca-passos cardíacos com dispositivo IoT, monitoramento contínuo inteligente de glicose (CGM), instalação de leitos hospitalares inteligentes, entre outros.

5. *Softwares* **médicos** – São plataformas dirigidas para os profissionais de saúde que buscam centralizar suas informações em um local seguro, com criptografia em nível bancário em diferentes níveis de acesso. Auxiliam na gestão médica do tempo, dos departamentos administrativo, financeiro e marketing como o software médico iClinic.

6. *Big Data* – Armazenamento de uma grande quantidade de dados, a fim de analisar milhares de informações de forma mais rápida e integrada, como em uma área ou cidade específica, identificando padrões e conexões de informação, podendo auxiliar no planejamento das instituições médicas para tomadas de decisões mais efetivas, como no caso de uma pandemia, trazendo soluções para desafios.

7. **Inteligência Artificial (IA)** – Conhecida também como *machine intelligence* ou *machine learning*, é o campo da ciência da computação no qual softwares e robôs realizam tarefas como aprender e raciocinar, assim como a mente humana. Lembra-se de que mencionei anteriormente que robôs podem prestar um primeiro atendimento aos pacientes, monitorar sinais vitais e acessar dados armazenados em prontuários?

8. **Wearable** – Acessórios com sensores, como os relógios inteligentes Apple Watch e Smartwatch da Xiaomi. Podem ser utilizados para monitorar sinais vitais dos pacientes, como batimentos cardíacos, qualidade do sono, coletar informações de pressão arterial, níveis de glicose no sangue, frequência cardíaca, entre outros, além de acompanhar, controlar e monitorar o tratamento de um paciente fora dos consultórios.

9. **Cirurgias robóticas** – É mais segura do que à cirurgia tradicional? A tecnologia moderna traz a cirurgia robótica chefiada por experientes cirurgiões especialistas com câmeras que geram imagens tridimensionais, que já podem ser feitas a distância com planejamento pré-operatório por meio das simulações de realidade virtual, garantindo procedimentos menos invasivos, demandando menor manipulação de tecidos que são mais seguros à saúde, com recuperação mais rápida do paciente, redução do risco de sequelas e do tempo de internação nos hospitais.

10. **Impressão de Órgãos em 3D** – Exoesqueletos, mãos e braços mecânicos e impressões em 3D, tudo ao alcance dos pacientes que precisam de próteses. Em 2013, tive a oportunidade de conhecer na prática os softwares e impressoras em 3D desenvolvidos para as pesquisas da área médica quando realizei consultoria para uma empresa representante aqui no Brasil da marca israelense Stratasys. São próteses de órgãos humanos em diferentes materiais, cores e textura, capazes de substituir peças anatômicas que foram removidas via neoplasia, trauma por acidentes, patologias ósseas como próteses de órgãos e membros do corpo humano na medicina regenerativa, criação de ossos, cartilagens, tecidos com vasos sanguíneos, pele sintética, órgãos internos como pâncreas, coração e rins e próteses de membros inferiores ou próteses para cirurgias cranianas, de face e ortopédicas, além de traçar novos rumos às condutas médicas.

11. **Nanotecnologia** – Traz um novo caminho para melhorar diagnósticos e o histórico do paciente, tratar, diagnosticar e curar doenças, com intervenções minimamente invasivas no corpo humano. Já existe no mercado um emplastro de nanotecnologia que alivia a dor utilizando nanocapacitores a fim de desligar a dor, que é resultado de sinais elétricos enviados pelo cérebro. A tecnologia da Kailo é patenteada e promete proporcionar um alívio natural.

Quais são os impactos das profissões do futuro no mercado de trabalho?

As inovações vêm transformando vidas na área da saúde, abrindo novos caminhos e oportunidades para as novas habilidades dos profissionais, que poderão ser mais criativos para buscar soluções, a fim de aumentar a saúde e o bem-estar dos pacientes com diagnósticos de maior qualidade, e menos tempo para tratar as doenças em estágio inicial. No contexto da "Saúde 4.0", as inovações da saúde digital (*eHealth*) trazem equipamentos e soluções digitais que ajudam a melhorar a qualidade de vida das pessoas. Ainda, trazem a visão sistêmica da saúde preditiva e preventiva por meio de inovações como a IoT, o Big Data e a Inteligência Artificial, mostrando inúmeros benefícios como a otimização das rotinas do médico, aumentando a qualificação dos profissionais da área da saúde, a diminuição dos custos e tempo, o aumento da eficiência na gestão de clínicas e hospitais, apresentando diagnósticos com mais agilidade, tanto para profissionais que têm um papel fundamental na prevenção, promoção de saúde e bem-estar quanto para pacientes.

Referências

FIGUEROA, R. *O que é eHealth?* Disponível em: <https://portaltelemedicina.com.br/blog/o-que-e-ehealth>. Acesso em: 20 out. de 2021.

FIGUEROA, R. *Tecnologia na medicina e sua influência nas especialidades médicas.* Disponível em: <https://portaltelemedicina.com.br/blog/tecnologia-na-medicina-e-sua-influencia-nas-especialidades-medicas>. Acesso em: 20 out. de 2021.

KO, R.; SANGHVI, S. O futuro do mercado de trabalho: impacto em empregos, habilidades e salários. Disponível em: <https://www.mckinsey.com/featured-insights/future-of-work/jobs-lost-jobs-gained-what-the-future-of-work-will-mean-for-jobs-skills-and-wages/pt-br#Impressoras Stratasyshttps://www.stratasys.com/br>. Acesso em: 20 out. de 2021.

MANYIKA, J.; LUND, S.; CHUI, M.; BUGHIN, J.; WOETZEL, J.; BATRA, P.;

MAYUM, Y. *8 avanços da tecnologia aplicada à saúde.* Disponível em: <blog.iclinic.com.br/o-poder-da-tecnologia-aplicada-a-saude/>. Acesso em: 20 out. de 2021.

MELLO, H. C. *Conheça os 7 principais avanços tecnológicos na medicina.* Disponível em: <http://blog.medicalway.com.br/conheca-os-7-principais-avancos-tecnologicos-na-medicina/>. Acesso em: 20 out. de 2021.

3

NADA COMO ANTES

Acredito que tudo está correto, no tempo divino e que todas as experiências existem em conformidade com o plano de nossa evolução. Todas as situações são chaves para a nossa própria libertação. Para tudo há um "pra quê", ainda que a gente não saiba o "porquê". Quando nos desapegamos do julgamento e da crítica, exercemos a sabedoria da não resistência – como a borboleta que, no vendaval, abre as asas para que o vento não as quebre – e fluímos com a inteligência universal. O aprendizado é algo que faz parte da nossa existência.

FERNANDO SCHERER, O XUXA

**Fernando Scherer,
o Xuxa**

Empresário, Palestrante, terapeuta energético.

Medalhista olímpico, Fernando Scherer, o Xuxa, foi um dos maiores atletas na natação brasileira. Entre suas principais conquistas estão duas medalhas olímpicas (Bronze, em Atlanta 1996, nos 50 metros livres e Bronze, em Sidney 2000, no revezamento 4×100 metros livres), dez medalhas em Jogos Pan-Americanos e alguns recordes. Durante sua vitoriosa carreira, foi detentor de diversas marcas expressivas, como o recorde Mundial dos 4×100 metros livres, recorde brasileiro nos 100 metros borboleta e recorde sul-americano nos 50 e 100 metros livres, entre outras marcas. Teve muitas outras vitórias e conquistas no esporte e na vida pessoal, e traz para suas palestras um pouco dessa vivência, influenciando e impactando positivamente a vida das pessoas. Aposentou-se das piscinas em 2007, iniciando então uma carreira de empresário, palestrante e fez uma transição de carreira para as terapias energéticas e integrativas.

Contatos
https://palestrasdesucesso.com.br/palestrante/xuxa/
dani@agenciadeateltas.com.br
https://www.vippalestras.com.br/palestrantes/fernando-scherer/
https://www.instagram.com/xuxanatacao/

Recebi o convite da Paula com muito carinho, as sincronicidades da vida nos surpreendem a todo instante. Escrever sempre foi algo muito presente em minha vida e, apesar de este texto não ser autobiográfico, preciso falar um pouco sobre mim antes de falar sobre autoconhecimento.

Por incrível que pareça não fui para a natação por um sonho meu ou algum talento incomum (ao menos não naquele momento), mas por recomendação do médico da família, que acreditava que a natação ajudaria no controle dos meus problemas respiratórios.

Como se eu já soubesse o que tinha de ser feito, muito rapidamente nadei o meu primeiro campeonato estadual, com menos de 3 meses de escolinha e, assim, mesmo com pouco preparo técnico, fiquei em terceiro lugar na categoria.

Foi quando o treinador Carlos Camargo perguntou se eu não tinha interesse em entrar para a equipe de natação do clube onde eu nadava. Respondi que sim e ali se iniciou uma relação de muito sucesso que perdurou por 8 anos: bicampeão mundial de piscina curta nos 100 m nado livre e revezamento 4x100 m nado livre, em 1993 e em 1995. Ainda em 1995, campeão Panamericano nos 50 m livre e, em 1996, recebi a medalha de bronze nos Jogos Olímpicos de Atlanta nos 50 m nado livre.

Como todos os processos da minha vida, tudo foi muito rápido. Só me dei conta disso em 2018. As coisas acontecem de forma intensa na minha vida. Dons e talentos surgem de forma inesperada e sem que eu precise, muitas vezes, me esforçar como os outros. Nadar, por exemplo, parecia fazer parte de mim, quase uma memória celular de todo o processo. Todo mundo tem algum talento, e alguma forma de descobri-lo e aperfeiçoá-lo. Comigo ele surge e se impõe, como se eu não tivesse realmente muita escolha (apesar de que sempre temos – e fazemos – as escolhas).

Na piscina, o grande diferencial era minha sensibilidade nas mãos: eu sentia a água passar sobre a palma, pelas pontas dos dedos, e isso me permitia compreender se a braçada seria eficiente.

Durante as provas, percebi a importância de ficar sozinho, quieto. Eu silenciava o mundo em um absoluto estado de presença, concentração, foco e *flow*. Não era arrogância, era uma contemplação prévia da competição, como se ela estivesse acontecendo naquele momento, era meditativa.

As derrotas também foram ótimas professoras: aprendi a aceitar e observar tudo que havia feito de certo e errado desde muito cedo. Uma auto-observação bem diferente da que eu faço hoje, mas que ali já começava a se manifestar.

Várias vezes eu inconscientemente sentia o adversário de forma muito sutil e acontecia de desestabilizá-lo mentalmente, sem saber exatamente como. De alguma maneira, eu sentia que ele estava com medo, ansioso, nervoso.

Tudo era para mim absolutamente natural, mesmo quando minhas percepções terminavam em resultados (aparentemente) muito errados, jamais deixei de escutar e confiar nessa "voz interior".

Quando você simplesmente sente, sem saber o porquê, aprende sozinho e desde cedo muitas coisas: dentre elas, não duvidar dos sinais e de você mesmo. Naquela época, tudo isso se aplicava àquilo que eu fazia e considerava saber: nadar e competir.

Como todo ciclo, o meu com a natação terminou e, em 2007, quando paro de nadar, entro em 2008(?) em um processo depressivo, que fez com que o meu mundo perdesse as cores. Achei que enlouqueceria. Procurei ajuda profissional, cheguei a ser acompanhado por três psicólogos e um psiquiatra. Experimentava coisas que não entendia, visões, sentimentos que passei a registrar em muitos textos que até hoje estão fechados em uma gavetinha.

Já não sabia mais quem eu era e me questionei por qual razão eu deveria estar vivo. Minha resposta trouxe a minha razão para lutar e acendeu em mim uma fagulha de amor pela vida: a minha filha Isabella! A benção que a vida tinha me dado em fevereiro de 1996, no mesmo ano da medalha olímpica: a minha pantera, que salvou a minha vida.

Em 2009, participei de um *reality show* onde conheci aquela que se tornaria minha esposa e mãe da minha filha Brenda. A partir do nascimento dela, eu pude finalmente, entender o papel de pai. Senti internamente dores muito profundas e, mais uma vez, entrei em contato com emoções e sentimentos escondidos em mim e por mim: um dia eu senti uma raiva que aflorou em uma intensidade que eu não sabia de onde vinha, que me assustou a ponto de eu me perguntar "quem é esse monstro que habita em mim?".

Isso me fez lembrar das provas de natação que ganhei, nas quais a raiva era o meu combustível: canalizava todo aquele sentimento em cima do bloco de partida e a cada batida de braços e pernas era ela que me impulsionava.

Já fora das piscinas, achei que a raiva tinha desaparecido, mas nesse dia percebi que ela estava apenas latente. Eu nem sabia o que a tinha feito ressurgir: naquele dia, pelo mais banal dos motivos, ela veio de forma assustadora. Não senti orgulho do que vi e tive medo de não mais conseguir direcioná-la como fazia antes.

Foi o desejo de olhar de frente esse "monstro" e lidar com ele que detonou mais uma vez um processo de mergulho interior.

Pulei de cabeça na meditação e sozinho fui criando, experimentando métodos, até que um *coach* amigo meu me passou uma série de meditações guiadas que fiz por cerca de um ano. Em alguns momentos, o exagero: passava mais de 5 horas por dia meditando!

Durante todo o processo esperei o tempo certo para compreender o que estava acontecendo comigo. Em um primeiro momento, fazia e sentia coisas que jamais havia estudado, compreendia ensinamentos profundos sem nunca ter lido sobre eles.

Meu lado competitivo e curioso foi aguçado em um grau máximo, li e estudei muito, mergulhando no mundo energético, comportamento humano, filosofia, livros sagrados, buscando os mais diversos cursos (o que faço até hoje).

Os primeiros cursos eu fiz em Nova Iorque, com o "Toque Quântico 1 e 2". Por que lá? Nada a ver com escolha dos profissionais, acho que foi por uma necessidade inconsciente de poder genuinamente experienciar tudo. Muitas vezes eu conseguia acessar uma frequência que me permitia observar fatos que teriam acontecido em outro tempo e espaço, mas que se perpetuavam por meio de frequências e fractais densos de dores que ainda atuavam fortemente sobre a pessoa, gerando travas, amarras e medos.

Quando voltei ao Brasil fiz cursos como: Reiki (1, 2, 3 e Master); *Thetahealing* (DNA Básico, Avançado e Digging); Cristais com o Cristóvão Brilho; Sound Healing e alguns on-line como o de *coach* do Tony Robbins e Cloe Madanes, e o curso do PSC de *Coach* no IBC.

Lembro-me de que no curso de Reiki uma pessoa que atuava há 40 anos me fez uma pergunta. Ao ouvir a minha resposta, ela imediatamente me questionou como eu sabia que ela estava se sentindo daquela forma. Eu disse apenas que não compreendia, só falei o que senti. A partir daí o curso fluiu de maneira muito linda. No fim, trocávamos conteúdos, aprendendo coisas novas um com o outro. Muito do que eu tinha para oferecer recebi durante algumas meditações e outras visões.

O curso de Barras de Access não foi diferente. Ao participar de uma dinâmica com uma colega, coloquei as mãos sobre a sua cabeça e disse à professora: "eu faço isso há alguns anos". Ela riu, muito provavelmente sem acreditar, e respondeu: "Então você canalizou?". E a resposta foi "Sim!".

Isso aconteceu várias vezes nos últimos anos e a minha postura continua sendo a daquele menino que subiu no bloco de partida já sabendo nadar, com uma habilidade inata para ser rápido e com uma sensibilidade aguçada.

Em 2015, essa sensibilidade foi testada em uma situação incomum: descobri, por acaso, o Pôquer, que comecei a jogar a convite de amigos, só por farra. Em um torneio amador que organizamos, fiquei em primeiro lugar e aquela vitória fez com que eu percebesse a minha facilidade nesse esporte da mente. Resolvi me tornar um jogador profissional e os títulos vieram na mesma velocidade que vieram na natação.

Em dois anos, fui duas vezes campeão brasileiro, fiquei em segundo lugar no circuito mundial WSOP, em 2016, e em quinto no mundo no SCOPP, torneio mundial on-line. Para além de tudo que eu havia estudado, os diferenciais foram a minha leitura do jogo – capacidade de sentir e perceber o que deveria fazer – e o uso da minha intuição para decidir a melhor jogada. O jogo de Pôquer é muito mais do que um jogo de cartas, é muito mais que probabilidade: é um espaço único de análise da complexa psique humana.

A vida dá muitas voltas e em cada uma delas subimos uma oitava em sua espiral, estamos sempre no mesmo lugar, mas, de outro ponto, o tempo todo (re)aprendendo coisas que já sabíamos, mas não acessávamos, e descobrindo coisas novas que muitas vezes nos parecem orgânicas, tamanha a naturalidade com que as assimilamos.

Durante os meus processos de meditações intensas, aconteceram muitas coisas, mas uma em específico me marcou profundamente. Eu buscava havia anos remediar uma dor no pescoço, parecia uma bola que tratamento nenhum (convencional ou holístico) conseguia tirar. Um dia coloquei as mãos no lugar onde doía e intencionei uma energia no local da dor, que aos poucos foi se dissipando. A cada nova respiração, uma nova energia em forma de luz. Abri os olhos e a dor não estava mais lá.

Todo o meu trabalho eu experienciei em mim, todas as curas holísticas e energéticas que trago são evidências que colhi em relação a mim, porque só posso, efetivamente, agir sobre o meu corpo. Não integra a minha crença uma condição de curador do outro, entendo que podemos facilitar como canal, mas a verdadeira cura só pode ser realizada pela própria pessoa.

O indivíduo precisa estar preparado para conseguir trazer luz e consciência, ainda que conjuntamente com uma troca e/ou ancoragem energética com o meio e com o facilitador, porque a pessoa só poderá alcançar o que estiver pronta para viver.

Meu trabalho hoje é, olhando para dentro de mim, descobrir cada vez mais sobre mim mesmo e, consequentemente, sobre o outro, que nada mais é que o "espelho" das minhas partes ocultas.

Sou muito grato a cada processo que vivi com as centenas de pessoas que passaram pelo meu caminho nos últimos anos: cada uma delas trouxe uma dor que eu precisava curar em mim mesmo.

Alguns podem me chamar de charlatão por eu não me colocar na posição de fazer algo. Mas eu não posso fazer algo que não seja servir de canal. A responsabilidade da cura é do outro: o que eu busco é trazer esse poder oculto que existe dentro de cada um: a tão falada centelha divina que habita em nós.

Trabalho no sentido de ancorar um campo energético auxiliando a abertura de espaços que frequentemente desconhecemos ou nos esquecemos que existem. Por meio dessas aberturas, a luz da consciência traz à tona a origem de problemas. A circulação harmoniosa de energia, fluindo em consonância com a energia vital, vai liberando e libertando o indivíduo do seu desconforto. A respiração é parte de imensa importância na circulação desse fluxo de vida.

Respeito o tempo de cada um, honrando cada história que encontro com muito amor, sem julgamentos ou mesmo conselhos: a pessoa deve garimpar dentro de si as respostas de que precisa, o autoconhecimento.

Como saber qual o tempo de cada um? Apenas sinto. Da mesma forma que sabia quando a minha saída do bloco e as minhas braçadas estavam perfeitas.

Busco o interceder (a pessoa cede um espaço para que eu atue), jamais o interferir (quando se avança no espaço, ou, pior, se cria um que não nos foi dado para agirmos na esfera do outro). Ainda que acredite em uma direção a seguir, não ouso dizer como ninguém deve conduzir a própria vida.

Hoje criei para os atendimentos a minha própria técnica: não acredito que uma única linha sirva a todos. Somos seres individuais e aprendi a respeitar as individualidades de cada um, assim como eu fui respeitado enquanto nadador. Não me limito por padrões e rótulos, fiz todos os cursos que entendi importantes e continuo fazendo, para ter cada vez mais instrumentos. A cada atendimento escolho e faço uso das ferramentas dentro da necessidade individual de cada ser.

Entendo que o ser humano ainda "precise" de muitas regras, caixas e rotulações, mas isto não me serve mais. Estou me desapegando da minha necessidade de provar algo a alguém para me sentir reconhecido. A cada dia me amo mais e integro todas as minhas partes, espalhando essa consciência em cada célula do meu corpo.

Quando conecto meu coração ao do outro, intenciono ser um instrumento de paz e luz na exata medida que ele pode e quer receber, iniciando um processo de cura em mim que, muitas vezes, cria o espaço para aquilo que sempre esteve lá: a cura do outro. Algo próximo ao ho'oponopono. A consciência de quem eu sou, dos meus valores e da minha missão aqui são as raízes sólidas que sustentam a árvore da minha vida.

Hoje um dos maiores aprendizados em cada consulta é que, diferentemente da natação, em que o resultado era o meu *feedback*, precisei aprender a lidar com a impossibilidade de resultados aferíveis de forma objetiva. Não necessito mais da "borda da piscina". Saber se deu ou não certo é uma necessidade do meu EGO, que precisa confirmar para acreditar que é possível. O meu EGO hoje está onde eu acredito que deva ficar: a serviço da minha alma, como expressão dela. Não me aprisiono mais na opinião do outro sobre mim.

No esporte, há um limite natural para que a pessoa possa alcançar um resultado, porque o nosso corpo físico tem limites. Já o autoconhecimento é, em si mesmo, ilimitado, porque sempre é possível aprender mais sobre si mesmo.

A natação é um esporte bastante individual, sou eu comigo e com os meus limites. Mesmo no revezamento, eu só posso fazer a minha parte. Na melhor das hipóteses posso, com o meu melhor, ajudar a equipe, mas jamais posso entrar na piscina e dar as braçadas pelos outros.

Na natação, buscava me provar para o outro, e não por outra razão a euforia de cada vitória durava muito pouco. Mas o aspecto individual e introspectivo daquele esporte me treinou a manter o foco em mim, no melhor que eu poderia fazer por mim, com a consciência de que eu não poderia fazer nada pelo outro, a não ser contribuir para o todo. A grande mudança de chave é que eu, hoje, não preciso provar mais nada para ninguém. Na minha nova piscina do (auto)conhecimento, a borda é infinita, respeitando as limitações humanas.

A cada dia, percebo que sei muito pouco perto do que existe, mas reconheço que tenho muito mais conhecimento e sabedoria do que tinha ontem. Quanto mais percebo a magnitude do conhecimento, mais fico motivado em continuar aprendendo sintonizado com a força da vida. Não há nada de que eu duvide, nada que eu recuse ou negue simplesmente por não conhecer ainda.

Passei por processos incríveis de autoconhecimento, fui do céu ao inferno um sem-número de vezes, e tenho consciência de que farei isso inúmeras outras vezes em minha caminhada. A cada ascensão da espiral do autorredescobrimento, maiores os desafios. Quanto maior a luz, maior é a sombra.

Trata-se de um conhecer para reconhecer quem realmente somos e quando formos capazes de integrar todas as partes (fractais) com aceitação e amor, encontraremos a verdade e estaremos livres para viver a vida no fluxo da energia universal. Este é um caminho absolutamente individual e, muitas vezes, solitário. Este é o meu chamado, a minha missão e o meu propósito.

4

UM NOVO EQUILÍBRIO

Neste capítulo, explicarei a essência do treinamento que criei e denominei de *NeoMindfulness*, e que resulta no equilíbrio entre a mente e o corpo, e muda para melhor os padrões de bem-estar e de qualidade de vida. Por meio dele, proporciono o desenvolvimento pessoal, o crescimento interior, a eliminação do estresse e de outras "doenças da vida moderna", a melhoria da performance no trabalho e, principalmente, a abertura de caminhos para a felicidade plena.

MAURÍCIO SITA

Maurício Sita

É mestre em Psicanálise Clínica e escritor. Tem também formação em Filosofia e Ciências Jurídicas e Sociais.

Autor dos livros *Como levar um homem à loucura na cama* (bestseller na 8ª edição), *Vida amorosa 100 monotonia*, *O que Freud não explicou*, *NeoMindfulness*, *A casa dos desejos* e *A grande lição de Steve Jobs*. É coordenador editorial de mais de 150 livros. É criador do NeoMindfulness, um método de relaxamento e meditação que está dentro do conceito mais moderno da meditação que é o Mindfulness-Based Stress Reduction. É presidente da Literare Books International.

Perguntaram certa vez ao Dalai Lama:
— O que mais o surpreende na humanidade?
E ele respondeu:
— Os homens... porque perdem a saúde para juntar dinheiro, depois perdem dinheiro para recuperar a saúde. E por pensarem ansiosamente no futuro, se esquecem do presente de tal forma que acabam por não viver nem o presente nem o futuro. E vivem como se nunca fossem morrer... e morrem como se nunca tivessem vivido.

Tenho me preocupado em estudar e ensinar pessoas a terem melhor qualidade de vida. Limito-me neste capítulo a falar o óbvio – Como o estresse sempre esteve e estará presente em nossas vidas, o mais importante é saber como lidar com ele.

Sugiro o uso da Meditação e o desenvolvimento da resiliência como meios para as pessoas conviverem com o estresse, aprendendo a controlá-lo e até evitá-lo.

Em nossa vida corrida e atribulada de hoje, ficou "natural" esquecer de fazer coisas que nos interessam e perder de vista o que é importante para o nosso "Eu".

Pequenas coisas fazem a diferença.

Você tem parado pelas ruas para admirar as árvores floridas?

Tem procurado o arco-íris nos dias de sol e chuva?

Observado o encantamento das crianças a cada nova experiência vivida com um novo brinquedo?

E a lua? As estrelas? Tem olhado para cima para identificar aquelas constelações que costumava admirar quando era criança?

Quantas vezes você parou, nos últimos 12 meses, para observar o verdadeiro e gratuito show que é o pôr do sol?

Nem vou perguntar quantas vezes deu flores à pessoa amada. Quantos jantares exclusivos e "festivos" lhe preparou, e com quantas viagens, mesmo que curtas, a surpreendeu?

Você está sempre correndo atrás de recuperar o prejuízo?

Tem dedicado tempo aos seus amigos? Quando pergunta a eles "como vai?", você se preocupa, de fato, com a resposta?

Ao deitar para dormir, consegue fazer um acordo com o sono? Ou os assuntos do dia ficam saltitantes na sua mente? Na cama, fica pensando como irá resolver os problemas do dia seguinte?

Se você não é muito diferente de mim, suas respostas a essas perguntas o reprovarão.

Pois é... quando você nasceu, o universo começou a tocar uma música exclusiva para você dançar. Uma música somente sua.

Mas acalme-se, e não dance tão depressa. Diminua o ritmo. Sinta a música na alma e fique feliz com ela. Porque o tempo voa.

Aproveite ao máximo a sua viagem, pois a chegada ao destino pode ser frustrante. E isso faz parte da música da vida.

Então diminua o passo, e lembre-se: não dance tão depressa. Deixe a música fluir, fluir indeterminadamente... sinta seus preciosos acordes ecoarem na sua alma e fique feliz com ela, pois um dia ela vai parar de tocar. Porque o tempo voa.

Alguma pessoa muito especial morreu e você ficou especialmente triste por não ter tido tempo de lhe dizer aquelas coisas que julgava serem tão importantes? Ou por não lhe ter dedicado mais do seu tempo, um pouquinho a mais que fosse?

Você já fantasiou visitar um lugar maravilhoso e, ao finalmente chegar lá, se decepcionou porque na sua imaginação era tudo mais bonito?

Não dance tão depressa. Diminua o ritmo.

Sinta a música dentro da sua alma e fique feliz. Ela é exclusiva para você. Exclusiva.

Você já ficou muito bem apenas pelo fato de ter feito alguém feliz? Já se sentiu recompensado pela felicidade que propiciou à pessoa amada? Não? Que pena. Parece que você tem curtido pouco a vida.

Não dance tão depressa. Diminua o ritmo.

Sinta a música dentro da alma e fique feliz... pois um dia ela vai parar de tocar. O tempo voa e você achará que tudo passou depressa demais.

Muita gente já disse: "Mais vale a viagem que o destino". Curta bastante a sua viagem pelo mundo. Muito mesmo. O destino, a parada final, todos nós já sabemos qual é. E quando você chegar lá, a sua música vai parar de tocar. E então não poderá mais dançar. Para que ter pressa?

Reencontrando você

Sugiro neste artigo que busque um novo encontro com você, com o seu "Eu".

Explicarei em poucas palavras a essência do treinamento que criei e denominei de *NeoMindfulness*, e que resulta no equilíbrio entre a mente e o corpo, e muda para melhor os padrões de bem-estar e de qualidade de vida. Proporciona o desenvolvimento pessoal, o crescimento interior, a eliminação do estresse e de outras "doenças da vida moderna", melhoria da performance no trabalho e, principalmente, abre caminhos para a felicidade plena.

É um método completo de relaxamento e meditação que se aproveita das alterações dos estados de consciência, para, de forma gradativa e natural, possibilitar o desenvolvimento da resiliência e a normalização dos processos físicos, mentais e emocionais que ficaram alterados pelo estresse, pelo aumento da pressão sanguínea e por outras razões que desequilibram a química do corpo, perturbando o estado de espírito.

Mais do que explorar apenas os fundamentos da meditação tradicional, o *NeoMindfulness* se vale do conceito mais avançado de *mindfulness* que representa melhor o Estado de Atenção Plena (EAP) que o *NeoMindfulness* pode propiciar.

A justificativa para a criação do *NeoMindfulness* está na necessidade que senti de ocidentalizar os ensinamentos orientais, tornando-os mais acessíveis e de fácil assimilação.

Assim como os orientais, nós, ocidentais, necessitamos da introspecção, da meditação, do conhecimento interior, do descobrimento do "Eu", para nos conhecermos profundamente, chegarmos à homeostase (equilíbrio no organismo ou estabilidade fisiológica, apesar das alterações exteriores) e atingirmos aquilo que chamo de renascimento.

Nós, ocidentais, não nos sentimos muito à vontade com a ideia de passarmos horas a fio entoando mantras ou ficando em posições aparentemente desconfortáveis para meditar.

Mesmo as posições de lótus e semilótus, as mais conhecidas como símbolos da meditação, são fisicamente desconfortáveis para os ocidentais. E sem conforto ninguém consegue meditar. Tais práticas são muito naturais na cultura oriental.

E porque temos todos a nossa "zona de conforto", encontramos dificuldade em mudar hábitos culturais já arraigados. Nem mesmo a nossa alimentação conseguimos mudar com facilidade, por mais convencidos que estejamos de que determinados alimentos são mais saudáveis, proporcionem maior força e mais disposição, e que outros são altamente prejudiciais.

O *NeoMindfulness* permite a nós, ocidentais, atingirmos os mesmos resultados benéficos que os orientais alcançam com as práticas da meditação, o Yoga etc.

Mas é importante dizer que o *NeoMindfulness* não é uma religião, e não tentarei cooptá-lo para nenhuma nova seita.

Nosso método é fundamentado na ciência, e utilizamos conceitos da física quântica, bem como fundamentos da neurociência, da psicologia, da filosofia, da programação neurolinguística e da neurofisiologia da meditação. Contudo, apesar disso soar técnico e inacessível demais, elaboramos nossas técnicas de treinamento e condicionamento de forma a serem facilmente compreensíveis e de fácil execução para todos.

Praticando o *NeoMindfulness*, você conseguirá alterar o seu estado de consciência que resultará em um processo completo de crescimento e desenvolvimento pessoal, de estabilidade emocional, de prevenção a algumas doenças, cura de outras, e, principalmente, em mudanças para melhorar o seu bem-estar.

E, para que sejamos cada vez mais tolerantes e flexíveis ante as adversidades – que, sem dúvida, continuarão a existir – adicionei ao conjunto os meus conhecimentos sobre resiliência, que contém outros mecanismos extraordinários na prevenção do estresse e principalmente do *burnout*.

E, para que fosse aceito, compreendido e praticado pelos ocidentais, inclusive por você, o *NeoMindfulness* também teria de ser extremamente simples, de fácil realização e com benefícios rapidamente perceptíveis e duradouros.

O *NeoMindfulness* atende a todas as necessidades de quem está ativo no mercado de trabalho e no mundo empresarial, principalmente por sua eficácia contra o estresse.

Sem dúvida, um dos maiores ensinamentos que podemos assimilar para vivermos uma vida melhor é aprendermos a valorizar aquilo que nos agrega benefícios, que nos engrandece e, ao mesmo tempo, que nos permite sentir leveza de alma, deixando de lado tudo que não tem relevância. Veja bem: por vezes, algo que nos faz sofrer momentaneamente pode, se trabalhado da forma adequada, nos tornar pessoas melhores amanhã. Da mesma forma, algo que nos proporciona um bem--estar passageiro pode, na verdade, terminar por nos prejudicar. A chave está na busca pelo equilíbrio entre o corpo e a mente.

Finalizo destacando que a prática do *NeoMindfulness* é extremamente simples, principalmente em razão da autocomutação, ou seja, depois que sua mente estiver condicionada, atingirá o relaxamento profundo de imediato. E, com isso, poderá controlar ou curar as chamadas "doenças da vida moderna", bom, não é?

Algumas das doenças que hoje mais afligem os seres humanos são: estresse; depressão; síndrome do pânico; hipertensão emocional e nervosa; falta de concentração e dificuldades de memória; baixa autoconfiança e aumento da insegurança; baixa autoestima (identificação e superação de comportamentos que atrapalham a vida e impedem que as pessoas atinjam seus objetivos); dificuldade em priorizar objetivos; baixa eficiência no trabalho; descontrole no uso do tempo no dia a dia; dores musculares e de tensão; certos tipos de dores crônicas, como a fibromialgia; certas enxaquecas e outras manifestações psicossomáticas; insônia; tendinites; gastrites; obesidade; compulsão por comida, bebida, chocolate ou fumo etc.

A prática do *NeoMindfulness* produz: autoconhecimento; maior controle das reações emotivofisiológicas; condições para enfrentar a angústia; reforço do ego; condições para a interiorização; supressão de dor; aumento do rendimento no trabalho (qualitativa e quantitativamente); homeostase (a capacidade do corpo para manter um equilíbrio estável, apesar das influências exteriores); unificação e integração do Eu com o Universo; melhoria da memória; a visão de si mesmo.

Viver em Mindfulness traz uma enormidade de benefícios, mas com certeza é o melhor "remédio" contra a depressão, insônia e o estresse.

Afinal, o que é o estresse?

Estou seguro de que você sabe o que é estresse. Até por carga hereditária todos sabemos. Afinal, desde a pré-história, o ser humano vivia o estresse pela busca de alimentos e pela sobrevivência.

Nossos antepassados, os chamados homens das cavernas, estavam sujeitos ao estresse de escolher sua "casa própria" para se abrigar das intempéries e dos demais perigos. Isso tudo, podemos ter certeza, era estressante.

Perceba que, em essência, os desafios dos nossos antepassados eram bem semelhantes aos que temos hoje. Por causa do estresse provocado pelo risco de serem atacados por predadores, e também pela busca por comida, nossos antepassados passaram a fabricar armas. Vem daí a origem das guerras. Homem inventando armas para matar "predadores" ou inimigos.

Estresse é um estado de alerta que ocorre no ser humano sempre que sofre ameaça, pressão ou desafio de ordem física ou psicológica. Sob a ação do estresse, a mente fica tensa, oprimida, inquieta, preocupada, perturbada e agitada.

Talvez você já tenha tido a experiência de ficar estressado, com consequências leves ou profundas.

Hoje temos pressa para tudo, e a rapidez é exigida como uma "competência". Estamos sempre correndo de um lado para o outro, em ruas congestionadas de automóveis dirigidos por estressados. Comemos *fast-food*. Transformamos refeições em almoço de negócios, com a presença do componente estresse em menor ou maior nível, dependendo da nossa posição em relação ao que está sendo negociado.

Vivemos situações estressantes e muitas vezes nem nos damos contas delas. Você já reparou que está sempre atento para ver se alguém não vai assaltá-lo? Está sempre tomando conta dos seus bolsos e bolsas. Das travas das portas do automóvel e da sua casa. Estamos permanentemente em estado de atenção. Às vezes nem nos damos conta disso, mas fatores estressantes estão sempre presentes. No âmbito das relações interpessoais você se estressa com a falta de companheirismo, de amizade incondicional, de parceria e de solidariedade. O estresse no trabalho também não é um privilégio deste ou daquele cargo.

O chefe se estressa com seus superiores e também com os subordinados. Ele se estressa com as situações macroeconômicas, quase sempre incontroláveis.

Os subordinados se estressam com a rotina, às vezes estafante, e com as cobranças dos chefes para produzirem ainda mais.

O estresse vai impactar ou não as pessoas, dependendo de como cada um lida com as situações desafiadoras ou críticas. A consequência para muitos é uma síndrome do esgotamento profissional que muitas vezes leva à hipertensão, à depressão, ou se manifesta na forma de dores estomacais, ansiedade, dores de cabeça, baixa imunidade etc. Já foram descritos mais de cem sintomas do esgotamento profissional. Pesquisas mostram que os resilientes, ou seja, os que apresentam flexibilidade em alto grau, tolerância e habilidade para resolver problemas de forma criativa, costumam ser mais capazes de lidar com situações estressantes do que outras pessoas.

Mas atenção: viver na zona de conforto, e com isso evitar ou fugir das novidades ou de situações desafiadoras, não é caminho para evitar o estresse. Quem escolhe esse tipo de conduta apenas passa pela vida, não participa e nem contribui com a evolução.

A capacidade de suportar e superar situações difíceis não depende somente da pessoa, mas também do equilíbrio dinâmico, que neste caso pode ser compreendido como a relação entre ela e o seu contexto. Reinvente-se, se necessário, mas aprenda a conviver com o estresse. Faça com que ele te impulsione para frente, e não para o fundo do poço.

Espero ter despertado em você o interesse em saber mais sobre *Mindfulness*, ou até mesmo de conhecer de imediato o meu método *NeoMindfulness*. Dê um novo equilíbrio para a sua vida, e seja feliz.

5

ORGANIZAR PARA VIVER COM MAIS SAÚDE
A ORGANIZAÇÃO E OS BENEFÍCIOS PARA UMA VIDA MAIS EQUILIBRADA

Quando as pessoas me perguntam se eu sempre fui organizada, a minha resposta é sim! A organização está presente na minha vida de forma natural. Desde muito pequena eu gostava de manter o quarto em ordem, especialmente o armário de roupas, que dividi por muitos anos com a minha irmã. Isso me deixava tranquila, me trazia certa leveza, ainda que eu não tivesse consciência disso de fato. Muitas pessoas só passam por isso quando adultas, quando começam a trabalhar, se casam, se mudam para outro país. Eu gostava de brincar na rua, pular corda, correr. Se a escolha fosse brincar de casinha, a minha paixão, a maior diversão era montar e organizar a casinha – o que muitas vezes fazia com que outras crianças me questionassem: "Mas você não vai brincar?". Eu estava brincando, mas do meu jeito. Por meio do brincar, a criança aprende, experimenta o mundo, as possibilidades, as relações sociais, organiza emoções, desenvolve linguagem e habilidades motoras. Além disso, quando tem uma rotina de atividades, a criança se sente amada e segura. Adultos também podem se beneficiar da organização para gerenciar seus compromissos. A rotina é o hábito de fazer as atividades da mesma maneira, de modo automático ou pela repetição. A organização é um hábito, uma prática que, como outra qualquer, pode ser aprendida. Se você estiver disposto, pode se tornar uma pessoa mais organizada.

ALINE CERON

Aline Ceron

Personal Organizer em sua empresa Santa Dobra

Aline Ceron é formada em Comércio Exterior pela Universidade Paulista e atuou na área de Seguros de Bens e Pessoas por quase 15 anos. Em 2017, rendeu-se à sua grande paixão por Organização e tornou-se *Personal Organizer* pela OZ! Organize sua Vida. Fez vários cursos de especialização, entre eles: Mudança Residencial pela OZ! Organize sua Vida, *Baby Organizer* pela Yru Organizer, Organização de Acervos, Organização de Closet Luxuoso, *Boat Organizer* e Formação para o Mercado de Luxo e Premium com Paula Furlan. É associada ANPOP (Associação Nacional de Profissionais de Organização e Produtividade) e participa de eventos do segmento. Em 2018, tornou-se empreendedora abrindo sua empresa, a Santa Dobra, especializada em organização profissional, com foco na organização de ambientes residenciais por meio de projetos e consultorias personalizadas. Também ministra *workshops* e palestras de organização. Seu propósito é simplificar a vida das pessoas com leveza, por meio da organização.

Contatos
contato@santadobra.com
www.santadobra.com
Instagram: @santadobra
Facebook: Santa Dobra Personal Organizer

Vida adulta

Quando pequena, eu não imaginava que a organização facilitaria tanto a minha vida, em todas as fases. Quando me tornei adulta, percebi que vamos somando responsabilidades ao longo dos anos como trabalhar, cuidar da casa e dar conforto para a família. Como estudante, profissional, esposa, mãe, voluntária de uma comunidade, empresária ou *influencer* digital, ter uma agenda organizada, seja ela física ou digital, ajudará você para que tudo corra bem na maior parte do tempo. E, se surgirem imprevistos, não será tão complicado remarcar um compromisso para outro dia.

Com tantos papéis assumidos na vida adulta, consumir mais é natural nesse processo. Você pode comprar um novo carro, mudar para uma casa maior, repaginar os móveis e adquirir mais eletrodomésticos a fim de facilitar a rotina. Talvez você precise trabalhar mais para pagar as dívidas e, dessa maneira, terá menos tempo para estar em família. Quanto mais temos, mais tempo gastamos para cuidar, manter e administrar tudo.

Fazer compras está cada vez mais fácil, nem é preciso sair de casa, tudo está ao alcance das mãos. Basta que você escolha o produto desejado, a forma de pagamento e aperte o *enter*. Pronto, em alguns dias ou talvez em algumas horas o produto esteja na sua porta. Já é uma tendência mundial essa forma de consumo rápido e, muitas vezes, compramos itens desnecessários para preencher vazios. Esquecemos que mais importante que TER é SER.

A organização

Ter tempo é algo raro, todos os dias você ouve alguém próximo dizer que não tem tempo.

Você já parou para pensar com o que você tem gastado o seu tempo e a sua energia?

Você vive a vida que sonhou? Talvez agora seja o momento ideal para tirar do fundo da gaveta aquele projeto que ficou lá, por anos, esquecido.

Você já deve ter percebido que a organização é uma aliada e que pode transformar sua vida para melhor. Entretanto, você já se perguntou quais são os benefícios que pode trazer para sua vida, como saúde, bem-estar e autoconhecimento?

Quem nunca se atrasou para um compromisso porque não encontrava o que queria?

Qual foi a última vez que não encontrou a chave do carro? Ou uma peça de roupa para aquela entrevista de trabalho dos sonhos? Se for um documento então, quanta dor de cabeça isso pode causar, literalmente. Atrasar-se para uma reunião ou pagar uma conta atrasada gera perda de tempo, dinheiro e energia.

Ser uma pessoa organizada reduz o estresse, a ansiedade, a depressão e a insônia, pois você sabe onde está cada objeto, pois cada coisa tem o seu lugar. O ambiente em que você vive, assim como aquele em que você trabalha, diz muito a seu respeito, é um reflexo dos seus sentimentos.

Coragem

Anteriormente, mencionei que a rotina faz a criança se sentir amada e segura, você se recorda? A organização também tem esse "poder": ela nos dá liberdade, segurança, autoestima e saúde. Um ambiente mais tranquilo, que transmite calma e leveza, permite que você tenha mais foco e objetividade.

Segundo o *Blog Mais Tempo*, administrado por Christian Barbosa, o maior especialista em produtividade do Brasil, junto de outros renomados colaboradores, *"a organização melhora a qualidade de vida, como consequência, temos uma melhora de desempenho profissional".*

A importância de uma casa ou de qualquer espaço organizado vai muito além da estética que a organização pode trazer. Traz clareza para a tomada de decisões, para a realização de tarefas, para fazer o que precisa ser feito e para viver bem.

Desordem interna

A organização está intimamente ligada à ansiedade. Especialistas afirmam que ambientes fora de ordem levam ao estresse, à procrastinação e até à depressão. Por outro lado, a depressão e as dores de uma perda podem levar à desordem externa. A ansiedade, conhecida como o mal do século, tem como definição as sensações de medo e impotência, aflição e angústia. Esses sentimentos estão conectados com o ambiente ao nosso redor.

Quantas vezes você teve uma sensação ruim ao ver a bagunça naquele cômodo? Muitas vezes, a bagunça externa pode estar relacionada a fatores internos, como perdas materiais e pessoais. Organizar é de dentro para fora – e de fora para dentro.

A busca pelo equilíbrio

A organização requer coragem e empenho para seguir transformando. Gosto muito da abordagem da autora Brené Brown que, em seu livro *A Coragem de ser Imperfeito*, cita a frase: *"a vulnerabilidade é a nossa medida mais precisa de coragem, ela é o berço da inovação, criatividade e mudança".* A organização não é a cura para as dores e, sim, uma ferramenta que trará leveza nesse processo.

O ambiente ao seu redor, especialmente a casa, não deve ser um lugar intocável, feito capa de revista de decoração. Ao contrário, a bagunça faz parte de um lar no qual a vida acontece cheia de momentos alegres, com brinquedos pelo chão e almofadas fora do lugar, cachorros latindo... *"uma casa com vida é aquela em que os livros saem da prateleira, é aquela que a gente entra e se sente bem-vinda*", como dizia Carlos Drummond de Andrade.

A desordem pode ser uma preocupação quando essa "bagunça" é constante, quando nada volta para o seu lugar. Qual lugar? Aquele espaço que você definiu para guardar os jogos depois que a brincadeira acabar.

Ser organizado vai ajudar a reduzir sua pressão arterial, a ter mais saúde e te poupar tempo. Se você é uma pessoa organizada ou está começando a pensar em ter uma vida mais leve e organizada, tenha em mente que o *deixar ir,* o desapego, faz parte.

Se você olhar à sua volta, em casa ou no trabalho, para todas as coisas que comprou, herdou e ganhou você se sente feliz? Estar sufocado por objetos provavelmente afetará o seu humor, mesmo que isso não seja tão evidente em um primeiro momento.

Pessoalmente, se o meu cantinho de trabalho está caótico e a minha casa também tem bagunça, eu não tenho um bom rendimento das minhas atividades. *Deixar ir* tudo o que não é essencial, tudo o que não vale a pena manter e que impede você de ter a vida dos sonhos é um processo.

Minha experiência como *personal organizer*

Como organizadora profissional eu acompanho de perto a dificuldade de pôr em prática o desapego material. O processo pode ser doloroso, mas garanto que é libertador e vale a pena experimentar. Encare esse momento como uma oportunidade de reavaliar os seus pertences e criar o estilo de vida que você quer viver, com saúde, qualidade e bem-estar. Não é fácil decidir, pois cada objeto conta uma história, traz memórias e sentimentos. É preciso ser gentil e paciente, afinal, todos aqueles objetos foram chegando ao longo dos anos.

Segundo Francine Jay, autora do livro *Menos é Mais*, com base no *Princípio de Pareto*, usamos apenas 20% das nossas coisas 80% do tempo.

Se você desapegasse hoje de 80% de seus pertences, provavelmente nem sentiria falta deles. É claro, não estou dizendo para você desapegar tanto, a menos que este se torne seu desejo pessoal. Ter essa informação não te deixa mais tranquilo para começar?

Para exercitar o desapego, seja na cozinha, no escritório ou no armário de roupas, minha sugestão é que você comece avaliando cada item. Faça para si mesmo algumas perguntas, respondendo-as com sinceridade.

— Eu gosto disto? Há quanto tempo eu não uso?

Para o *closet*, avalie se suas roupas vestem bem, se você se sente feliz e confiante com elas. Podem estar fora de moda ou apenas em desacordo com o seu estilo pessoal atual. Na cozinha, verifique os eletrodomésticos, a louça lascada. De preferência, faça um descarte consciente, de acordo com o tipo de material.

— Quais os benefícios que essa peça traz para a minha vida? Qual o motivo que me faz guardar isto? Esse objeto seria útil para outra pessoa?

Para cada pertence, decida o que fica, o que vai embora e o que precisa de reparos. Depois desse processo, você vai se sentir mais leve e vai entender melhor as coisas que faz mais sentido manter em casa, no trabalho, na sua vida. Sobre o *declutter,* é necessário explicar que nenhuma peça é descartada pelo profissional de organização, em tempo algum. E se eu posso dar um conselho como profissional é: não jogue fora as coisas dos outros.

O luto e a organização

O luto, por definição, é o profundo pesar causado pela morte de alguém, é um sentimento gerado por perdas como separação, partidas ou rompimentos. Os filhos que partem de casa, a mudança de cidade, um divórcio, a perda de um emprego. Todos esses eventos são perdas que podem ser de grande relevância emocional e passíveis de abalar a saúde. Todos, inevitavelmente, passamos por perdas ao longo da vida.

É comum recomeçar, desejar repaginar um espaço, dar uma nova função ao ambiente, mudar os móveis de lugar, trocar a decoração, transformar o quarto em uma sala. Essas mudanças trarão frescor para o lar, amenizando a dor da saudade.

Quando a perda é por alguém que faleceu, inevitavelmente haverá um momento de procurar por documentos importantes, comunicar à empresa o falecimento, lidar com procedimentos bancários, inventário e outras coisas que não podem esperar pelo curto prazo para serem resolvidas.

Vale lembrar que cada pessoa vive o luto à sua maneira, é preciso respeitar essa dor, vivenciar esse momento de pesar. Quando perdemos alguém muito próximo, tudo ao redor pode trazer lembranças e ter de lidar com os objetos dessa pessoa é doloroso.

Habitualmente, as pessoas da família ou amigos próximos participam do processo para destinar os pertences pessoais do ente querido. Se tiver dificuldade em encarar essa tarefa, peça ajuda para alguém que não esteja muito envolvido(a) emocionalmente. Não tenha vergonha, é um momento complicado. Que tal pensar em alguém neutro nessa situação?

Como *personal organizer*, posso dizer que organizo muitas dores em cada lar que sou convidada a entrar. Faz parte do meu trabalho entrar na intimidade de uma gaveta sem ser íntima. Em cada projeto de organização, em cada consultoria que realizo, é necessário ter respeito pelas histórias individuais e familiares. Com empatia e um olhar sensível, a organização dos pertences trará maior clareza e certo alívio para seguir em frente.

Conclusão

Agora que você sabe sobre a importância e os inúmeros benefícios da organização, eu lhe convido a exercitar continuamente o autoconhecimento. Ele ajudará a fazer boas escolhas de consumo para a sua vida. Lembre-se de que bem-estar e qualidade de vida não têm relação com os bens de consumo. Eles são necessários, mas não devem ser os protagonistas do nosso precioso tempo.

Assim como a criança que encontra diversão e aprendizado nas coisas mais simples, desejo que você se sinta inspirado(a) a ter uma vida organizada e sem excessos, com espaço para experiências novas, para estar presente com quem você ama, sonhar e viver com qualidade.

A organização é possível para todos e espero que você a abrace com todas as forças a fim de ter uma vida mais leve, equilibrada e repleta de saúde.

Referências

BLANKE, G. *Jogue fora 50 coisas: livre-se da bagunça, simplifique seu dia a dia torne sua vida mais feliz.* RIBEIRO, A. C. B. (trad.). Rio de Janeiro: Ediouro, 2010.

BLOG MAIS TEMPO. Disponível em: <http:// www.maistempo.com.br.>. Acesso em: 20 out. de 2021

BROWN, B. *A coragem de ser imperfeito.* Rio de Janeiro: Sextante, 2016.

JAY, F. *Menos é mais: um guia minimalista para organizar e simplificar sua vida.* MIRANDA, G. (trad.) 1. ed. São Paulo: Fontanar, 2016.

KONDO, M. *A mágica da arrumação: a arte japonesa de colocar ordem na sua casa e na sua vida.* Oliveira, M. (trad.). Rio de Janeiro: Sextante, 2015.

6

A ALMA DO NEGÓCIO
CONSTELAÇÃO SISTÊMICA APLICADA AO MUNDO DOS NEGÓCIOS

E se eu te contar que todos os medos, traumas e crenças vividos pelos seus familiares até a oitava geração se refletem nas suas escolhas no agora? Pois é, foi essa descoberta que ajudou a mudar completamente o rumo da minha vida. Foi olhando com amor para todos do meu sistema familiar que pude ressignificar a minha história e fazer novas escolhas. Sim, é possível! Você só precisa dizer SIM para si mesmo!

ANA CAROLINA VAZ

Ana Carolina Vaz

Co-founder A Alma do Negócio e *Dog's Care*

Empreendedora por acaso, terapeuta quântica por necessidade, criada para ser funcionária pública, viu a vida virada do avesso quando, após se formar em Direito, decidiu largar a ideia dos concursos públicos para se aventurar no mundo dos negócios e fazer fralda para cachorro. Filha do meio de pais separados litigiosamente, viu-se nadando contra a maré por uma vida inteira depois de vivenciar catarses profundas (sequestro, síndrome do pânico, morte da mãe e do irmão, abortos) e quase ir à falência por três vezes, encontrando no autoconhecimento e no estudo da física quântica a chave que precisava para mudar o rumo dessa história. E foi nessa jornada que renasceu para uma nova vida mais consciente, mais próspera e abundante, na qual decidiu investir em inúmeras formações de técnicas quânticas e psicoterapêuticas, com o objetivo de promover sua autocura e compartilhar com outros empreendedores a sua experiência, unindo os universos do Empreendedorismo e das Constelações Sistêmicas Organizacionais.

Contatos
carolvaz@dogscare.com.br
@carolvaz.empreendedora
@a.alma.do.negocio
11 98515 2147

Minha vida empreendedora começou em 2005. Na verdade, começou antes, com o caos instalado dentro de casa com o cio torrencial de 60 dias da nossa cachorrinha. Amo cachorro desde criança e a nossa pequena Jully chegou antes do sofá novo. Já tinha vontade de empreender, já que descobri no último ano da faculdade de Direito que os concursos públicos, que eu tanto queria, na verdade eram um sonho de estabilidade dos meus pais e não meu. Sou filha de funcionários públicos. E cresci com essa crença: estudar muito, fazer faculdade, passar no concurso público e quem sabe ser feliz um dia.

Comecei a trabalhar cedo. Aos 16 anos pedi ao meu pai para ser emancipada e fui ganhar meu dinheiro. Sustento-me desde então. Aos 18 anos tive uma depressão profunda e hoje sei que estar desconectada com o que eu fazia me adoeceu. Trocava meu tempo precioso por dinheiro e só. Aos 19 anos sofri um sequestro e isso mudou radicalmente minha vida. Experimentar o medo de morrer me fez desejar viver. E viver uma vida com mais sentido. Eu renasci! E nasceu dentro de mim a vontade de fazer algo que fizesse minha alma vibrar. Do caos vivido em casa nasceu a empresa. Criamos a primeira fralda para cães do mundo (eu e meu sócio, marido e parceiro). Eu não fazia ideia de como era empreender e aprendi na prática (na marra, eu diria). Na verdade, acho que viramos aprendizes quando empreendemos. Eu aprendo algo novo todos os dias.

Não tenho dúvida de que foi e sempre será a minha maior escola. Ouso dizer que empreender para mim foi algo iniciático. Ainda mais quando se encontra um propósito. Existe algo **gigante** que te move e não te deixa desistir e é preciso ter maturidade para diferenciar persistência de teimosia.

Imagine que larguei a carreira jurídica para fazer fralda para cachorro. Isso mesmo! Peguei todas as minhas economias, que não eram muitas, e "entrei de cabeça" para montar uma fábrica e eu não fazia ideia nem do que era feita uma fralda. Sim, me chamaram de louca (e hoje levo isso como um grande elogio!).

Quase quebrei (três vezes) em 15 anos. E na última, que já estávamos maiores e foi mais traumática, eu me vi chegando em um lugar no qual não havia planejado. E a pergunta que me fiz foi: "Como vim parar aqui?". Essa pergunta me fez despertar. Percebi que havia chegado em um lugar de dor, cíclico, que não fazia parte dos meus planos. Foi aí que descobri a física quântica, a autorresponsabilidade, comecei a ler sobre ressonância, vibração, campo energético, campo morfogenético,

Gestalt, Constelação Sistêmica etc. Um novo mundo se abriu! Chorei por uma semana. Mas eu renasci. Pude ver além do que estava ali diante de mim.

Assumi as rédeas da minha vida, salvei a empresa e me salvei de mim mesma. Segui em uma busca por autoconhecimento sem fim, que ainda está acontecendo. Estava decidida a descobrir o que havia me levado até um lugar não planejado. E descobri muitas coisas: crenças ancestrais, crenças genéticas, históricas, traumas da infância que estavam ressoando comportamentos no agora, traumas vivenciados pelos meus ancestrais que me faziam sentir e fazer o que fazia, enfim. Meu inconsciente havia me levado até ali. E me comprometi a desligar o piloto automático e a viver o empreendedorismo de forma mais consciente. Como dizia Jung: "Até se tornar consciente, o inconsciente irá dirigir sua vida e você vai chamá-lo de destino."

Fiz inúmeros cursos em busca de autocura: *Thetahealing*, Reiki, Cristaloterapia, Análise Transacional, Sistemas de Curas Quânticas, Registros Akáshicos, Geometria Sagrada, Tameana e a Constelação Sistêmica. Todos me trouxeram muita cura e uma vida mais plena e consciente. Mas a ferramenta que mais me transformou foi a constelação sistêmica, sem dúvida, pois além de alcançar minha vida pessoal, transbordou para o mundo dos negócios e mudou o cenário da minha empresa, trazendo muitas mudanças e, finalmente, a prosperidade. E o mais importante, um empreender mais consciente. Assim nasceu a Alma do Negócio, focada em sistemas organizacionais. Um transbordar a partir das minhas experiências a fim de alcançar empreendedores que se sentem travados para servir a vida por meio de suas empresas.

Mas, afinal, o que é a Constelação Sistêmica?

Constelação Sistêmica é um método psicoterapêutico, desenvolvido pelo psicoterapeuta alemão Bert Hellinger. Ela estuda as emoções e energias que, consciente e inconscientemente, acumulamos nas muitas gerações. Esse aprofundamento possibilita compreender como esses fatores influenciam em nossa tomada de decisão, de forma a reverter os aspectos negativos que desequilibram nossa vida. O método ajuda a visualizar as dinâmicas que agem em um determinado sistema familiar. Ao ver o que ocorre, podemos fazer algo com o que é percebido. Tomamos consciência e podemos fazer novas escolhas a partir disso.

Há estudos que afirmam que a vivência da constelação atua no sistema familiar como uma força quântica, liberando fluxos de informação relativos a traumas, experiências difíceis e vivências muito dolorosas que marcaram aquele sistema e que podem estar atraindo outros membros para uma repetição daquele evento, normalmente em gerações posteriores. Ou seja, muitas vezes, alguém que é neto ou bisneto, ou mesmo filho de alguém que teve um destino trágico poderá, por amor, repetir de forma inconsciente o destino do antepassado. Nesse aspecto atua a lei do pertencimento, na qual quem veio depois age da mesma forma, tomando o destino de quem veio antes para si.

A constelação revela esse emaranhamento e, muitas vezes, a pessoa que se enredou naquele destino consegue se liberar, se soltar e viver sua própria vida e sua própria história. Outro ponto surpreendente nesse método é o fato de a constelação gerar efeitos em todas as pessoas do sistema familiar. Pesquisadores chamam esse fenômeno de ressonância mórfica – quando algo que acontece em um ponto da rede familiar influencia também em outros pontos, em outros membros do sistema.

Esses enredamentos em destinos e eventos que acontecem nas famílias normalmente são adotados por nós de forma inconsciente e, por isso, demoramos muito tempo, às vezes anos, às vezes uma vida inteira, para percebê-los e trazê-los à consciência.

Essa é a grande contribuição das constelações para desbloquear situações mal resolvidas. Muitas vezes, nos enredamos nos problemas de nossos familiares, sempre por amor, e acabamos envolvidos com problemas que não temos a capacidade de resolver, que estão fora do nosso escopo. Ao perceber isso atuando no campo durante uma constelação, fica mais fácil retornarmos ao nosso lugar e retomar o caminho que é nosso: afinal, só do nosso lugar e a partir de nós mesmos podemos realmente agir e prosperar; enquanto nos envolvermos com aquilo que já aconteceu, que ficou no passado, perdemos todas as chances de viver a nossa própria história de vida.

O campo familiar

O campo familiar é similar a uma consciência que contém todas as informações que pertencem a determinado grupo familiar. Esse campo age sobre nós o tempo todo. Por ele estamos ligados à nossa história e a tudo o que ocorreu com nossos antepassados e nele ficará a história que for criada para a frente, por meio de nossos filhos, netos e demais sucessores. Algumas vezes, certas situações causam desordem no campo, o que pode gerar dificuldades para os que integram esse sistema. É como uma "nuvem" de dados, na qual ficam armazenados sensações e sentimentos, geralmente fruto de traumas vivenciados por todos que fazem parte do sistema.

Em resumo: é a nossa família, mais precisamente a história da nossa família, em especial sua religião, crenças, país de origem – fortes exemplos de como somos influenciados ao longo da vida. Desse modo, a natureza do nosso campo de energia sistêmica é moldada por acontecimentos marcantes, como a história dos relacionamentos dos nossos pais e dos nossos avós.

Pode ser também influenciada pela morte de uma criança muito nova, aborto, parto prematuro, adoção, suicídio, guerra, exílio forçado, troca de religião, incesto, antepassado agressor ou vítima. Bem como traição ou, até mesmo, a confiança.

As ações generosas e altruístas dos nossos pais e antepassados são altamente saudáveis para nós. Em contrapartida, as más ações deles modificam fortemente o campo energético familiar, obrigando as gerações posteriores (no caso, nós) a arcar com as consequências. Entre as más ações podemos citar exemplos como: adquirir bens de forma duvidosa, trapacear ou roubar, pertencer a uma corporação cuja função envolve matar (a exemplo do exército), as diferentes formas de violência, a internação psiquiátrica ou a prisão de membros da família, os acidentes que terminam em trágicas mortes, renegar a sua religião ou o seu país.

Todos somos influenciados por nosso campo familiar, queiramos ou não, saibamos ou não, concordemos ou não, tenhamos consciência ou não: isso não importa, pois é um campo que existe e atua sobre nós, independentemente de nossa vontade.

Sobre esse assunto, o cientista inglês Rupert Sheldrake escreveu o livro *Uma nova ciência da vida*, em que descreve a descoberta e o funcionamento desses campos, que chama de "campos morfogenéticos".

As três leis sistêmicas ou Ordens do Amor

As ordens apontadas por Hellinger há muito têm sido chamada de Leis, as "Leis Naturais do Amor", pois elas atuam realmente, assim como as leis da natureza. Podem ser comparadas à lei da gravidade, por exemplo, por ser bem conhecida por todos. Não são leis inventadas, elas atuam desde que o mundo é mundo. E podem ser observadas em diversas culturas e épocas, mas ditas de maneira diferente.

As leis sistêmicas que atuam em todos os relacionamentos humanos são:

1. Pertencimento;
2. Ordem ou Hierarquia;
3. Equilíbrio.

São leis da natureza, como a lei da gravidade, a diferença é que esta última atua sobre a massa e as leis sistêmicas, sobre os relacionamentos. Nos dois casos, podemos ver a atuação pelos efeitos. E, assim como a lei da gravidade não precisa da nossa anuência, crença, aprovação etc., também as leis sistêmicas atuam independentemente de nossa opinião, cultura, conhecimento prévio, anuência, crença em sua existência e seus efeitos.

1. Pertencimento

Estabelecido somente pelo vínculo, que pode ser gerado por laços de sangue ou de destino. Quem pertence, pertence. Quem não pertence, não pertence e ponto. Dentro do vínculo de sangue estão os parentescos diretos (vivos e mortos): nossos pais, avós, bisavós e assim por diante. Sangue do sangue, exceto primos, pertence ao sistema. Já pelo vínculo de destino, pertencem as pessoas que geram uma vantagem ou dano existencial à família. Por exemplo: pessoas que salvam a vida de outros, herança que muda o destino da família, escravos, parceiros atuais e anteriores nossos, de nossos pais, nossos avós e bisavós (quando gera vínculo, como uma gravidez ou se a família se formou por conta do final desse relacionamento). Em relação aos danos existenciais, podemos citar: assassinos, pessoas que prejudicam gravemente a família (acidentes, roubos, danos físicos permanentes). Se, por acaso, alguém é excluído do sistema, por exemplo, um alcóolatra que é abandonado pela família, existirá uma cobrança ressoando na família até que ele seja incluído.

2. Ordem

A ordem é estabelecida somente pela hierarquia. Quem chegou primeiro é MAIOR do que quem chegou depois. Aí atua uma força poderosa e natural, desde tempos remotos, mantendo a coesão e liderança de povos primitivos. E isso garantia a sobrevivência da tribo. Como uma vantagem evolutiva, se incrustou no espírito humano e passou a ser algo inconsciente. Quem veio antes, veio antes. Quem veio depois, veio depois e não tem o direito de criticar, julgar, reclamar, exigir ou tentar modificar o que foi feito anteriormente. Na família segue a ordem de entrada. Ela não pressupõe obediência automática, e sim, precedência e respeito. Quando a ordem hierárquica de um sistema é perturbada, surgem compensações de certa natureza. Isso acontece quando os posteriores se sentem compelidos a atuar como se fossem melhores que os anteriores. O resultado comum de tal tentativa é o fracasso e/ou doença, que, geralmente, se caracteriza pela exaustão dos recursos físicos e emocionais para continuar atuando contra a ordem.

3. Equilíbrio

O equilíbrio é estabelecido somente pelo dar e receber. Se alguém me dá ou me faz algo que soma ou que me fere, eu preciso retribuir um pouquinho mais naquilo que soma e um pouquinho menos naquilo que fere. Essa lei atua somente entre iguais, ou seja, nas relações horizontais, em que não há hierarquia, como relação de casal, entre amigos, entre colaboradores, por exemplo. Podemos perceber essa lei facilmente nas relações. Se recebo algo de alguém, sinto-me pressionado a dar algo de volta. É, portanto, fundamental para que o amor dê certo na relação entre iguais. Podemos perceber que naquilo que acrescenta, o que chamamos de positivo, há uma tendência de dar de volta um pouco mais. Isso reforça o amor e a troca entre o casal, tendo um bom efeito. No entanto, se temos uma troca desigual, em que um dá mais que o outro, isso estabelece uma conta corrente desbalanceada, que provoca culpa inconsciente em quem recebeu mais que deu, causando rupturas na relação.

Constelação Sistêmica no mundo dos negócios

A constelação organizacional é cada vez mais utilizada como uma ferramenta de Consultoria Sistêmica para apoiar líderes que têm a missão de construir, guiar e desenvolver organizações.

Por meio dessa modalidade de análise de problemas e apoio na tomada de decisão, é possível perceber as correlações e a origem de dificuldades nas organizações, assim como ganhar novas informações e percepções sobre determinada área, setor, produto, equipe ou mesmo da organização como um todo. Pode ser utilizada em momentos de fusões e aquisições como forma de integrar as culturas e equipes, assim como para escolha de sócios e investidores da organização.

A constelação aplicada aos negócios oferece uma metodologia com a qual se podem esclarecer dúvidas, assim como fortalecer a liderança, para que ela se torne a base capaz de sustentar o crescimento da organização. Por meio da dinâmica, é possível encontrar o que está atuando nas dificuldades de vendas, ineficiência, conflito entre equipes, definições estratégicas e muitos outros campos que compõem a atividade empresarial.

Segundo Bert Hellinger, a empresa é um grande sistema, e é também subdividida em sistemas menores, como suas áreas funcionais: Recursos Humanos, Marketing, Vendas, Compras etc. Cada área é também em si própria um sistema, abaixo do sistema principal que é a empresa em sua totalidade. O que Hellinger descobriu é que, dentro de um sistema, todos se influenciam, mesmo sem haver contato direto ou intenção de influenciar ou receber influência. Influenciam-se simplesmente por todos estarem conectados pelo mesmo campo e propósito. Assim, por exemplo, todos os funcionários que fazem parte da área de marketing estão vinculados entre si. E estes também estão vinculados ao sistema empresarial da empresa em que estão contidos.

Desse modo, a teoria sistêmica não considera mais o indivíduo isolado, mas direciona o olhar para o todo. Da mesma forma, a constelação organizacional não olha somente para o indivíduo, e sim para a interação entre todos os que fazem parte daquele sistema empresarial. Portanto, é possível olhar para uma solução que considera o que está além do que é verbalmente comunicado entre as partes de uma empresa.

Nesse sentido, a constelação organizacional é capaz de trazer à tona dificuldades não processadas da organização em foco e, dessa forma, aproximar o *insight* que permite a mudança para uma postura mais estratégica e ligada ao resultado desejado para a empresa. A constelação organizacional tem aplicação ampla e pode ser utilizada na maioria das questões que acontecem em uma organização. Alguns exemplos de indicação são: verificar situações recorrentes dentro de uma equipe (como alta rotatividade de colaboradores, falta de liderança ou liderança desrespeitada, grande incidência de falta de funcionários, postura gerencial, dificuldade de atração de talentos etc.); olhar para conflitos entre as áreas funcionais; baixa eficiência de determinadas estratégias; verificar a validade de novas estratégias; perceber o que atua na dificuldade de crescimento da empresa; perceber como o histórico de fundadores e a linha de sucessão estão influenciando a empresa; validação da cultura empresarial; validação de produtos, entre outros.

Empreendedorismo sistêmico

A partir de todos esses conceitos, mudei radicalmente minha visão empreendedora e pude experimentar a prosperidade no meu negócio. Mais que um método terapêutico, os ensinamentos de Bert Hellinger nos convidam a experimentar a vida por meio de uma postura sistêmica, que vivenciamos no dia a dia. Passamos a perceber nossas ações com mais consciência, olhando os aspectos do todo, e não mais só a partir do nosso ego (nosso umbigo).

Por meio da constelação sistêmica acessei traumas experimentados pela minha família que eu nem tinha consciência, e revisitá-los pelo método foi um grande divisor de águas na vida da empresa. Um deles, que quero dividir com vocês, foi a minha relação com a prosperidade e com o dinheiro. Nasci em uma família bem religiosa (de católicos e protestantes) e tinha muitas crenças ligadas ao dinheiro. Algumas são históricas, como: "o rico não herdará o reino dos céus", "mais fácil um camelo entrar no buraco de uma agulha do que um rico entrar no reino dos céus", os ricos são arrogantes, o dinheiro corrompe nosso coração, entre outras. (Você se identificou?)

Acontece que trazemos como verdades absolutas aquilo que recebemos de informações, na maioria das vezes na infância, e que nem questionamos. Quando prestamos mais atenção e intencionamos entender o porquê de fato acharmos aquilo, encontramos falas que não são nossas. E aí está o grande salto: podemos determinar quais fazem sentido e seguem como nossas verdades e quais não nos servem. E aí passamos a fazer novas escolhas. Acho que o ponto principal é o questionamento.

Porém, o meu processo foi mais além. Em uma sessão de constelação, acessamos uma cena de um bisavô paterno que se suicidou (eu não tinha conhecimento desse fato) por experimentar a angústia de perder tudo. Foi em uma geada de 1917 que meu bisavô Joaquim, português imigrante, que possuía muitas terras, muitas criações e plantações no interior de São Paulo, perdeu tudo congelado. Ele tinha 7 filhos, meu avô era um deles, com 5 anos. Não suportou a perda!

Imagina o trauma dessa família? Meu avô se tornou marceneiro e não consigo ver profissão mais estável do que essa. Meu pai estudou para ser funcionário público, buscando a mesma estabilidade. Aí venho eu, três gerações depois, e abandono a ideia da estabilidade do funcionalismo público depois de ter cursado Direito para empreender. Acessei todo o medo registrado nas minhas células. E enquanto não dei lugar a tudo isso, honrando todos eles com o meu sucesso, e não com a minha "morte" (falência), não me livrei do medo que eu tinha, uma angústia sem fim que me causou inclusive úlceras e hemorragias no estômago. E foi a partir desse movimento sistêmico que a dinâmica da minha vida e da empresa mudou.

Esse foi apenas um dos episódios que experimentei utilizando o método das constelações sistêmicas. Foi e tem sido um grande despertar acessar todas essas informações e fazer novas escolhas de forma consciente.

Costumo dizer que a constelação sistêmica é a terapia do SIM.

Eu digo SIM para a vida! E você?

Referências

JUNIOR, D. F. O.; OLIVEIRA, W. C. G. *Ema, Ema, Ema. Cada um no seu quadrado: como a visão sistêmica pode melhorar sua vida*. 1. ed. Belo Horizonte: Atman Editora.

SHELDRAKE, R. *Uma nova ciência: a hipótese da causação formativa e os problemas não resolvidos da biologia*. Tradução Marcello Borges Cultrix, 2016.

7

MÚSICA & OS QUATRO GIGANTES DA ALMA
A MÚSICA CURA, ELEVA E TRANSFORMA!

Partilhar a importância do quanto é necessário estarmos atentos ao que ouvimos e como, por meio da assertividade, podemos administrar melhor os quatro gigantes da alma, me dá a certeza de contribuir para um mundo melhor. A música é inerente ao SER humano e saber escolher aquilo que vai nos permear o dia a dia, certamente, elevará nosso nível vibracional, trazendo-nos maior bem-estar. Atitude é tudo.

BETTH RIPOLLI

Betth Ripolli

Pianista, palestrante, escritora, apresentadora de TV on-line, empresária, *ghostwriter*, professora de piano e violão, facilitadora de alinhamento emocional e reprogramação mental.

Betth Ripolli é pianista com cinco CD's gravados, sendo um de autoria própria, interpretados com sua banda *Harmonia*, feminina ou mista. Com sua empresa Harmonia Eventos Musicais, idealizada há 30 anos, conta com cerca de 4.000 eventos musicais realizados e mais de 12 mil apresentações nas salas de embarque da TAM. Faz shows temáticos por todo o Brasil como pianista ou acompanhada da banda. Como palestrante, há mais de 10 anos, une duas paixões: a música e a comunicação! Trabalha temas contextualizados com as canções e transita bem no palco pelos anos de experiência em falar em público. Como escritora, publicou sua biografia *A autoconfiança o oxigênio da vida, respira... está tudo aí...* em que traz abordagens culturais, políticas, ferramentas de autodesenvolvimento e superação, e partilha como vencer desafios, ao nominar uma passagem dramática de vida como "crise abençoada & doença magnífica". Seu livro, *#atitudeétudo,* é inspirador. Já na segunda edição, conta com 80 depoimentos de "gente que faz!" Comanda, na Alltv, o programa Sintonia, com mais de 250 entrevistados que trazem conteúdos para o bem comum. Está disponível em seu canal do YouTube, cerca de 700 vídeos de shows, palestras, *lives* musicais e dicas de bem viver.

Contatos
https://www.betthripolli.com.br/
betthripolli@betthripolli.com.br

Pois é... Não entendo a vida sem música! Com ela administro os quatro gigantes da alma! É incrível saber o quanto se alteram a energia e as atitudes de quem dela se permeia.

Quando, ao iniciar uma palestra, entro cantando e dançando uma salsa (*Alegria plena*), seja para vinte ou duas mil pessoas, garanto que ninguém, naquele instante, sente raiva, medo ou tristeza. Sentem, sim, uma certa alegria que se embala com esse ritmo contagiante que se associa ao riso pelo inusitado, ao se perceber uma "coroa" subindo ao palco e dançando.

Muitos podem me perceber ali com uma aparência, se me permitem dizer... leve, feliz, com o microfone na mão, falante, cantando, tocando... E como diria Caetano: "Como é bom tocar um instrumento" e lá de dentro ouvir aquela vozinha nos lembrando: "Ai! Como eu gostaria de fazer isso!

E, então, pensar: "Nossa! Que pessoa descolada, corajosa!". E-XI-BI-DA! Eu dou risada sozinha...

Pois bem, como chego a esse estado desejado de leveza, alegria?

Música, minha gente! Efeitos curadores e transformadores da música.

Como a música atua sobre os gigantes da alma

Raiva, tristeza, medo e alegria!

Três deles têm vibração baixa e causam desconforto a quem os vivencia.

Raiva

Está com raiva? Cuide dela. É importante senti-la. Esmurre uma almofada, feche as mãos, prenda os pulsos, retese braços e pernas, grite. Deixe fluir, coloque para fora até cansar. Quando se sentir esgotado, respire *bem* fundo. Recorde-se de qual é a canção que mais toca seu coração, ouça-a.

De olhos fechados, corpo relaxado, em um estado de tranquilidade, imagine-se viajando em boas lembranças. Você não tem ideia de como isso pode trazer leveza à alma, ao espírito. É trocar um sentimento que pode estar nos incomodando pela frequência vibratória de uma canção que nos agrade. O nível vibracional se transforma de imediato.

Perceba que assim extravasamos a raiva e, depois disso, colocamos limites nela, para evitar transformá-la em violência.

Serve também de sugestão quando uma criança apresentar traços de agressividade: brinque de guerra de travesseiros, troque o estado interno e finalize com uma canção... Funciona!

A raiva atua em 150 *hertz*. A nota **LA** universal vibra em 440 *hertz* e as músicas são compostas nessa vibração. Outrora os grandes compositores a compunham em 432 *hertz*. **

Como sugestão para acalmar os ânimos, como seria ouvir *Como é grande o meu amor por você*, do cantor Roberto Carlos?

** Segundo o maestro búlgaro Yanakiev, 432 *hertz* é uma vibração que precisa ser propagada ao redor do mundo em oposição à medida ocidental de 440 *hertz*.

Tristeza

A vibração da tristeza é bem baixa, apenas 75 *hertz*. Claro que há dias em que estamos tristes.

Vamos acolher a nossa criança ferida, vamos ouvi-la. Pergunte a ela o que a está deixando triste, ouça sua voz interior, o que você poderia fazer para essa sua criança se sentir melhor? Brinque, convide-a para ser embalada. Distraia-a. Valide. Compreenda. Acolha.

Dessa forma, você evita a depressão, pois esta vem quando fazemos da tristeza uma rotina em nossa mente e coração. Vira hábito e vamos baixando a vibração do ânimo, da vontade e ficando cada vez mais sem energia, até que chega o momento em que temos de buscar ajuda profissional em terapias.

Só você mesmo pode dar um basta, e amorosamente: cantando ou ouvindo uma canção alegre que lhe traga boas lembranças. Dance na frente do espelho. Vá, dance. Permita-se! Experimente essa ação FAN-TÁS-TI-CA! Dê risada de você. Cante, desafine!

Percebe como se dribla a tristeza com a música?

Que tal experimentar cantar os versos de Almir Sater na canção *Tocando em frente*: "*Cada um de nós compõe a sua história, cada SER em si carrega o dom de ser capaz... de ser... feliz!!!*".

Você pode estar se negando ou pensando que não sabe cantar...Tudo bem. Entendo. Mas "*Parabéns a você*" ou "*Criança feliz*" claro que sabe, não é?

Medo

Você conhece alguém que nunca sentiu medo na vida? É um sentimento que pertence à essência humana. Faz parte senti-lo.

Porém, o medo também precisa ser contido para não se transformar em síndrome do pânico, pois sempre sentir medo faz com que ele se instale sorrateiramente na alma, plasme em nosso espírito, retire nossa vontade e nos paralise diante das coisas mais banais.

O medo se cristaliza em nós... só que há uma boa notícia. Podemos mudar isso.

Eleve a frequência vibratória do medo, que é de 100 *hertz*, substituindo-a pela música, que é de 440 *hertz*. O controle está em nossas mãos.

Na sua linha do tempo de vida, busque uma música que lhe remeta a uma época em que não sentia medo, e sim alegria. Que seja uma canção agitada (*funk* não, por favor!) que te inspire a mover os braços, em um ritmo contagiante e que te faça soltar o pescoço, os quadris, rodopiar e se enlevar.

Ah! Não há medo que resista a essa atitude e, afinal, atitude é tudo.

Para mudarmos nosso campo vibracional do ouvir e sentir, sugiro *Someone like you*, de Adele, e *Canzonetta Sull'aria*, de Mozart, ou qualquer outra que lhe faça bem.

Alegria

Como é agradável estar ao lado de gente alegre! Como é gostoso sentir-se alegre! Contagia!

E, sim, a alegria pode ser somada à música, à vibração de um ritmo... já que a vibração desse sentimento se sobrepõe à da música, em 540 *hertz*.

Então, dos quatro gigantes da alma, parece que este é o melhor de todos e não tem "senão". Pois tem! Assim como os demais citados anteriormente precisam ser transformados, há que se cuidar, também, da alegria. Ela não pode ser desmedida, inconveniente, invasiva. Vira euforia. E a euforia nos tira o foco.

Alegria está ligada ao otimismo, entusiasmo, e percebe-se uma pessoa sem alegria quando é muito negativa. Sua expressão corporal até muda, pois seus pensamentos sombrios pesam na alma e se refletem no corpo, comprometendo a postura. Já a pessoa alegre tende a ser leve, mais solta, risonha.

Vivencie a alegria em seu dia a dia, ria muito, dê gargalhadas, rodopie, cante, dance. Só que na hora de trabalhar, criar ou fazer qualquer coisa que requeira foco, concentre-se. A alegria vai permanecer em você, que fará tudo com maior prazer.

Como sugestão de canção que eleva sugiro *Alegria plena*, do meu CD *Harmonia entre amigos I*, disponível no Spotify, ou, ainda, *Can't take my eyes off of you*, músicas animadas que contagiam. Portanto, fica a dica.

E vou contar por que fiz toda essa analogia com a música em si!

A música e o SER

O **som** é a vibração. O **ritmo**, a ação em si. A **harmonia** é a carga racional. A **melodia**, a carga emocional.

Faz sentido para você? Tem tudo a ver, a **música** e o **SER**!

Há uma conexão direta com o nosso campo vibratório e o tipo de música que escolhemos escutar. Exercite como podemos contornar os gigantes da alma através dela.

A experiência do japonês Masaru Emoto comprovou que a água é capaz de captar a vibração sonora. Para isso, colocou amostras do líquido destilado entre duas caixas de som, que tocaram canções em volume ambiente. A substância descansou por dois dias, em um pote com tampa, antes de ser congelada. O resultado foi a formação de impressionantes estruturas (espetaculares e horrorosas), detectadas por um possante microscópio, conforme o tipo de música ao qual a água foi submetida.

Esse contundente experimento nos leva a crer o quanto precisamos cuidar da excelência do que ouvimos diariamente, já que se sabe que nosso corpo é formado por 70% de água.

O que é a frequência 432 hertz?

É a frequência associada à vibração musical com efeito tranquilizante. Traz a sintonia perfeita para harmonizar e causar relaxamento ao nosso corpo e mente. Além de, em muitos casos, ser curativa, já que ela aumenta as atividades do hemisfério direito do cérebro, responsável pela imaginação e criatividade. Ao ouvir música nessa frequência, trazemos a expansão da nossa consciência e possibilidade a um nível maior de percepção sobre a nossa realidade e controle de nossos pensamentos.

A música

Assim como a palavra e o pensamento têm poder, as músicas também têm e atuam sobre nós. Esse é um fato que alguns desconhecem. Atraímos na vida a vibração do nosso entorno. E o som é algo que se impregna em nossa alma.

Segundo Elaine Ourives, psicoterapeuta vibracional quântica, ao utilizarmos as frequências corretas em *hertz*, conseguimos reverter facilmente estados de vibração da mesma natureza, como transformar preguiça em disposição, ódio em amor, raiva em calma etc.

Música como terapia de cura... onde ela cura, eleva e transforma?

A música transforma

Qualquer sentimento que esteja vivenciando pode ser transformado de acordo com a música que escolher ouvir. O bebê se acalma ao ouvir canções de ninar, as crianças, desde que começam a andar, se embalam ouvindo qualquer som, os jovens se desviam das drogas se optam por um aprendizado musical, os mais maduros podem encontrar na música uma razão de viver, como foi o meu caso.

No documentário *Turning the brain with music*, a cineasta Isabelle Raynauld relata exemplos científicos e da vida real de como a existência humana é afetada positivamente pela música. Cita um ex-criminologista de Nova York que, após um derrame, reaprendeu a falar por meio do canto. Outro personagem, Jim Lowther, usa a música para ajudar veteranos do exército a lidar com o Transtorno de Estresse Pós-Traumático.

A música cura

Eu sou o exemplo vivo de superação e de como a música cura. Aos 33 anos, tive depressão e passei a ter dores de artrite reumatoide nos membros, e que não apareciam em diagnóstico. É uma doença autoimune que nem sempre é detectada em exames laboratoriais.

Meu ex-marido, com atitudes (que eu permitia), bloqueava minhas manifestações artísticas, tais como dançar jazz, tocar violão! Abandonei o piano por quase 20 anos, e é claro que adoeci.

A cura veio quase instantânea no momento em que larguei o marido e abracei o piano. Decidi ser pianista a convite do Zimbo Trio, assumi minha veia artística e virei a protagonista do filme da minha vida.

Ao me apropriar da carreira de pianista, incorporei o nível vibracional que a música traz e passei a tomar o melhor de todos os néctares. Hoje ela permeia meu dia a dia, seja tocando, ouvindo ou assistindo e, assim, quase imediatamente, mudo minha frequência. É incrível. Sugiro que se permita experimentar.

A música eleva

Quando faço minha palestra show motivacional, permeada de músicas, percebo nitidamente no público o nível vibracional se elevar. Trabalho várias emoções, inclusive os quatro gigantes da alma. Sinto os olhos da plateia brilharem, seus corpos se embalarem e mergulho em um prazer ímpar quando a convido a cantar com a banda que está no palco, canções que são exibidas em um telão. Timidamente começam poucos, para terminar em um imenso e caloroso coral. Indescritível.

Gosto muito da colocação do músico e compositor Marcelo Petraglia, que comenta que a música reflete uma parte da nossa personalidade e eu, particularmente, entendo que podemos oscilar naquilo que escutamos conforme o momento que estamos vivendo.

Música nos hospitais

Pioneiramente, instalei no *hall* do Hospital do Coração, em São Paulo, um projeto musical diário durante 13 anos. E no Natal, eu e os músicos da minha empresa Harmonia Eventos Musicais tocávamos na ala infantil e UTI da pediatria. Os depoimentos recebidos corroboraram os benefícios dessa ação, dando até pautas na imprensa, como Voluntária do mês da Rádio Bandeirantes e Paulistana Nota 10 da Vejinha.

Corais e orquestras nas comunidades carentes

Quanto sabemos o que a música tem proporcionado aos jovens de favelas, efetivando uma transformação individual de tantos excluídos socialmente?

O maestro João Carlos Martins é uma dessas pessoas que colaboraram em tantos belos projetos nesse sentido na comunidade de Paraisópolis. O Instituto Baccarelli também, apoiado pelo Instituto Cyrela, ensina a juventude em Heliópolis há mais de 20 anos.

Missão

Como professora de piano e violão popular (me formei em clássico e fiz opção pelo popular) há mais de 50 anos, percebi, ao longo dessa missão, que muitos alunos chegavam para a aula ansiosos, aborrecidos, irritados. Ao término da aula a energia estava completamente mudada.

Posso assegurar, com certeza, que a boa música na vida das pessoas pode ser um aditivo para o bem viver.

> *Eu, realmente, considero que a música é para o cérebro o equivalente ao que o oxigênio é para os pulmões. Algo regenerador, que pode mudar nosso humor em minutos, sem efeitos colaterais.*
> RIPOLLI, BETTH

Se para mim a autoconfiança é o oxigênio da vida, a música seria o alimento do cérebro. E a pergunta que aqui fica é: Como você tem alimentado sua mente e sua alma?

Referências

BUNBURY FILMS. *Tuning the Brain with Music*. Disponível em: <https://www.bunburyfilms.com/tuning-the-brain-with-music >. Acesso em: 20 out. de 2021.

MASARU EMOTO. Disponível em: <https://www.masaru-emoto.net/jp/>. Acesso em: 20 out. de 2021.

OURIVES, E. Disponível em: <https://www.elainneourives.com.br/>. Acesso em: 20 out. de 2021.

PETRAGLIA, S. M. Disponível em: <https://marcelopetraglia.com.br/ >. Acesso em: 20 out. de 2021.

ZUCKERKANDL, V. *Sound and Symbol: Music and the External World*. Princeton University Press, 1973.

8

SAÚDE E BEM-ESTAR COM O MÉTODO PISANO®

Em carreira solo, Carlos Pisano desenvolveu uma metodologia de treinamento e a utiliza em seu Estúdio Método Pisano®, onde aprimora suas técnicas, resgatando e otimizando no ser humano os estímulos primitivos como saltar, correr, girar, entre outros. Otimiza também a neuroplasticidade de forma intensa por meio de mudanças angulares. O treino realizado com o MÉTODO PISANO tem como prioridade o uso do peso do próprio corpo, enfatizando o equilíbrio e o fortalecimento do *core* total. Certifica profissionais para atuarem no Método Pisano®.

CARLOS PISANO

Carlos Pisano

Preparador físico de alta performance no estúdio Método Pisano®

Carlos Pisano é ex-lutador, preparador físico, empresário e idealizador do Método Pisano® – uma metodologia exclusiva em treinamentos funcionais personalizados que coloca em prática desde 2004. Atua com exclusividade no Brasil com a técnica italiana de exercícios em suspensão com o ZEROGRAVITY981. Há mais de 30 anos atua na área, trabalha com treinamento, reabilitação e preparação física para alto rendimento. Mudou o formato de suas academias em São Paulo (Espaço Ludere e Keiv Paleofit), e em 2019 abriu o Estúdio Método Pisano®. Desenvolveu treinamentos para portadores síndrômicos. É graduado em Administração de Empresas, pós-graduado em Exercício Físico aplicado à Reabilitação Cardíaca com o Método Pilates®. Certificado em: Condicionamento Físico; Traumato-Ortopedia; *Neurologyc Aerial Trainer* – ZEROGRAVITY981, pela Confederação Brasileira de Boxe. É Técnico em Boxe pelo Comitê Olímpico, Kenpo Hawaiano, Judô, Defesa Pessoal e em Fisiologia do Exercício.

Contatos
www.metodopisano.com.br
metodopisano@gmail.com
YouTube: Método Pisano by Carlos Pisano
Facebook: carlos.pisano7
Instagram: @metodopisano_by_carlos_pisano

Meus pais estiveram presentes em todo o meu desenvolvimento. Trabalhavam muito para me prover, mesmo quando precisei morar na Itália com os meus avós maternos. Trago nos meus traços genéticos a linhagem da família que superou as duas grandes guerras, com DNA de sobrevivência. Meus pais eram da região de Nápoles, na Itália, e falavam várias línguas, mas no Brasil precisaram se adaptar, sem falar o idioma português. Meu pai era Professor e Engenheiro Agrônomo, e minha mãe, Carolina, era estilista de moda. Tenho boas recordações de uma mulher maravilhosa e muito bonita, uma excelente *designer* e estilista. Lembro-me de que ela dava aulas de História da Moda na faculdade, e foi uma das principais estilistas de moda em São Paulo de sua época. Nossa família tinha a tradição italiana de nos encontrarmos em todos os almoços de domingo. Sempre gostei muito de comer bem, uma bela macarronada feita em casa, o que tem mudado de uns anos para cá, porque estou melhorando meus hábitos alimentares, que são extremamente úteis dentro do Método Pisano®.

Cresci na região da Mooca, e sempre gostei de esportes e de competividade. Tive muita sorte de ter as pessoas que estiveram ao meu lado em todo o meu desenvolvimento. Estudei no Colégio Rodrigues Alves e, de certa forma, aprendi a ser destro, porque nasci canhoto. Eu era cuidado pela minha avó, um garoto pequeno que não sabia se defender. Tive todas as doenças ligadas ao sistema imunológico relacionadas ao emocional, o que moldou minha personalidade. Fui estudar no Colégio Santo Agostinho, exclusivamente masculino, com professores padres espanhóis, em que todos os ânimos dos rapazes eram elevados pela testosterona, com muitas brigas. Nessa época, comecei a me defender aprendendo lutas marciais com a base que minha família me deu de acreditar nas forças do Plano Maior. Também estudei no Colégio Madre Cabrini, de freiras, misto. Éramos dez rapazes para mil meninas e tudo começou a mudar.

Sempre enfrentei a questão da superação de uma dificuldade quando esta surge, e trago a questão da sobrevivência, pois a luta nunca está perdida. Nunca abandonei uma luta por desistência, até pela minha herança genética. A história de lutas forjou a minha personalidade perseverante. Sempre quis estudar Medicina e acabei cursando Engenharia, migrei para Administração e, como bom filho de italiano, ou você é *ingegnere* (engenheiro), *avvocato* (advogado) ou médico, qualquer outra profissão não serviria. Fiz Administração com ênfase em Administração Esportiva e duas pós-graduações no CEPEUSP e Universidade Gama Filho, em treinamento de doenças especiais com o Método Pilates®, em São Paulo. Retomei essa luz da perseverança quando me casei e tive meu filho, porque consegui dividir a experiência com alguém que eu amo e vi meu filho crescer. Eu estava no lugar certo, na hora certa, porque aprendi muito com o nascimento do meu filho. Sempre estive presente na educação dele e todos os momentos me trazem boas lembranças. Se faço alguém feliz eu serei feliz, com bem-estar físico e espiritual; até mantendo o meu teor físico vibratório alto, as coisas virão no tempo certo.

O método como legado

Sempre quis desenvolver uma estrutura física mais forte e, por esse motivo, me dediquei muito. Investiguei a fundo a consciência corporal, busquei treinamentos em outras modalidades esportivas como Rugby, Musculação, Pilates® Solo, Ballet, que me ajudaram a trazer leveza, lapidação dos movimentos com neuroplasticidade e equilíbrio nos campeonatos, até me tornar um lutador faixa preta.

Enquanto estava estudando na universidade, na década de 1980, fui um dos fundadores da Atlética do Centro Universitário Ítalo Brasileiro, em São Paulo. Minha história está muito bem representada não só pelo que faço por mim, mas também pelos outros. Com o passar do tempo em que tive experiência como preparador físico, encontrei pessoas que necessitam de desafios como reabilitação e treinamentos reabilitatórios que foram moldando o início do meu próprio método. Gostaria de ser lembrado pelo meu legado, que eu possa ser referência em reabilitação e em alta performance, por estar muito bem fundamentado em técnicas dos Métodos Feldenkreiss®[1], Pilates®[2], e outros como calistenia, Muay Thai, Yoga, Judô, Jiu Jitsu brasileiro, Boxe, dentro de uma metodologia. Que a pessoa que está ministrando o método não perca a personalidade, pois ela mesma pode criar os exercícios mantendo os fundamentos e conceitos primordiais, porque será patrimônio universal. Dei meu nome ao método para facilitar o estudo e para ser uma referência para as pessoas que me conhecem no mundo como Lutador e Preparador Físico de Alta Performance. Trouxe os conceitos básicos das lutas para o Método Pisano® para trabalhar a consciência corporal, o equilíbrio, a coordenação e a lateralidade, ganhando equilíbrio e agilidade. Além disso, o método traz bons resultados para quem quer emagrecer e fortalecer o corpo.

Desde 2004 tive a oportunidade de desenvolver e aprimorar as técnicas do Método Pisano® com base em aspectos paleolíticos, uso da força e peso corporal, que pude colocar em prática em renomadas academias brasileiras e na Itália, como Fit2You, Bee Action, Champignon Sports, Runner, Pumping Iron, Reebok, Bio Rítmo, Companhia Athletica e Training Club. Através do Método Pisano® consegui desenvolver atletas de alta performance em várias modalidades.

---

1 Moshé Pinchas Feldenkrais – Engenheiro e físico ucraniano-israelense, fundador do Método Feldenkrais, um sistema de exercícios físicos para melhorar o funcionamento humano, aumentando a autoconsciência por meio do movimento.

2 Pilates – Método de exercícios desenvolvido por Joseph Pilates na década de 1920, reconhecido pelo tratamento e prevenção de problemas na coluna vertebral. A maioria dos exercícios é executada com a pessoa deitada.

O Método Pisano®

Minha grande paixão como criador do Método Pisano® é orientar profissionais que desejam autoconhecimento, desenvolvimento de competências, fortalecimento nos relacionamentos profissionais, engajamento e motivação dos professores e alunos.

Os programas funcionais do Método Pisano® envolvem o ser integral físico, mental e emocional, trazendo benefícios à saúde, bem-estar e qualidade de vida.

O objetivo principal é apresentar exercícios e acessórios necessários para que o profissional adquira experiência na área de reabilitação, emagrecimento, consciência corporal, força e equilíbrio, acelerar o desenvolvimento profissional a fim de aumentar o valor de hora-aula, desenvolver e melhorar suas habilidades, criando treinos diferenciados.

O Método Pisano® é uma **metodologia exclusiva** que **une cinco modalidades do esporte**, em **treinamentos funcionais** personalizados. **Associa combate, Pilates®, funcional, reabilitação e calistenia**. É um conjunto de exercícios físicos com movimentos de grupos musculares, correção de postura e esforço físico, em que são trabalhados pelo próprio peso do corpo com ou sem equipamentos, concentrando-se no equilíbrio vestibular e mental.

Benefícios: o treinamento funcional se baseia nos movimentos naturais do ser humano, como pular, correr, puxar, agachar, girar e empurrar. O praticante ganha força, equilíbrio, flexibilidade, condicionamento, resistência e agilidade. O Método Pisano® traz um treino dinâmico, com duração de 60 minutos com trabalho cardiorrespiratório, proporcionando flexibilidade, músculos fortes e melhora da postura, amenizando dores nas costas, pois trabalha o corpo com equilíbrio e coordenação motora.

Calorias: nos treinos mais intensos, o gasto calórico pode chegar a 1.000 calorias. Em uma hora de atividade funcional, em média, são gastas de 500 a 800 calorias.

Estúdio Método Pisano®: é um espaço multifuncional totalmente diferenciado com foco na saúde, bem-estar, qualidade de vida, formação, qualificação, aperfeiçoamento de atletas de alta performance e profissionais da área esportiva. Traz novas possibilidades de treino, podendo ajudar atletas de alto rendimento no período preparativo, ou alunos que querem ir além do método convencional. O maior diferencial do Estúdio Método Pisano® é a união das técnicas do Pilates®, funcional, musculação e combate, criando, assim, um método único utilizado especificamente para as necessidades individuais de cada pessoa.

Os equipamentos do Estúdio Método Pisano® são cuidadosamente pensados junto com a utilização do peso do corpo, como cordas, sacos de pancada e anilhas, além de artefatos produzidos no próprio Estúdio Método Pisano® – como uma alavanca funcional e triângulos conectados a elásticos para treinamento funcional.

Público-alvo

Profissionais: o curso de introdução Método Pisano® desenvolve profissionais da área da saúde, como enfermeiros, fisioterapeutas, biomédicos, massagistas e ortopedistas, a fim de complementar o conhecimento de professores formados em

Educação Física, *personal trainers*, lutadores, atletas de alta performance, dançarinos profissionais, entre outros. Todos podem ser profissionais homologados pelo Método Pisano®, desde que as atividades e respostas neurais sejam normais, respeitando as próprias limitações do corpo. Cada professor credenciado no Método Pisano® tem a competência de planejar estrategicamente, combinar diferentes perfis, treinos e necessidades para o desenvolvimento positivo com foco na evolução e desempenho satisfatórios de cada aluno. Criar um objetivo e um cronograma de metas, pensar em conjunto: "Como será?" "Plano B de treinos, como faremos?" "Quanto tempo temos para os ciclos – Micro, Meso e Macrociclos?"

Alunos: praticar exercícios físicos é uma recomendação unânime às pessoas que querem desfrutar de uma vida saudável e longeva. Os programas envolvem o ser integral físico, mental e emocional, trazendo benefícios à saúde, bem-estar e qualidade de vida. São alunos em várias faixas etárias – crianças, adolescentes e adultos em qualquer idade com ou sem problemas de saúde, que desejam alcançar algum objetivo específico para seu corpo. Os exercícios são personalizados para cada aluno, focados na situação espacial em que ele se encontra.

Atletas de alta performance: as aulas são realizadas em espaços adaptáveis, independentemente da metragem, projetadas para garantir o melhor resultado de forma dinâmica e interativa, buscando sempre um estímulo neural diferenciado. O objetivo é estimular a conscientização corporal com comandos que até podem ser falados por microfone, porém o acompanhamento visual do instrutor é de extrema importância nesse processo.

Treinos: os treinos são ativos com resultados efetivos com consciência corporal, funcional, combate, propriocepção, fluidez e controle. Podem ser individuais ou em grupos de, no máximo, cinco pessoas.

Calistenia: desde 2017, atuo com exclusividade no Brasil com a técnica italiana e exercícios em suspensão do ZEROGRAVITY981 no Estúdio Método Pisano®. É um sistema (patenteado e fabricado na Itália) de treinamento funcional no solo ou em suspensão completa, sem pontos de apoio, desenvolvido com experiência certificada em Fitness Postural e Cinesiologia. É uma metodologia com protocolo para Treinamento em Suspensão Funcional chamada *Neurologyc Aerial Training* – N.Ar.T projetada, desenvolvida, testada e aprimorada nos últimos anos pelo N.Ar.T. É possível intervir em um nível neurológico em nosso sistema muscular já nos primeiros treinos. O aluno percebe que há um realinhamento da postura física e aumento do desempenho. Ao permanecer suspenso no ar, o corpo busca sua centralidade, melhora o core, construindo força e aumentando a resistência. Essa condição permite treinar o núcleo e todas as cadeias musculares sinérgicas pela ação do recrutamento das fibras musculares nervosas durante o treinamento em suspensão, tendo uma melhoria do sistema corpo-mente adaptável.

Propriocepção: capacidade em reconhecer, sem o uso da visão, a localização espacial do corpo, a força exercida pelos músculos e a posição de cada parte do corpo em relação às demais. Levante uma das pernas e feche os olhos... você está utilizando a propriocepção! Desenvolvendo-a, há melhora na consciência corporal, no equilíbrio e na postura, o que, por sua vez, facilita a execução de qualquer movimento, além de reduzir a incidência de lesões articulares.

Pliometria: técnicas de exercícios que se utilizam do chamado ciclo de alongamento-estiramento. Esse ciclo tem como objetivo principal a melhora da força, da potência muscular, do tônus muscular, causa hipertrofia e melhora a questão estética das pernas.

Combate no treino funcional: na batalha por um corpo bem definido, muitos têm buscado essa prática também como forma de defesa pessoal.

Referências

FELDENKRAIS GUILD® OF NORTH AMERICA (FGNA). *The Feldenkrais Method®*. Disponível em: <https://feldenkrais.com/>. Acesso em: 20 out. de 2021.

THE PILATES STUDIO BRASIL. *Joseph Hubertus Pilates*. Disponível em: <https://pilates.com.br/metodologia/historia/joseph-pilates/>. Acesso em: 20 out. de 2021.

9

TRÊS ÂNCORAS DA MEDITAÇÃO

A meditação é uma ferramenta que possibilita uma transformação profunda na maneira de você levar a vida. Traz a possibilidade de responder aos acontecimentos a partir do coração com maior clareza e consciência. Conhecer as âncoras, a raiz e a base nas técnicas facilita viver uma vida com propósito e alegria. Dianeli conta, por mieo da sua história e de estudos, como a meditação transformou a vida dela e também pode transformar a sua.

DIANELI GELLER

Dianeli Geller

Sócia-proprietária no Clube de meditação do Brasil, o Meditation 4 You

Graduada em Educação Física pela UMESP, é *coach* de meditação e instrutora de Hatha Yoga e Vinyasa Flow e *One Consciousness Trainer* (formação na O&O Academy-India). Além disso, é formada em *Mentoring* e *coaching* ISOR, e há mais de 10 anos atua no desenvolvimento humano, promovendo a qualidade de vida e a importância da integração entre corpo, mente e espírito. Suas atividades auxiliam no despertar e na expansão da consciência e do autoconhecimento pela meditação, que facilita o foco, a concentração, o bem-estar e o autoconhecimento. Sócia-proprietária no Clube de meditação do Brasil, o Meditation 4 You.

Contatos
https://www.meditation4you.com.br/
meditation4youbr@gmail.com
Instagram e Facebook: @meditation4you.br

Acesse o QR Code e faça a meditação

Aos 13 anos de idade, deparei-me com uma situação que me trouxe a consciência imediata de que precisamos expressar o que sentimos em nossas relações! Aquelas de laços estreitos, que definitivamente não devemos perder tempo com mágoas, intrigas ou ficar remoendo sentimentos negativos!

Minha mãe faleceu de câncer repentinamente, quando eu ainda era uma menina, e nunca tive nenhum arrependimento de não ter dito "eu te amo" a ela, e nem trocado gestos de amor! Sempre me senti reconfortada e em paz em relação a isso, mas precisei resgatar a autoconfiança com a morte precoce dela, pois por diversas vezes me senti sem raízes, insegura e solta no mundo. Você já se sentiu assim alguma vez? Ainda preciso olhar para isso nos meus momentos introspectivos, já que nas meditações vira e mexe vem um pensamento ou sentimento atrelado a esse passado e penso em como seria ter minha mãe presente fisicamente. Lembro-me bem de quando eu chegava da escola, um pouco antes do meu pai e de minha irmã chegarem para o almoço, e minha mãe e eu comíamos uma bergamota na parte dos fundos do quintal da nossa casa. E ficávamos conversando ou simplesmente desfrutando com leveza daquele momento.

Além desses momentos, quando faltava luz, minha mãe acendia uma vela e tínhamos o costume de cantar juntas, ela, eu e minha irmã, na sala de casa, aguardando meu pai chegar do trabalho para irmos todos dormir. Ali perpetuou em mim o quanto a nossa voz e presença têm um grande impacto na vida do outro. Lembranças essas que me aquecem o coração e me fazem perceber como precisamos de pouco para sermos felizes e estarmos em paz.

O esporte na minha vida. Fui atleta de handebol profissional por quinze anos. Aos 17 anos vim para São Paulo, contratada pela equipe de Guarulhos. Com a rotina de treinos, eu já praticava muito a respiração consciente, pois era ela que me deixava calma e atenta dentro de quadra, proporcionando-me visão e equilíbrio nas rápidas decisões que precisava tomar a cada segundo no jogo. O esporte me proporcionou uma vida saudável, regrada, com metas e objetivos, apesar de me exigir a busca pela perfeição. No entanto, vivia o que realmente fazia meu coração vibrar, então nunca tive um "trabalho" em que me sentisse presa, ou infeliz; pelo contrário, sempre trabalhei com o que amava, mas ainda não era realizada na parte financeira. Nesse período, ainda vivia a partir de padrões de escassez, com crenças de que dinheiro não traz felicidade. Assim foi também quando comecei a dar aulas de educação física como professora e *personal trainer*. Já vinha trabalhando com o foco de promover bem-estar e cuidar da saúde física, mental e emocional das pessoas.

Especialização na Índia. Quando comecei a meditar e estudar de forma autodidata e mais profunda a espiritualidade, por volta de 2007, trabalhei muito as questões de insegurança e perfeccionismo, e comecei a experimentar as mudanças em meu próprio ser. Foi aí que realmente percebi que o que me movia era a chance de promover uma transformação mais profunda na vida das pessoas. Queria espalhar aos quatro ventos tudo aquilo que estava mudando dentro de mim, e cada vez mais procurei me aprofundar nesse universo de autoconhecimento. Só então comecei a romper aqueles padrões de escassez, comecei a ver que o dinheiro também é um pilar importante na vida e uma chave mudou dentro de mim. A confiança se estabeleceu dentro e reverberou fora, reconhecendo o valor agregado ao serviço que eu prestava.

Comecei a cursar minha primeira especialização em yoga e meditação, um pouco depois fui pela primeira vez à Índia, onde me joguei de cabeça nesse universo. Desde então, fiz três formações em yoga e meditação no Brasil e mais nove viagens à Índia, onde duas foram para me formar em treinadora da consciência da unidade. E posso compartilhar que essas experiências foram incríveis e me fizeram ver a vida por outro viés, acessando uma percepção expandida, na qual pude sentir empatia ao ver através do ponto de vista do outro. Quando cheguei da minha primeira ida à Índia, formei meu primeiro grupo de meditação semanal, e assim foi crescendo. Depois disso, comecei também a dar *personal* de meditação, cursos na área, e realmente sentia que estava começando a viver meu verdadeiro propósito.

Atualmente, tenho a consciência de que não mudo ou salvo ninguém. Posso até servir de exemplo, apontar um caminho, mas quem realmente precisa trilhar é a própria pessoa. Então, simplesmente ensino algumas ferramentas para que os seres que me procuram possam ser mestres de si mesmos e encontrar a sua melhor maneira de viver a própria jornada! Para que possam expressar seu *ser* real, vivendo e enxergando a vida como ela realmente é! E tenham a chance de viver uma vida extraordinária, impactar e transformar o seu entorno, apenas sendo ele mesmo ou ela mesma!

O propósito só cresce. Além de ter um espaço de meditação e terapias integrativas, o Clube Meditation4you, ensino a meus alunos que sentem o chamado, assim como eu senti um dia, a se tornarem instrutores de meditação. A todos aqueles que eles tocam e impactam em seu meio, sinto como se eu mesma impactasse positivamente a vida dessas pessoas.

Percebe como estamos e somos todos interconectados?

Muitas pessoas me procuram, pois relatam que já tentaram meditar, mas que meditação "não deve ser" para elas, pois ficam inquietas ao tentarem se sentar para meditar. Então, inicialmente, gosto de desmistificar a meditação, deixando claro que ficar com a mente vazia é de fato um mito.

O mito da mente vazia. Ao iniciar a prática da meditação, muitas pessoas tendem a crer que logo conseguirão relaxar a ponto de não pensar em nada e, principalmente, que alcançarão o estado de "mente vazia". Porém, em pouco tempo, é possível perceber que isso não é tão simples. Somos seres pensantes, em média passam por nós 70 mil pensamentos por dia. Devido à frustração, muitos rapidamente desistem de meditar. O segredo é a consistência, manter a prática por poucos minutos diariamente e colher os benefícios incríveis que a meditação pode trazer, melhorando muito a sua qualidade e maneira de encarar a vida. Não espere a mente vazia!

O que é meditação? Meditação significa ir para o centro, principalmente voltar a atenção para si mesmo, sem deixar de perceber o todo. **Meditação é medir sua ação. É estado de presença!** Na meditação, tornamo-nos o observador do corpo, da respiração e mente em ação. É essa autoconsciência que traz a inibição do mental, que nos permite ganhar uma clara percepção de nós mesmos e da vida em geral.

A meditação pode ser praticada por todos, sem restrições! Existem variadas técnicas, basta cada indivíduo encontrar a que melhor se adequa ao seu estilo e/ou momento de vida. Salvo algumas práticas mais intensas para alguns públicos específicos, por exemplo, pessoas com hipertensão, cardiopatas, esquizofrênicos ou gestantes. Para ter certeza, sempre consulte seu médico antes.

A **meditação** é a **ferramenta** mais poderosa de **autoconhecimento**. Ela serve para nos conhecermos, para perceber o que está acontecendo dentro de nós, enquanto nos deparamos com o que está acontecendo fora, nos momentos que nos relacionamos com a realidade externa. A partir desse ponto, a vida se expande de dentro para fora, pois conseguimos lidar melhor com os acontecimentos do dia a dia.

Alguns dos **principais benefícios** que a prática regular da meditação traz são: reduzir os níveis de estresse, aumentar a concentração, melhorar a memorização, desenvolver raciocínio lógico-matemático, estimular a criatividade, reduzir níveis de agressividade, aumentar o equilíbrio emocional, reduzir a dor crônica, reduzir a ansiedade, melhorar a imunidade, melhorar as relações interpessoais. Quando falamos dessa ferramenta milenar, não podemos deixar de falar dos fundamentos que derivam dos vedas. A meditação é baseada em três ancoras: a respiração, a recitação e a visualização.

1. A respiração. A respiração é um processo natural que o nosso sistema nervoso autônomo involuntário controla, assim como 90% do nosso metabolismo é controlado por esse sistema nervoso autônomo involuntário.

A respiração é o único dos processos involuntários que conseguimos fazer também de forma *voluntária* quando estamos conscientes dela. De modo a impactar imediatamente o sistema nervoso, todos os nossos processos fisiológicos e metabólicos, como quando fazemos uma respiração profunda, tranquila, os nossos batimentos cardíacos desaceleram e assim, consequentemente, enviamos para o cérebro a informação de que estamos calmos e que tudo está bem. O ato de respirar consciente, observando o movimento natural da inspiração e expiração, nos auxilia a estar em estado de presença, assim podemos enxergar os padrões e as crenças que limitam e ditam a nossa maneira de reagir aos acontecimentos diários. Nessa âncora, traremos o conceito de *pranayamas* e, para entendermos melhor, não podemos deixar de falar do Prana.

Prana é a energia vital que está no ar, é o que traz a força, a vida aos órgãos e as células. É a energia que permeia todo o universo. Ela está em tudo: no ser humano, na natureza, em todo o espaço. Quanto mais dela no corpo, quanto mais presente estiver, mais longevidade se ganha.

A parte mais importante de uma prática de meditação é a **respiração**, diria até da vida! Afinal, podemos ficar muito tempo sem comer, alguns dias sem beber água, mas sem respirar... pouquíssimos minutos!

Pranayama é o conhecimento e controle do Prana.

É a expansão da bioenergia no corpo humano por meio de movimentos respiratórios conscientes e estruturados. A "Ayama" significa "expansão" e designa o objetivo maior da prática: a expansão, o controle e a contração da bioenergia, ou seja, do ar e do Prana.

Auxiliado pelas técnicas de exercícios respiratórios, nessas práticas de pranayamas se percebe a relação entre a expiração, a inspiração e seu intervalo, levando a uma profunda mudança de estado e transformando a consciência ao ponto de ser sensibilizada pelo admirável material de que é feita a vida.

2. **Recitação de Mantras**. Mantra em sânscrito significa Man = mente; Tra = controle. Particularmente, sinto que faz muito sentido essa tradução que escutei durante meus estudos na Índia, dizendo que mantra significa "aquilo que protege e liberta a mente". É a repetição de determinado som que protege a mente de "pensamentos" intrusos, negativos, que nos levam a uma baixa frequência de energia, permitindo assim que libertemos nossa mente para focar em algo auspicioso e benevolente, fazendo com que adentremos em uma faixa vibratória de consciência pura ilimitada, criando assim uma realidade poderosa e positiva para nossa vida. Quando vamos para a origem da recitação de Mantras, chegamos aos Vedas mais uma vez. A origem da meditação alicerçada nessa âncora é a recitação de mantras em sânscrito. O sânscrito reverbera como som original do Universo, da natureza, codificando padrões e representações sonoras da própria geometria sagrada do Universo. Isso porque ele não sofreu alterações, como outros idiomas vivos, e cada palavra, som pronunciado ou mantrado carrega em si a vibração da intenção da qualidade que se quer avivar, reverberando nas próprias células de quem está praticando a recitação. Deixando a religiosidade de lado, quando se recita um tipo de mantra, estamos recitando as qualidades Divinas latentes na Criação. Nesse contexto, conseguimos entender a força que uma recitação em sânscrito pode trazer. Claro que também podemos recitar em nosso idioma de nascimento. Inclusive na universidade que cursei na Índia, eles davam essa opção no momento das meditações com mantras, e podíamos escolher recitar em sânscrito ou no nosso idioma natal. O Mantra tem uma forma circular de recitação, que dá a sensação de ausência do começo ao fim e, por conta da repetição de frases, gera um pulso regular. Cada vogal pronunciada ressoa em nossos Chakras (centros energéticos) e, com isso, em nosso organismo, dissolvendo as interferências que geram distorções em nosso padrão original, impactando positivamente e nos trazendo ao nosso equilíbrio natural, ou seja, fazendo com que nossas células vibrem em ressonância

com a vibração do Universo, na sua potência original, em equilíbrio. Trago aqui um mantra que traduz esse SER ou consciência real em equilíbrio de que somos em essência: "OM SAT CHIT ANANDA", em que OM = som primordial, SAT = existência, CHIT = Consciência, ANANDA = bem-aventurança. Experimente repetir esse mantra por 7, 14 ou 21 minutos e, antes de começar, respire algumas vezes para compreender essa intenção de vibrar na qualidade da essência do mantra, que é nossa própria essência! "EU SOU EXISTÊNCIA, CONSCIÊNCIA E BEM-AVENTURANÇA".

Visualização – Consiste em focalizarmos nossa atenção em um objeto ou imagem com o intuito de transcender os pensamentos e avivar qualidades específicas benevolentes e latentes na criação. Pode ser um cristal, uma vela ou geometrias sagradas. O **Yantra** é como um retrato microcósmico do macrocosmo. São imagens frequentemente focadas em um aspecto específico ou qualidade, que estabelecem sintonia com centros de força criativa do universo, fortalecendo essa qualidade em nosso próprio Ser.

Questionamentos comuns – Se você responder sim para pelo menos uma dessas três perguntas a seguir, definitivamente a meditação vai te ajudar e muito! Em algum momento da sua vida ou do seu dia a dia, você já sentiu dificuldade em aquietar a sua mente? Você se considera uma pessoa ansiosa ou agitada? Você tem muitos diálogos internos? Houve momentos em que já senti minha mente literalmente tagarelar sem parar, parecia que ia enlouquecer, chegava ao final do dia exausta e sem energia para lidar ainda com os filhos, parceiro, ou para simplesmente preparar o jantar! Comecei a perceber que ficava assim nos dias em que não havia meditado, sem foco, sentindo minha energia sendo drenada e, além disso, o dia não era produtivo. Além de perceber isto em mim mesma, ouvi muitos relatos de alunos parecidos com o meu, este é um cenário bem comum para muitas pessoas. Se em algum momento você se percebe dessa forma, tenho um convite a fazer. Acesse, pelo QR code da página 76, uma meditação simples e muito eficaz; ela te coloca em um estado de presença e nos acalma, para sair de um estado de ansiedade ou até mesmo estados nostálgicos*. Medite para expressar quem você realmente é! Intenciono que possamos nos relembrar que somos seres livres, felizes e em paz! "Lokah Samastah Sukhino Bhavantu."

10

ALEGRIA CARIOCA CONTAGIANDO O MUNDO

Doris Barg convida o leitor a uma viagem deliciosa, com alegria e muito humor. Ela conta passagens sobre as viagens, os lugares do mundo em que viveu, os cursos, os *insights* e quem foram seus grandes inspiradores para desenvolver e colocar em prática sua metodologia própria. Doris levou seu mix de ferramentas na mala com coragem, com desprendimento carioca para mudar, realizar com sucesso seus atendimentos em outro país e em outros idiomas.

DORIS BARG

Doris Barg

Psicanalista integrativa, Psicologia Positiva, terapeuta floral e numeróloga

É graduada em Psicanálise pela SBPI - Sociedade Brasileira de Psicanálise Integrativa em São Paulo, Psicologia Positiva pela IDC – The Interdisciplinary Center Herzliya, em Israel, e estudou Pedagogia e História da Arte na Haifa University, também em Israel. Carioca, viveu um tempo em São Paulo, foi empresária com um espaço e loja para gestantes em Moema, a Mammytobe. Fez vários cursos com Flávio Gikovate, Luciana Oddone, Vera Gondin, Maria Grillo, Sandra Epstein, Sabina Pettit, entre outros. Desenvolveu uma metodologia própria com um mix analítico entre a Psicanálise Integrativa, com as essências de vários sistemas como Bach,Ararêtama, Filhas de Gaia, Pacífico, Bush Australiano, FES da Califórnia, e a numerologia, trazendo o suporte para um olhar que por um lado amplia, por outro pontua. Atualmente, mora em Tel-Aviv, Israel, onde faz atendimentos presenciais e via internet, utilizando seu mix de ferramentas em português, espanhol, inglês e hebraico.

Contatos
www.dorisbarg.com.br
dorisbarg@gmail.com
LinkedIn: https://www.linkedin.com/in/doris-barg-78b05938
Instagram: @psifloralnumerologia.dorisbarg

O caminho, a permissão

É na permissão da caminhada que o caminho se revela! Frases como essa se tornaram um mantra guiando minha jornada, como uma música da Banda Titãs: "É caminhando que se faz o caminho". Com certeza, elas me descrevem perfeitamente, dando validação ao meu jeito de ser. Fui uma dessas pessoas que acreditava que, quando queremos chegar a algo, precisamos simplesmente nos mover em direção à meta com determinação, ação e *ops*: a vida acontece! Imaginava um caminho em uma linha reta. Mas justo as curvas, subidas, descidas, labirintos e pontes me levaram a trilhas mais floridas, mudando o destino. Isso proporcionou a revelação da verdadeira paixão da minha alma, que veio ao encontro de meus talentos, ai que sortuda que sou!

Um pouco da minha história

Nasci no Rio de Janeiro, meu chão, meu coração, minha paixão. Cidade descontraída onde o lema é a alegria. Fui contaminada com esse vírus do sorriso aberto, da leveza no caminhar, provavelmente junto com traços da minha personalidade, o que me fez uma pessoa com a força do positivismo, ou quem sabe nasci lá porque sou da tribo da alegria! Olha só, que bênção! Por isso, poderia ousar dizer que na armação dos meus óculos, minha visão para o mundo, estão gravadas cinco letras 'A': Alegria, Alma, Adaptação, Afeto, Amor. Sim, adaptação é significativa na minha jornada. Até os meus quatorze anos vivia no bairro das Laranjeiras, fazíamos algumas viagens para Minas Gerais, Teresópolis, porém, meus pais resolveram morar em Israel. Toda a travessia pelo mar foi um dos grandes marcos na minha jornada pessoal, aprendi já cedo que os laços verdadeiros e fortes não se desfazem com a distância. A despedida foi muito dolorida e vive até hoje em minhas lembranças. Ao embarcar no navio fui direto para ao convés. Vi meus amigos, meus avós maternos que abanavam com as toalhas de praia um último adeus. Meus avós se juntariam a nós posteriormente em Israel, porém, a vida não segue os nossos planos e meu avô, o grande amor da minha vida, um filósofo carinhoso, cujo coração era maior que o mundo, faleceu enquanto estávamos no caminho, ainda no navio. Sei que a partir daí fui obrigada a crescer mais rápido e fazer uma trajetória de blindar-me a separações, ah... que aprendizado esse que por vezes ainda escorrego nos apegos.

Adaptação com determinação

Viver em um país com idioma, cultura, rotina e mentalidade tão diferentes foi um dos meus maiores desafios nessa vida. Era 1973, ano em que estourou uma guerra. Quando relato esse passado consigo entender o quanto fui preparada para armazenar no meu depósito interno essas vivências e criar muito cedo um repertório de vida rico o suficiente para me oferecer mais ferramentas de empatia, solidariedade e maturidade no meu propósito de vida, que descobriria muito tempo depois. Tive muitas andanças de adaptação em outros mundos. Aos 25 anos, fui morar no Uruguai com a mudança do trabalho do meu marido. Voltamos a Israel após dois anos. E de novo, nos meus 37 anos, fomos eu, o marido e duas filhas maravilhosas morar no Brasil, dessa vez em São Paulo. Lá fiquei até 2011, e separada, resolvi regressar a Israel. De novo, coloquei meus sapatos no navio (em um container), como dizia minha prima e grande amiga. Como sempre gostei de sapatos, ela simbolicamente ria comigo das viagens, dizendo que os meus sapatos vinham para acompanhar meus passos. Foi aí que descobri a maravilha e a bênção da tecnologia quando comecei a atender on-line, anos-luz antes de o mundo se tornar assim, com a pandemia em 2020. A vida, minha agenda lotada e o futuro provaram que minha ousadia me preparou para o que viria ser a realidade do mundo todo e "Euzinha" já tinha me adaptado a essa nova forma de viver.

As curvas que revelam os tesouros

Em São Paulo, tive a inspiração e abri o espaço *Mammy To Be* no bairro de Moema, integrado entre uma loja de roupas, *whellness* e cursos. Fiz um curso de aromaterapia para criar um cheiro próprio da loja para o bem-estar das clientes. Amei, e como tudo que me conecto, coloco logo em prática! Foi nesse momento que me deu um estalo ao ouvir vários participantes falarem dos Florais de Bach. Esse seria o primeiro passo ao novo universo, pois já havia reagido com bastante negação, rejeição, dificuldade. Imaginem! Uma numeróloga muito minha amiga me ofereceu um mapa numerológico e florais de presente. Apesar de toda desconfiança, a curiosidade foi maior! Entre outros, ela disse que meu sucesso viria do meu lado espiritual. Hoje isso me faz rir quando me lembro!

Paralelamente, eu estava finalizando minha formação em Psicanálise Integrativa e os estudos de Numerologia. Criei um espacinho dentro do *Mammy To Be*, atendendo com a Psicanálise Integrativa juntando os Florais de Bach. Rapidamente o jogo da minha vida mudou me colocando uma agenda lotada de pessoas que nada tinham a ver com gestação, me levando a mudar o rumo e focar nesse caminho. Foi aí que aprendi que *quando estamos prontos para o caminho ele vem nos buscar! Mas é preciso permitir-se embarcar!* A sensação que tive era de calçar sapatos novos, porém tão confortáveis que parecia flutuar!

Aos inspiradores da minha jornada, minha gratidão!

Toda vez que eu questionava meu analista, Ted Feder, se estava mesmo fazendo o que deveria fazer, ele respondia com muita propriedade: "Algo certo você deve estar fazendo porque as pessoas voltam e ainda indicam outros!". Me entreguei! Acreditei! Confiei! Apaixonei!

Ah... meu analista! Peça fundamental para meu trabalho fluir sem receio dos buracos, das tormentas, das incertezas! Gratidão, respeito, admiração pelo privilégio de ter sido analisada tantos anos por esse homem tão nobre e capaz. Foi com ele que aprendi e aceitei chamar meus analisados de "pacientes", pois vivi de perto a necessidade de ter muita paciência para o meu processo terapêutico. Ele conseguiu desatar nós, desarmar minhas armaduras com tanto amor, dedicação e paciência! Fui premiada com esse ser único e brilhante que me inspirou e inspira até hoje na minha trajetória, entre outros profissionais que conheci, como *Donald Winicott*, *Dr. Flavio Gikovate*, *Irvin Yalom*, *Louise Hay*, criadora que vinha ao encontro com meu sentir. *Zygmunt Bauman*. Sem dúvida, minha maior inspiração sempre foram e são meus pacientes! Sou grata a cada um deles.

O encontro com as essências florais

Lembro-me que algo me levou ao site do Curso de Florais Filhas de Gaia e lá vi algumas essências ligadas a Freud. Foi como abrir um tesouro, deslumbrando-me a cada descoberta. Deliciei-me em mergulhar nesse universo, abrindo-me para sistemas como Araretama, entre outros. Quanto mais aprendia, melhor entendia o poder da conexão com a natureza e com a minha própria natureza. Minha alma gritava para que eu escutasse que precisava me permitir. Comecei então a entrar na jornada de me PERMITIR verdadeiramente!

As gotas de amor para a alma

Começou no início do século XX, com o médico Dr. Edward Bach, na Inglaterra, mas foi a partir dos anos 1980, aproximadamente, que muitos outros sistemas foram desenvolvidos expandindo a conscientização, fortalecendo a prática pelo mundo, inclusive pelo SUS, no Brasil. As essências de Bach ainda têm seu lugar cativo e inspirador, assim como Freud, na área psicanalítica. Concluí no Canadá meus estudos com muita paixão. Chamamos de floral, porém já existem essências de algas marinhas, essências da Mata Atlântica, essências da água, essências de cristais, o nome ficou como referência. As essências florais são como a ponte que liga a conexão com a matriz. Fazer uso das essências florais significa conexão com nosso ser verdadeiro, trazendo à consciência nossos talentos, virtudes e potenciais latentes. Ajuda a inverter o lado negativo para o positivo, permitindo uma aceitação maior do eu autêntico e trazendo paz com mais qualidade de vida. Ao embarcar no processo de transformação individual é como se engolíssemos uma "lanterna amiga", que ilumina nossa jornada pessoal, ajuda a diluir essas resistências abrindo caminho para a cura, o equilíbrio, a paz, a vitalidade, o saber amar o que somos com as diferenças em nosso favor! Ao tomá-las, potencializamos, despertamos o que já existe, abrindo um canal para nossa jornada pessoal de transformação. Por isto é comum chamarmos essas essências de gotas da alma!

A verdadeira cura está relacionada à mudança de atitudes frente à vida, porém, para que o resultado chegue em equilíbrio, é importante o apoio, o acompanhamento, o diagnóstico do terapeuta floral.

E a numerologia? Paixão, conexão, luz!

Meu olhar de amor para a numerologia vem do fato de essa ciência trazer clareza, abrindo um grande canal para o meu trabalho, com uma visão prática, das possíveis influências dos tempos, sejam eles individuais ou globais. Fiz a numerologia de pessoas famosas, de ídolos, de inspiradores e de amigos próximos, dos quais eu podia me basear no que já havia vivenciado ao lado deles, entender melhor seus funcionamentos e, como um detetive, eu ia ligando aquelas informações aos números que iam se revelando com os cálculos. No consultório, a fichinha de anotações de florais passou a ter também dado numerológico, tornando-se importante para meu desenvolvimento e criando parte do meu método. Via-me a cada atendimento olhando para os números, fazendo a conexão com o que eu escutava na sessão. Isto foi um salto no entendimento dos números para perceber com mais facilidade o funcionamento de cada um, trazendo um panorama de um quebra-cabeça, em que as partes se encaixam para auxiliar na visão. A numerologia é a ciência que estuda o significado dos números com sua influência específica para cada indivíduo. Saber com mais precisão em que momento de vida a pessoa se encontra em tal crise, ou tal dificuldade, pode ajudar muito a encontrar recursos nos números que ela apresenta em um conjunto para soluções compatíveis a seu ser com um "pacote" de números principais que formam o nosso mapa natal. A alma, o cartão de visitas, o destino, a lição de vida e o "farol" (soma do destino e da lição de vida), pináculos. Pela qualidade dos números, sabemos o que nos estimula, a maneira como os outros nos veem, o que viemos fazer e aprender nessa vida. Ao aprofundar no conteúdo dos números e farejar os conjuntos, vão surgindo mais oportunidades de entendimento dos funcionamentos para que eu possa ajudar ainda mais a esclarecer e mobilizar recursos que nos fazem evoluir.

O método, a entrega, o tempo

Uma pessoa em Israel me disse que no idioma Hebraico a palavra 'dor' se escreve com as mesmas letras que escrevemos 'ser como um pai', o que muda é a pontuação que existe embaixo de cada letra, que seriam as vogais no português. Dor se diz KEEV, como pai se diz KEAV, e ela então me disse que sou dessas pessoas que precisariam usar a dor que vivi, minha história, para ser o pai, o orientador, o guia para outros. Keiv keav! Isso ficou sempre gravado em minha mente como um propósito natural da vida. É fascinante caminhar pela estrada que junta a pessoa que está na minha frente aos números e às fórmulas florais que se integram melhor a ela. Esse casamento enriquece e dá suporte para identificar melhor os possíveis buracos do negativo, ajudando a virar o jogo com mais pontualidade e, às vezes, com mais rapidez. Otimiza o potencial positivo que por vezes está coberto com poeiras da história pessoal, medos crônicos, resistências enraizadas que podem dificultar até mesmo a fala. O quanto isso influencia em cada atendimento depende obviamente do conteúdo exposto por cada paciente. Iniciei o meu método de criação de fórmulas, *bouquet* de essências que fui elaborando, avaliando e acompanhando com dedicação, realização e entrega, desligando o botão do controle para ligar o canal. O que é fundamental na escolha da fórmula que preparo vem da importância que dou para o funcionamento, o jeito de cada um, para suas características pessoais. Prescrever florais faz um mergulho preciso onde a visão numerológica é uma das grandes aliadas. Em vez de jogar o paciente em uma piscina vazia, cuido para que a piscina esteja cheia de água quentinha em forma de amor, com várias boias. Aprendi que o mais sagrado no relacionamento que criamos é o tempo, o jeito, as possibilidades e o limite do outro. Isto não sou eu quem dita, eu posso e devo estar atenta tanto nas prescrições dos florais como no desenrolar da análise.

Minha volta para casa, meu propósito

Acredito que todos vêm ao mundo com um propósito e, às vezes, por várias razões durante a vida, nos distanciamos dele. Esse propósito eu chamo de casinha, do "eu autêntico". Voltei para "minha casinha" e entendi que meu propósito é investigar, identificar, incentivar, acolher, acompanhar os outros nos seus caminhos para suas casas com paciência, dedicação, respeito e muito, muito amor. Como aquela pessoa de alma número 9, que vem ao mundo com a missão do amor incondicional, entendo que minha missão será cada vez mais compartilhar meus conhecimentos e ajudar aos outros em uma mentoria a aplicarem esse meu método encaixado com suas próprias características. Quando uma pessoa tem uma missão e acorda para ela, mesmo sem estudos do assunto até então, ela pode ter muito sucesso, pois nunca é tarde para se conectar. É como se a carreira fosse atrás dela, e não ela atrás da carreira, como foi comigo.

Como eu gostaria de ser lembrada?

Com uma enorme gargalhada de alegria que vem das profundezas do ser, um sorrisão contagiante com a minha teimosia e insistência em acreditar, sem nunca desistir, que vale a pena viver, porque o amor é a cura e o amar... ah... **o amar e ser amado é para todo mundo!**

11

AS QUATRO ENERGIAS PARA UMA VIDA PLENA

Este capítulo traz uma jornada no desenvolvimento das quatro energias: do corpo, das emoções, da mente e da alma. A autora provoca o leitor ampliar a sua consciência por meio do autoconhecimento e, assim, buscar uma vida plena. Com casos reais e exemplos práticos, ela o convida a iniciar a sua jornada e traz ferramentas práticas para apoiá-lo no seu processo.

FERNANDA FIORI

Fernanda Fiori

Sócia-fundadora da Consequor Desenvolvimento do Capital Humano

Fernanda Fiori tem mais de 25 anos de experiência profissional. Atuou por 14 anos no mundo corporativo na Rhodia, Grupo Accor e Santher. Desde 2007, atua como consultora, facilitadora e *coach*, auxiliando profissionais de diversas empresas nacionais e multinacionais. Na sua jornada como facilitadora, contribui para que as pessoas se desenvolvam em temas como Liderança, Inteligência Emocional, *Coaching*, Cultura Organizacional, Gestão de Mudanças, Autoconhecimento, *Mindfulness*, entre outros. Tem MBA em Gestão Empresarial pelo Insper – SP e é graduada em Administração de Empresas pela PUC – São Paulo. Possui inúmeras certificações, entre elas: coaching pela Lambent e selo ICC (International Coaching Community), *Action Learning Coach* pela Wial, *Cultural Transformation Tools* pelo Barrett Values Centre®, *Assessments Hogan®, MBTI® Step I e II, DISC® e Extended DISC®, Leadership Challenge Facilitator, Master Practitioner* em PNL pela Actius.

Contatos
www.fernandafiori.com.br
fernanda.fiori@fernandafiori.com.br
Instagram: @fernandafiori_oficial
LinkedIn: Fernanda Fiori

Quando olho para trás, percebo como foi essencial ser uma criança curiosa e sonhadora.

Nas viagens de trem de Santo André para São Paulo, quando ia visitar a minha avó, adorava observar as pessoas desconhecidas. Ficava envolvida em meus pensamentos imaginando qual era a história de vida daquelas pessoas, se eram felizes, no que trabalhavam, como viviam. Algumas tinham um rosto sério, franzido, maltratado; outras estavam cheias de vitalidade, felizes, com um largo sorriso no rosto. Ainda que todas pareciam ter uma condição financeira bem humilde, elas eram bem diferentes. Qual seria o segredo daquelas pessoas simples e humildes que, ainda assim, viviam uma vida plena e feliz? O que fazia algumas serem felizes e outras nem tanto?

Foram todas aquelas perguntas que me estimularam a buscar alternativas para viver uma vida plena. Encontrei nas quatro energias – do corpo, das emoções, da mente e da alma – um caminho.

A força dos pensamentos

Nas inúmeras conversas com minha avó, Dona Modesta, me dei conta de que, para sermos felizes, precisamos cuidar dos nossos pensamentos e de como interpretamos os acontecimentos nas nossas vidas.

Mesmo diante das dificuldades com as quais minha avó se deparou ao longo da vida, ela era uma mulher forte, alegre e otimista. Estava sempre brincando, fazendo piadas e até rindo das situações difíceis. "Para ser feliz, precisa ter a ter a cuca fresca", ela me dizia.

Durante muito tempo fiquei refletindo sobre o que ela queria dizer com ter a "cuca fresca". Somente muito tempo depois fui compreender o significado. Precisei passar por algumas adversidades na vida para ter esse entendimento. Essa é outra história que vou te contar mais adiante.

Além da vida

Aos 13 anos, durante uma conversa em casa com um amigo do meu pai, médico e legista, interessei-me em saber sobre as autópsias, como funcionavam e em que situações aconteciam. Perguntei a ele se poderia assistir a uma delas. Claro que essa pergunta causou estranheza, tanto da parte dele quanto dos meus pais, que mesmo assim permitiram que eu fosse.

A primeira autópsia foi de um homem, por volta de seus 30 anos, um indigente que havia sido baleado. Eu me perguntava: "O que será que ele fazia? Será que tinha família?". A segunda foi de uma mulher, por volta de 40 anos. "Ela estava ovulando", disse o médico mostrando seus ovários. Olhei para o rosto daquela mulher e comecei a pensar: "Será que ela tinha filhos? Era feliz?" Lá estava eu, novamente fantasiando sobre a história de vida daquelas pessoas.

Fui tomada por uma certa tristeza e foi inevitável refletir sobre os aspectos que vão além da vida. O que será que acontece depois? Por que estamos aqui? Qual é o sentido da vida? Sem perceber, o interesse sobre a espiritualidade começou ali.

Da depressão para o autoconhecimento

Em algum momento da vida, desconectei-me daquela criança e adolescente curiosa, cheia de perguntas, que buscava a fórmula da felicidade.

Em 2003, entrei em depressão. Estava com 32 anos, infeliz, trabalhando no mundo corporativo, vivendo uma carreira que não me trazia satisfação, com uma vida pessoal turbulenta, passando por um divórcio.

Lembra-se de quando disse que precisei passar por algumas adversidades para entender o que minha avó dizia sobre ter a "cuca fresca"? Foi no momento mais difícil da minha vida que percebi que se tratava de olhar as situações com esperança, ter pensamentos positivos e de construir a própria realidade.

Fiz terapia, passei por um profundo exercício de autoconhecimento, entrei em contato com todas as minhas sombras e virtudes, refleti sobre quem eu tinha me tornado e por quê.

Precisei me fortalecer, ser capaz de olhar para as situações com outro olhar, me autorresponsabilizar pelas escolhas que tinha feito até ali e decidir quais eu gostaria de fazer dali em diante. Fui até o fundo do poço buscar a energia necessária para conseguir dar o impulso para promover as mudanças e abandonar aquilo que não fazia mais sentido. Foi necessário me reinventar, assim como a Fênix, o pássaro que quando morre entra em autocombustão e ressurge das próprias cinzas. Só assim me senti pronta para construir uma nova realidade.

Em 2007, já mais fortalecida emocionalmente, iniciei um processo de *Coaching* que me ajudou a fazer minha transição de carreira. Busquei algo que fizesse mais sentido com meus valores e que se conectasse com a minha alma.

1. Energia da alma

"Aquele que tem um PORQUÊ para viver, pode suportar quase qualquer como". A frase do filósofo Friedrich Wilhelm Nietzsche é perfeita para explicar a energia da alma.

Quando tive depressão, as perguntas que mais me ocorriam eram: "Qual o sentido da vida? Por que estamos aqui?"

Alma, uma palavra que deriva do Latim "anima", como aquilo que anima, que nos motiva, que dá sentido e significado às nossas vidas. Normalmente está ligado à necessidade de buscar algo maior, de fazer a diferença, de estar a serviço de algo ou alguém. Tem a ver com as perguntas: Por quê? Para quê? É desafiador responder!

Foi quando me tornei consultora, *coach* e mentora que encontrei o que dava significado para a minha vida. Apoiar pessoas a buscarem ser sua melhor versão por meio do olhar sistêmico e integrado. Esse é o meu propósito.

AM, uma das minhas primeiras clientes de *coaching*, estava muito infeliz no trabalho. Não havia nenhum problema aparente. Ela gostava da empresa, das pessoas, da sua função, porém todos os dias pela manhã era um martírio sair para o trabalho.

Em uma das nossas reuniões de *coaching*, perguntei para AM o que ela queria e por quê. AM ficou muda, paralisada. Olhou-me com os olhos cheios d'água e mal conseguiu balbuciar "Não sei". Fizemos um exercício bem profundo para AM identificar seu propósito e seus principais valores pessoais, ou seja, aquilo de mais importante que a motivava. Lembro-me bem de ver sua expressão facial: era uma feição de espanto, misturada com alegria, por ter trazido à tona o que realmente importava para ela. Boa parte da desmotivação de AM era porque ela não vivenciava seus principais valores, que eram **qualidade de vida, saúde e família**.

AM era gerente comercial de uma grande empresa de cigarros. Além de colaborar de maneira direta para a venda de um produto que estava totalmente desalinhado com seus principais valores, sua função exigia que ela viajasse frequentemente, impactando na sua qualidade de vida e no relacionamento com a família.

Foi assim que AM decidiu sair daquela empresa. Depois de apoiá-la no processo de recolocação, ela iniciou em uma empresa com valores fortes e alinhados com os seus.

Foi como encontrar a ponta de um novelo de lã que estava emaranhado. O início para um lindo bordado.

2. Energia do corpo

A atividade física sempre esteve presente na minha vida. Dos 8 aos 21 anos fiz ballet. Depois pratiquei natação, jazz, corrida, musculação.

Na adolescência, gostava de ler os livros que meu pai tinha sobre saúde e bem-estar. Neles aprendi muitas coisas: cuidar da alimentação, a importância da hidratação, a importância da respiração consciente, o benefício da qualidade do sono.

Foi com esse conhecimento que apoiei RL, executiva de uma grande organização, que me procurou para um processo de *coaching* com objetivo inicial de melhorar a performance profissional. Embora o lado profissional tenha sido a sua primeira motivação, seu processo de autoconhecimento durante os encontros a fez perceber que, na verdade, o que ela precisava era cuidar da sua energia do corpo.

RL negligenciava totalmente essa energia e isso estava levando-a à beira de um colapso. Além das exaustivas horas de trabalho, ela cuidava dos filhos, marido e da mãe doente. Sua alimentação era à base de *fast-food* e há anos estava sedentária.

Modelo mental

Meta 1: Uma das primeiras coisas que ajudei RL a mudar foi seu modelo mental. Quando mudamos nosso modelo mental, o cérebro cria outros circuitos neurais, mudando a forma de pensar e agir a partir de como percebemos o mundo e tudo o que existe nele.

RL acreditava que precisava dar conta de tudo sozinha, ela vivia o complexo de "Super Herói". Foi necessário criar outra forma de pensar para desapegar de algumas de suas atividades e confiar que as outras pessoas poderiam apoiá-la.

Aos poucos ela começou a delegar parte de suas atividades e assim ter tempo para cuidar da sua energia do corpo. Essas mudanças foram essenciais para a melhora na sua performance no trabalho e na qualidade das relações com o seu marido, filhos e liderados.

Combate aos maus hábitos

Meta 2: Os hábitos alimentares de RL não favoreciam sua saúde. Há mais de 2.400 anos o pai da medicina Hipócrates já dizia: "Que seu remédio seja seu alimento, e que seu alimento seja seu remédio". RL mudou seus hábitos com uma meta muito simples: descascar mais e desembalar menos, que significa comer comida de verdade.

Meta 3: RL costumava dormir 4 horas por noite. Sentia-se esgotada, cansada. Adequar o seu ciclo circadiano foi essencial. Sua meta foi dormir no mínimo 6 horas por noite. Isso a ajudou a melhorar sua capacidade cognitiva, disposição e reduziu seu estresse de forma significativa.

Meta 4: RL iniciou a prática do Yoga, que trouxe dois grandes benefícios:

- A atividade física, que promove a produção de hormônios importantes como a *endorfina*, a *dopamina*, a *serotonina* (conhecidos como o trio do bem-estar), também a *irisina*, um hormônio necessário para a formação da memória e a proteção dos neurônios.
- A respiração consciente, importante para o controle da ansiedade. Quando cuidamos da respiração, zelamos para um bom funcionamento das células, contribuímos para a diminuição do estresse, aumentamos a concentração e o foco, além de melhorar o sono.

3. Energia das emoções

Já parou para pensar que as suas emoções interferem na sua energia do corpo? Inúmeras doenças surgem quando não sabemos gerenciar as nossas emoções.

"Não somos máquinas de pensar, somos máquinas de sentir que pensam", disse António Damásio, médico neurologista e neurocientista.

Desenvolver a nossa capacidade de reconhecer e gerenciar as emoções é essencial para cultivar os relacionamentos e lidar com momentos de incerteza e o estresse do dia a dia.

Em 2020, AM percebeu os impactos negativos da Covid-19. Gerente de operações de um grande hospital, ele sentiu na pele todo o estresse que o setor de saúde vivenciou.

A pandemia trouxe um cenário complexo, cheio de ambiguidades e, em cenários como esse, o cérebro não consegue reconhecer e projetar algo de forma antecipada, ativando o sistema de sobrevivência, gerando o estresse.

Foi preciso AM desenvolver a capacidade de reconhecer suas emoções e perceber o impacto delas em si e nos outros. Chamamos isso de autoconsciência das emoções.

Durante nossas conversas, percebi que AM não era capaz de reconhecer muitas de suas emoções; era um "analfabeto emocional".

Meta 1: Começamos por essa alfabetização, um processo que chamo "Mapeamento das Emoções", que consiste em anotar todas as emoções percebidas ao longo do dia, nominar e perceber os sintomas físicos que elas geram. A partir daí, AM passou a exercitar a autorregulação, que é o gerenciamento de suas ações.

Um dos maiores desafios na autorregulação é um fator que acontece no cérebro chamado "sequestro da amígdala", que acontece quando temos uma emoção incontrolável. Nossas impressões sensoriais enviam sinais diretamente do tálamo à amígdala, bloqueando completamente os sistemas neurais do córtex pré-frontal, responsável pelo planejamento e pensamento lógico. É quando ficamos "cegos de emoção" e agimos sem pensar.

4. Energia da mente

É a nossa capacidade cognitiva de aprendizado e foco. Está diretamente correlacionada ao estado de presença, da consciência no que está acontecendo no único momento que existe: o presente. A maioria dos seres humanos tem uma grande dificuldade de estar no presente, ficando envolvidos em seus pensamentos no passado ou no futuro. Você já parou para perceber se isso acontece com você? Pare por alguns instantes e reflita. Onde estão seus pensamentos? Vou te contar uma coisa: o único momento que existe é o aqui e agora.

Meta 2: AM escolheu a meditação para cultivar o estado de presença. Em pouco tempo, percebeu a melhora nos padrões cerebrais responsáveis pelo foco e concentração, diminuindo a ansiedade e o estresse.

5. Estilo de vida

Lembra-se quando falei no início deste capítulo que encontrei nas quatro energias um caminho para buscar uma vida plena? Há 14 anos elas fazem parte do meu estilo de vida. Foi por meio da busca diária do equilíbrio dessas quatro energias que consegui lidar com boa parte das adversidades na minha jornada. Tudo o que proponho para meus clientes eu experimentei, testei e pude evidenciar os resultados positivos. A vivência aliada com o conhecimento de anos de estudos me trouxe a consciência e clareza suficientes para criar um método de trabalho.

Então, o convido a iniciar a sua jornada. No QR Code você encontrará algumas ferramentas para apoiar no processo.
Vamos juntos?

12

A BELEZA E A ESTÉTICA COMO CAMINHO DE CURA DA ALMA

O procedimento estético é a parte artística, que harmoniza as cores, os traços e realça a beleza externa a fim de trazer à tona a beleza da alma. Mesmo nos dias mais nublados, o Sol está lá e, conforme seus raios conseguem ultrapassar as nuvens, as cores da paisagem vão mudando, as flores vão se abrindo e adquirindo um colorido. Devemos acreditar no nosso sol interno e saber que, no momento certo, tudo irá florescer; então, reveja suas crenças e use da estética para se embelezar.

FLÁVIA MAKLOUF

Flávia Maklouf

Médica dermatologista integrativa, clínica, Cirúrgica e Estética

Realiza atendimentos clínicos e estéticos com um olhar integrativo para doenças psicossomáticas. Dra. Flávia Maklouf é médica dermatologista clínica, cirúrgica, estética e integrativa utilizando suas expertises em Medicina Quântica, Prática Ortomolecular, Medicina de Biorregulação e Homotoxicologia, Homeopatia, Antroposofia, Oligoelementos, Medicina Chinesa, Fitoterapia, Terapia Neural, Medicina Vibracional, Florais e Biorressonância. Graduada pela Faculdade de Medicina de Petrópolis, Rio de Janeiro. Possui especialização em Dermatologia pelo Hospital Naval Marcílio Dias, Membro da SBD – SP e SBCD – SP, Membro na Sociedade de Alergia – ASBAI, Membro SOBOM – SP, Membro e Palestrante da ABMIB, Membro da AMBO – Prática Ortomolecular.

Contatos
Instagram: @flaviamaklouf.dermato
YouTube: Dra. Flavia Maklouf Oficial

Dra. Flávia Maklouf

Angio SkinCare

A Beleza e a Estética como Caminho de Cura

Nasci em Petrópolis, RJ, e tive uma infância muito boa na qual aprendi muito sobre as plantas com minha avó materna; ela sempre tinha uma erva para alguma dor e minha mãe também sempre nos tratava com chás e banhos de ervas para cicatrizar feridas. Na 6ª série, participei de uma feira de ciências sobre homeopatia e fui estudar sobre o fundador da homeopatia, o Dr. Samuel Hahnemann, 1779, médico alemão, com um repertório enorme de medicamentos homeopáticos para evitar a intoxicação e estimular a reação orgânica. Também tive ajuda de uma farmacêutica homeopata da cidade para estudar e montar a feira; ela me ensinou sobre os materiais e as fórmulas – meu grupo e eu ganhamos em 10º lugar, foi um sucesso!

No ano seguinte, conheci uma loja que vendia produtos homeopáticos, holísticos e arranjos de plantas e flores desidratadas. Após conversar com o gerente, já estava empregada devido aos conhecimentos adquiridos com a feira de ciências – foram dois anos de aprendizado e sou muito grata pela oportunidade que tive. Sem saber, fiz o caminho inverso da alopatia e já usava terapia floral aos 15 anos. Eu me interessava e lia tudo sobre terapias holísticas e de cura como: numerologia, astrologia, tarot egípcio, cristais – isso já reverberava dentro de mim. Comecei a faculdade de Medicina e, já no 5º Ano, acompanhava o Ambulatório de dermatologia e fiz a especialização em Dermatologia no Hospital Naval Marcílio Dias (RJ) em 2001.

Mudei para São Paulo, me casei e comecei uma nova jornada profissional. Já na clínica, eu era visitada por um representante de suplementos que me indicou uma pós-graduação em Ortomolecular; me interessei muito. Após me formar em dermatologia, muitas vezes me frustrava com os diagnósticos que, a princípio, não teriam possibilidade de cura; e com opções terapêuticas, que iriam ajudar somente nos sintomas e não na causa e com efeitos colaterais. Eu queria atuar na causa e viver a cura na prática. Ficava lembrando do que havia estudado sobre homeopatia, meu pirmeiro trabalho e que minha mãe e avó curavam com medicina natural. Me inscrevi na pós e, então, encontrei um caminho inicial na Prática Ortomolecular, onde tive uma visão mais integral do organismo.

Meu filho tinha infecções respiratórias por conta da escolinha e não queria tratá-lo somente com alopatia. Duas amigas homeopatas me ajudaram e me iniciaram na homeopatia antroposófica, com a qual meus filhos se adaptaram melhor. Quando tive minha segunda filha, eu não estava muito bem de saúde; estava com depressão, foi um período difícil em que eu estava muito cansada. Eu precisava superar aquela fase. Nesse período conheci meus professores e terapeutas floral e de homotoxicologia, além da Terapia Psicossomática. Reconheci nessas terapias a minha essência, ferramentas e instrumentos fundamentais como base para o meu trabalho. A partir de então, comecei a praticar terapias e cursos de formação com professores, mestres e terapeutas incríveis, que me ensinaram sobre Terapia Floral, Antroposofia, Homeopatia, Bioressonância, Medicina Quântica e Chinesa, Reiki, Cristais, Yôga, Oligoterapia, Iridologia, Terapia Neural, Aromaterapia, Filosofia, Cabala e muitas atualizações em Dermatologia Clínica e Estética. Tudo isso me despertou muito na direção da Medicina de Biorregulação e Integrativa que vê o ser humano como um todo. Saúde não precisa ser exatamente ausência de doença, mas, sim, uma questão de equilíbrio: bem-estar físico, energético, mental, emocional e espiritual.

Ao longo desses últimos 12 anos, venho aprendendo e experenciando essa medicina como meu próprio caminho de cura e de muitos pacientes. Compreendi que a estética faz parte da saúde e dei mais valor ao meu sentir e a ouvir a história de vida de cada paciente a fim de acessar a essência mais profunda da beleza em cada indivíduo. Procuro ajudá-lo a integrar-se consigo mesmo e aliviar seus sofrimentos físicos ou emocionais. Busco trazer o acolhimento, fazer as perguntas certas para descobrir e agir no rompimento do padrão de sofrimento. O diferencial de um tratamento mais humanizado está em ouvir, sentir, acolher e agir em benefício de todo o Ser.

Foi a partir desses tratamentos de biorregulação e homotoxicologia aplicados em mim com bons resultados, que comecei a experimentar essa medicina nos pacientes com doenças de pele mais difíceis de tratar. Após ter tratado uma cicatriz minha com esses medicamentos não tive dúvida em usar o mesmo naqueles pacientes que já se diziam sem possibilidade de tratamento de suas cicatrizes. Foi por meio desta constatação e inspiração que comecei a usar, como opção terapêutica, o produto homeopático Traumeel injetável em cicatrizes e queloides. Esse tipo de lesão evolui com sequelas e dores físicas e emocionais. Muitos pacientes se envergonham e se isolam do convívio social, desenvolvendo depressão e pânico. Por meio desse tratamento homeopático obtive bons resultados físicos, estéticos e emocionais nos pacientes tratados. Esses tratamentos culminaram em um trabalho científico que ganhou o primeiro lugar em um prêmio médico científico na Alemanha em 2019 – Reckeweg Award. Após essa conquista, me senti cada vez mais confiante de estar caminhando na direção correta e alinhada com meu sentir, pensar e agir na minha profissão.

Por essa medicina, compreendi melhor os mecanismos pelos quais adoecemos no físico e no emocional, levando sempre em consideração as questões hereditárias, genéticas e as epigenéticas. Contudo, do ponto de vista integrativo, Dr. Hahnemann, Hipócrates, dentre outros, já diziam que as doenças começam no plano mental (das ideias) depois emocional (sensações) até chegar no físico – as doenças ou psicossomática. Nosso corpo é feito de matéria e de energia e, para ter saúde, precisamos estar em harmonia com todos os nossos corpos: físico, energético, mental, emocional e espiritual. Para manter esse equilíbrio nossos pensamentos precisam estar alinhados e em congruência com os nossos sentimentos e esses em congruência com as nossas ações. Quando agimos alinhados no nosso melhor, acabamos por optar pelo melhor para nós mesmos e temos mais chances de alcançar a saúde e o bem-estar próprios e do coletivo.

Muitas vezes, quando o alinhamento não acontece, adoecemos e a doença vem para nos mostrar que algo não está bem; não estamos dando a devida atenção às nossas emoções, ao nosso corpo. Assim, é pela dor que tomamos atitudes em nossas vidas e fazemos o caminho inverso, que nos leva da doença para a cura. Se essa conscientização não acontece o indivíduo padece, podendo perder a própria vida. Precisamos aprender a lidar com nossos sentimentos, medos, crenças limitantes e frustrações, a fim de não deixar que essas terminem por se somatizar no corpo como doenças. Nós, como humanidade, ainda temos muito a aprender e melhorar.

A Medicina de Biorregulação leva em consideração a capacidade do corpo de se autorregenerar e se curar, os medicamentos seguem esse mesmo princípio de ajudar o corpo a se autorregular e voltar ao ponto inicial de saúde; nos ajuda a compreender os fatores que desencadeiam as doenças e atuam sobre as causas fortalecendo, modulando e drenando os órgãos. Por meio desse conhecimento integrativo, compreendemos as causas e definimos as estratégias terapêuticas a fim de ajudar o corpo a se regular e não a suprimir suas reações, acarretando outras alterações patológicas.

Dentro dessa mesma visão integrativa e de biorregulação, a pele pode ser compreendida por vários pontos de vista. Um verdadeiro ecossistema Externo e Interno – a ponta do iceberg. Se olharmos para um iceberg e compará-lo com a pele, a pele seria a ponta visível. Ela é o maior órgão do corpo humano, nos delimita, de dentro para fora e de fora para dentro e todo esse sistema se comunica e faz um intercâmbio de informações a fim de manter a saúde externa e interna da pele e de todo o Ser. Nos protege de agentes agressores externos e internos, mantendo sua integridade e a saúde dos órgãos que se utilizam da pele como órgão de drenagem, auxiliando na eliminação de toxinas, mantendo a temperatura e oxigenação do corpo – um verdadeiro Sistema Psiconeuroendocrinoimunológico.

A camada mais externa da pele é a epiderme, que também é originada do mesmo folheto embrionário que recobre o Sistema Nervoso Central. Com isso, podemos dizer que a pele também age como um grande cérebro exposto e explica quando dizemos que os sentimentos estão à flor da pele e que muitas das doenças de pele têm origem emocional. Os Antigos, como os chineses, já tinham conhecimento das propriedades físicas e energéticas da pele, mapearam todo o corpo em canais de energia e correlacionam esses pontos com os órgãos de acordo com o seguimento tratado na pele. Também tinham profundo conhecimento da pele das mucosas como boca, olhos, nariz e toda correlação dos órgãos com os Chackras e os sentimentos – as questões emocionais. Ou seja, muito para se saber e correlacionar, muitos conhecimentos que ainda estão por vir em relação ao nosso corpo, saúde, doença e cura.

Nossa comunicação social também se dá pela pele, que nos comunica com o mundo externo – ela é a interface entre o mundo exterior e interior. Nossa aparência, expressões, jeitos e características físicas expressam e imprimem nossa personalidade no corpo, o que nos torna únicos.

Visto tudo isso, quando um paciente chega e queixa-se de queda de cabelo, ou de acne, dermatites atópicas, psoríase ou de queloides é como se estivesse vendo só a ponta do iceberg. Dentro da visão integrativa, preciso olhar além e sob vários pontos de vista e, inclusive, conscientizar o paciente sobre isso também, para que ele possa compreender seu processo e participar do seu tratamento e sua resolução. Utilizando da visão integrativa no entendimento dessas queixas físicas, podemos compreender que elas têm correlação com nossa saúde interna, ou seja, sistêmica. Precisamos compreender que a maioria dos problemas capilares e de pele é sinal do nosso organismo nos mostrando que nossa saúde não está indo tão bem quanto imaginamos. Nossa pele e cabelos são um reflexo da saúde dos nossos órgãos internos, que podem estar sobrecarregados de toxinas como no caso das intolerâncias alimentares; intoxicação por metais pesados oriundos da água , dos alimentos, do solo, da profissão e que geram uma mudança do pH sanguíneo, propiciando o crescimento de parasitas, carências vitamínicas, obesidade, resistência insulínica, cistos de ovário, TPM, tireoidites e outras doenças que enfraquecem e estressam nosso sistema imunológico, como no caso de focos dentários e implantes dissonantes com o organismo.

De forma geral, o tratamento consiste em uma série de estratégias: eliminação dos fatores agressores físicos e emocionais; mudança nos hábitos alimentares – correção do pH; atividade física, que estimula o metabolismo, a circulação e a transpiração; meditação e respiração – oxigenação dos tecidos; sono reparador, drenagem linfática; uso de produtos para cuidados pessoais mais orgânicos e naturais; tratamentos medicamentosos reguladores, terapias integrativas e procedimentos estéticos, quando necessário.

Além disso, temos as toxinas mentais e emocionais geradas pelo estresse e com repercussão em todo o corpo, desencadeando doenças físicas e emocionais – muitas vezes são as causas de baixa autoestima e depressão. Caso esses desequilíbrios estejam presentes, poderemos ter inúmeros problemas em nossa saúde e reflexo na pele do corpo como um todo. Por meio da visão psicossomática, a acne, por exemplo, pode estar correlacionada com sentimentos e pensamentos sobre se sentir feio no físico e em seus sentimentos – só focando nas coisas negativas da vida e do comportamento dos outros, raiva de si mesmo, de autoridades e desconfiança. Nesse caso, o tratamento consiste em investigar o contexto de vida do paciente, suas crenças e mostrar que é possível ver e viver com um olhar mais otimista. Mostrar que é possível a pele melhorar e gerar uma expressão mais suave, jovem e bonita por meio de uma postura mais positiva.

Já no caso da psicossomática em relação às dermatites e alergias, podemos identificar que a pessoa está vivendo momentos de contrariedade, fazendo o que não gosta ou o que não quer fazer; irritação com pessoas próximas e trabalho. Muitas vezes, o desejo de se coçar pode significar um desejo inconsciente de arrancar aquilo que a está incomodando profundamente. Ajudar a pessoa a trazer esse sentimento para a consciência faz toda a diferença em seu tratamento. No tratamento integrativo, levamos sempre em consideração o todo, o indivíduo único e que não há fórmulas de bolo, mas sim, pistas e mapas para um tratamento integral e em parceria.

Contudo, foi observando o resultado de alegria, felicidade, bem-estar, satisfação, empoderamento e amor-próprio nos pacientes, nos quais realizei procedimentos estéticos, que cheguei à conclusão da importância da estética, da beleza de fora para dentro como um caminho de cura também. O cuidado com a aparência, com o próprio corpo, a manutenção e harmonia de suas expressões faz com que a aceitação do envelhecimento seja mais agradável e leve. Cuidados com o físico de forma mais consciente e preventiva traz satisfação e confiança para si e facilita o convívio social; esse bem-estar irá refletir na saúde do organismo como um todo. Aprendi na psicossomática que quando ajudo a aliviar uma linha de expressão entre os olhos, por exemplo, estou, inconscientemente, ajudando o paciente a perceber que tem estado tão tenso, que a tensão já está visível na pele pela formação de rugas mais profundas causadas pelo excesso de tensão emocional. Ao perceber suas rugas e tensão à "flor da pele", pode atuar diretamente na solução. Quando percebemos o que está por trás dos acontecimentos, temos mais chances de acertar no tratamento. Pela simples aplicação de cosméticos na pele, já estamos, por meio do toque, mandando informação ao nosso corpo mental e emocional que nos queremos bem, nos amamos e merecemos ser cuidados e acariciados assim como também fazemos com as pessoas que são importantes para nós.

Os tratamentos de biorregulação integrativos ajudam na prevenção e aceitação do envelhecimento, melhorando nosso humor, libido, disposição e autoestima. Principalmente em nós mulheres, que, literalmente, sentimos na própria pele os efeitos causados pelas alterações dos hormônios femininos e do crescimento.

Os procedimentos estéticos minimamente invasivos e mais naturais associados ao conhecimento em psicossomática, história de vida e padrões individuais de beleza de cada paciente promovem o que chamamos de harmonização facial e corporal com a finalidade de realçar a beleza e retornar a um estágio anterior de saúde da pele e sua juventude sem exageros.

A estética pelo procedimento estético é a parte artística, que harmoniza as cores, os traços e as formas, realçando a beleza externa a fim de trazer à tona o contentamento interior – a beleza da alma.

Da mesma forma como cuidamos da nossa casa e ambiente de trabalho, também podemos cuidar do nosso corpo, que é o templo da nossa alma. Então do mesmo jeito que pintamos as paredes, trocamos as molduras dos quadros, mantemos o ambiente limpo, preservado, arejado, perfumado e florido, também devemos usar das técnicas que farão a mesma função de nos cuidar, colorir e embelezar – como se colocássemos flores em nós mesmos e nos transformássemos em belas paisagens.

Mesmo nos dias mais nublados o Sol está lá e, conforme seus raios conseguem ultrapassar as nuvens, as cores da paisagem vão mudando, as flores vão se abrindo e adquirindo um colorido não visto antes. Devemos acreditar no nosso sol interno e saber que, no momento certo, tudo irá florescer; então, reveja suas crenças, troque suas lentes e molduras e use da estética para se embelezar.

Bem Viva!
de corpo e alma

13

O QUE É DEMÊNCIA? E COMO PREVENI-LA?

Milhares de pessoas são acometidas pela demência a cada ano. Desse total, o Alzheimer representa de 60 a 80% dos casos. O tratamento curativo ainda não está disponível para os vários tipos de demência, porém, estudos pontuam 12 fatores de risco modificáveis, como a depressão e a hipertensão, que juntos respondem por cerca de 40% das demências em todo o mundo que poderiam teoricamente ser evitadas ou retardadas.

FRANCINE MENDONÇA

Francine Mendonça

Dra. Francine Mendonça CRM - 173194

Neurologista em São Paulo. Médica do corpo clínico do departamento de Neurologia do Hospital A Beneficência Portuguesa de São Paulo e Hospital Nipo-Brasileiro. Formada na Universidade Federal de Alagoas, fez Residência Médica em Neurologia no Hospital do Servidor Público Estadual de São Paulo (IAMSPE), onde, mais tarde, especializou-se em Transtornos do Movimento.

Contato
Instagram: @drafrancinemendonca
www.francinemendonca.com.br
Consultório médico: 11 2306 6686

Milhares de pessoas são acometidas pela demência a cada ano. Desse total, o Alzheimer representa de 60 a 80% dos casos. A estimativa da OMS é de que até 2050 mais de 100 milhões de pessoas no mundo serão diagnosticadas com essa doença.

À medida que a população global envelhece, espera-se que a prevalência da demência aumente de forma substancial nas próximas décadas, especialmente em países de baixa e média renda.

Para a neurologia, demência representa um decréscimo em relação ao nível cognitivo prévio do indivíduo. Mas o que é cognição? É a capacidade de nos relacionarmos com o ambiente por meio de habilidades cerebrais como memória, função executiva, habilidades visuoespaciais, linguagem, cognição social e atenção.

Indivíduos com alterações de memória tornam-se repetitivos, perdem-se em ambientes conhecidos e esquecem compromissos ou onde guardam objetos com maior frequência.

Deficiência na habilidade da função executiva leva à compreensão pobre de situações de risco, redução na capacidade para cuidar das finanças, tomar decisões ou planejar atividades.

O comprometimento nas habilidades visuoespaciais leva à incapacidade de reconhecer faces ou objetos comuns, com dificuldades para manusear utensílios ou vestir-se, que não se explica por alterações da força ou da visão.

Problemas na linguagem levam à dificuldade para encontrar ou compreender palavras, e redução na fluência verbal, bem como erros ao falar ou escrever, com trocas de palavras ou fonemas.

Alterações atencionais e comportamentais com inadequação ao meio também podem ser encontradas.

Para se dar o diagnóstico de demência, pelo menos duas dessas habilidades citadas devem estar comprometidas, os déficits devem representar um declínio do nível anterior de função e ser graves o suficiente para interferir nas funções diárias e na independência.

Além disso, esses déficits cognitivos não são melhor explicados por outro transtorno mental (por exemplo, transtorno depressivo maior, esquizofrenia). (AMERICAN PSYCHIATRIC ASSOCIATION, 2013).

A maioria dos pacientes com demência não apresenta queixa própria de perda de memória; geralmente é o cônjuge ou outro informante que traz o problema à atenção do médico. A perda de memória autorrelatada não parece se correlacionar com o desenvolvimento subsequente de demência, enquanto a perda de memória relatada pelo informante é um preditor muito melhor da presença atual e do desenvolvimento futuro de demência. No entanto, os membros da família muitas vezes demoram a reconhecer os sinais de demência, em diversas ocasiões incorretamente atribuídos ao envelhecimento (CARR et al., 2000).

Existem demências que podem ser tratáveis ou reversíveis, ou sua progressão retardada ou interrompida se a causa puder ser identificada e tratada adequadamente, como a demência vascular e aquelas causadas por deficiência de vitamina B12, diminuição na função da tireoide, doenças infecciosas como sífilis e HIV, tumores, hematomas cerebrais, intoxicação por medicamentos, consumo excessivo de álcool e alterações nas funções do rim e do fígado (CLARFIELD, 1988).

A idade continua a ser o fator de risco mais forte para a demência, particularmente para a doença de Alzheimer (DA). A incidência de DA dobra aproximadamente a cada 10 anos após os 60 anos. Em geral, aproximadamente 85% dos casos de demência ocorrem em adultos com 75 anos ou mais.

O risco genético desempenha um papel importante na DA (KELLEY et al., 2008).

Uma história parental de demência está associada a um aumento de cerca de duas vezes no risco relativo de demência e DA, independentemente de fatores genéticos conhecidos.

As estimativas de risco diminuem gradualmente com o avanço da idade dos pais no diagnóstico de demência, com pouco ou nenhum risco aumentado quando um dos pais é diagnosticado após os 80 anos (AMERICAN PSYCHIATRIC ASSOCIATION, 2013).

O Alzheimer, o tipo de demência mais frequente, é um processo de doença que se desenvolve ao longo de anos. É considerado um processo biológico progressivo que começa com o acúmulo de duas proteínas no cérebro, a Tau e a Beta-amiloide, que vai levando à neurodegeneração. Esta é a principal teoria, porém existem outras em curso. Todo esse movimento ocorre de forma silenciosa no decorrer dos anos, provavelmente presente de 20 a 30 anos antes de os primeiros sintomas aparecerem.

Como não há cura, a melhor prevenção para os quadros demenciais é cuidar dos fatores de risco que podem ser modificados, especialmente durante a meia-idade (de 45 a 65 anos), com o potencial de retardar ou prevenir um número substancial de casos de demência em todo o mundo.

Um relatório publicado pela Comissão contra a Demência do The Lancet, uma das revistas médicas mais conceituadas do globo, pontuou doze fatores de risco modificáveis para a prevenção da demência. São eles: sedentarismo, hipertensão arterial, diabetes, obesidade, depressão, perda auditiva, baixa escolaridade, tabagismo, uso de álcool, traumatismos cranianos, isolamento social e poluição ambiental.

Juntos, os doze fatores de risco modificáveis respondem por cerca de 40% das demências em todo o mundo, que, consequentemente, poderiam em teoria ser evitadas ou retardadas.

Embora existam propensões individuais mediadas pelos genes, o estilo de vida pode fazer diferença nas perspectivas de ter ou não uma doença como o Alzheimer lá na frente.

O potencial de prevenção é alto e pode ser maior em países de baixa e média renda, onde ocorre maior incidência de quadros demenciais.

A lista de fatores pode ser dividida em dois grandes grupos, de acordo com seus efeitos destrutivos ao tecido cerebral. O primeiro deles, que inclui obesidade, diabetes, hipertensão, uso de álcool, poluição ambiental, entre outros, está relacionado a danos constantes aos vasos sanguíneos, o que prejudica a chegada de oxigênio e nutrientes às células nervosas. Existe aqui um componente inflamatório alterado que afeta a resposta do cérebro e cria um círculo vicioso, levando a uma piora progressiva da sua função.

O segundo grupo reúne itens como baixa escolaridade, depressão e perda auditiva: eles estão relacionados a quanto estimulamos e desafiamos o raciocínio nas atividades diárias. Os cientistas costumam usar o termo "reserva cognitiva" para explicar esse conceito: cada vez que aprendemos uma coisa, criamos novas conexões entre os neurônios. Quando a busca pelo conhecimento é contínua, essas células criam conexões fortes e difíceis de serem derrubadas. No cérebro de um indivíduo que foi à escola por muitos anos, novos caminhos foram formados ao longo do tempo e são capazes de postergar os sintomas por anos ou até décadas.

Várias observações sugerem que uma capacidade de plasticidade neuronal (formação de novos caminhos cerebrais) pode ser a base do aparente mecanismo de proteção que o ensino superior desempenha na prevenção de DA. É uma espécie de "poupança cerebral", uma reserva cognitiva que retarda o início dos sintomas.

No entanto, uma vez que a DA se desenvolve, os pacientes com ensino superior ou níveis ocupacionais parecem experimentar um declínio cognitivo um pouco mais rápido, pelo menos em parte, porque se supõe que eles tenham acumulado um maior grau de patologia de DA no momento em que a demência é aparente, em comparação com aqueles com menos educação.

Mudanças comportamentais devem ser prontamente realizadas para a prevenção de quadros demenciais. Seguem algumas medidas para a proteção cerebral:

- Mantenha-se intelectualmente ativo. Vale matricular-se em cursos, aprender um novo idioma, realizar atividades de leitura. Palavras cruzadas, sudoku, caça-palavras, xadrez e jogos de carta fazem bem à memória.
- Pratique atividades físicas. A OMS preconiza 150 minutos de atividades leves ou moderadas por semana. Isso corresponde a cerca de 30 minutos por dia.
- Realize um controle adequado da pressão arterial, dos níveis de glicose e colesterol no sangue por meio de dieta adequada, consultas médicas e realização de exames periódicos. Evite o cigarro, assim como dispositivos eletrônicos, narguilé e afins. Evite exageros no consumo de álcool. Proteja seu cérebro de traumas em esportes com a proteção adequada e seja prudente na direção de automóveis.

O tratamento dos quadros demenciais irá depender de sua causa e deverá contemplar medidas farmacológicas e não farmacológicas. Uma equipe multiprofissional torna-se necessária para o tratamento integral, não só dos pacientes, mas dos familiares e cuidadores.

Desvendar as engrenagens dessa máquina chamada cérebro ainda é um grande desafio para a comunidade científica. Enquanto ocorrem os avanços, continuemos no estímulo à educação e às atividades intelectuais como a leitura, pois estas são uma excelente forma de se trabalhar toda a rede de neurônios que compõem essa máquina cerebral, armazenando todos os estímulos táteis, visuais, auditivos, olfativos, cognitivos e emocionais. Se você chegou ao fim deste texto, tenha certeza de que terá acionado milhões deles.

Referências

AMERICAN PSYCHIATRIC ASSOCIATION. *Manual Diagnóstico e Estatístico de Transtornos Mentais*. 5. Ed. (DSM-5), American Psychiatric Association, Arlington, 2013.

CARR, D. B.; GRAY, S.; BATY, J.; MORRIS, J. C. O valor do informante versus as queixas individuais de comprometimento da memória na demência inicial. *Neurology*, 2000; 55: 1724.

CLARFIELD, A. M. As demências reversíveis: elas se revertem? *Ann Intern Med* 1988; 109: 476.

HALL, C. B.; DERBY, C.; LEVALLEY, A. et al. Education delays accelerated decline on a memory test in persons who develop dementia. *Neurology* 2007; 69:1657.

KELLEY, B. J.; BOEVE, B. F.; JOSEPHS, K. A. Young-onset dementia: demographic and etiologic characteristics of 235 patients. *Arch Neurol* 2008; 65:1502.

LARSON, E. B.. Risk factors for cognitive decline and dementia. [internet]. ay 2021. This topic last updated: Nov 01, 2019. Disponível em: <https://www.uptodate.com/contents/risk=-factors-for-cognitive-decline-and-dementia?source-history_widgetLancet 2020; 396: 413–46Published OnlineJuly 30, 2020 https://doi.org/10.1016/>. Acesso em: 20 out. de 2021.

WILSON, R. S.; LI, Y.; AGGARWAL, N. T. et al. Education and the course of cognitive decline in Alzheimer disease. *Neurology* 2004; 63:1198.

WOLTERS, F. J.; VAN DER LEE, S. J.; KOUDSTAAL, P. J. et al. Parental family history of dementia in relation to subclinical brain disease and dementia risk. *Neurology* 2017.

14

COMO VOCÊ ESCOLHE VIVER SUA VIDA?

Neste capítulo, a autora aborda um novo olhar do cuidado médico focado no estilo de vida. O futuro começa com as escolhas do presente.

HYNDIARA LORENA FROTA OLIVEIRA

Hyndiara Lorena Frota Oliveira

Médica clínica e paliativista com abordagem integrativa e focada na medicina do estilo de vida. Apaixonada por gente e pelo cuidado. Poetisa nas horas vagas, uma eterna aprendiz e buscadora de si mesma e do mundo.

Possui graduação (2015) em Medicina pela Faculdade de Medicina da Bahia (FMB) da Universidade Federal da Bahia e Residência Médica em Clínica Médica pela Santa Casa da Bahia. Pós-graduada em Cuidados Paliativos pelo Instituto Paliar e em Bases de Saúce Integrativa e Bem-Estar pelo Hospital Israelita Albert Einstein (HIAE). Formação em *coach* de saúde e bem-estar pelo Kallas Treinamento e Consultoria em Saúde. Membro do Colégio Brasileiro de Medicina do Estilo de Vida e Consortium Internacional de Medicina Integrativa.

Contato
Instagram: @hyndiarafrota

Como você escolhe viver sua vida? Um novo olhar sobre o cuidado médico a partir do foco no estilo de vida. O futuro começa com as escolhas do presente

Segundo José Saramago, é necessário sair da ilha para ver a ilha. Uma metáfora para a busca individual que, como seres humanos, somos convidados a realizar na vida, deixando aquilo que conhecemos como verdade absoluta para ir à procura da nossa verdadeira essência e para, então, construir nossa verdade.

Essa foi a busca que definiu meus primeiros anos de profissão – a busca pela minha verdadeira essência. Aos seis anos de idade, sabia que queria ser médica. Adolescente, sai do interior da Bahia, com muito esforço dos meus pais, rumo à capital em busca do meu sonho. Ingressei na faculdade e confesso que os anos na universidade me trouxeram muitos aprendizados, mas ao final do curso, me sentia uma estranha no meio médico.

Aprendi uma medicina baseada no modelo biomédico. Medicina que foi essencial no contexto de melhorias de saúde, principalmente quando as principais causas de adoecimento tinham como origem doenças infectocontagiosas. Porém, tal modelo acabou por enfatizar os processos patológicos, ou seja, olhos atentos à doença e não ao indivíduo, com maior ênfase ao tratamento e não à prevenção ou promoção de saúde e bem-estar.

E, ao longo dessa formação, persistia uma inquietação sobre o cuidado. Afinal, cuidar não é só sobre diagnosticar, prescrever medicações e "carimbar".

Havia algo mais entre o sintoma e a doença, entre o diagnóstico e a conduta. Havia um indivíduo e sua complexidade física, social, emocional, espiritual. E, portanto, a medicina convencional já não supria essas nuances. E aquela jovem que sonhava com a medicina já não conseguia enxergar o seu propósito como médica. Mas, naquele momento, ainda vivendo as pressões externas da cultura e da sociedade em que cresci, decidi seguir o plano.

Com o término da faculdade, iniciei a residência de Clínica Médica. Nos primeiros meses, eu estava extremamente desconfortável com essa etapa da minha formação, todavia aprendi que aquele sofrimento era inerente a minha profissão e ao período pelo qual passava. Acreditei nessa narrativa e segui.

Então, percebi os primeiros sinais de *burnout*: choro fácil, ansiedade, sono extremo, desmotivação grande para o trabalho. A medicina que eu experienciava não tocava meu coração e adoecia meu corpo. Muitos colegas, nessa fase, já usavam, alguns por conta própria, antidepressivos ou outros medicamentos. Talvez pela minha cultura mais interiorana, decidi que a alopatia não fazia sentido para mim naquele momento e, então, minha história mudou completamente. Enxerguei que aquela dor era um chamado interno por cuidado, ou melhor, autocuidado.

Teve início o processo que transformou a minha vida em todos os aspectos. O processo terapêutico que me entreguei partiu por uma caminhada de autoconhecimento, e, mais que isso, uma caminhada à procura da minha verdadeira essência. Conheci a psicoterapia, a ioga, a meditação e optei por uma alimentação mais natural e rica em vegetais. Além disso, encontrei cuidadores e terapeutas de diferentes tipos – conheci o que muitos chamam de cuidado holístico e me entreguei.

Em paralelo, iniciei minha primeira formação em Cuidados Paliativos, que também abriu meus horizontes. Foi tendo contato com uma área que lida e fala sobre a morte que, pela primeira vez dentro da medicina, eu compreendi que o meu olhar para o cuidado tinha respaldo e era possível. Sentia meu juramento hipocrático se reforçar para um local no qual a medicina era factível, humanizada e horizontal – curar as vezes, mas cuidar sempre. E, melhor que isso, se tratava de gente cuidando de gente. Esse era o meu maior potencial de ser médica: ser gente. Nesse intenso processo de mudanças internas e externas, sentia o chamado da minha alma para viver experiências para além da medicina. Durante um ano, mantive um carga horária de trabalho menor e me dediquei com profundidade ao meu processo de autoconhecimento. Passei 20 dias na Indonésia, realizando um curso de propósito de vida, revi feridas e curei dores. Foi fantástico, bonito e empoderado. Perdia medos, vergonhas, surfava pela primeira vez no paraíso e, sim, redescobria o meu propósito na medicina.

Nesse mesmo ano, fiz cursos, retiros e apareceu um convite para ir até a floresta. No interior da Amazônia, passei mais de 10 dias como médica voluntária em uma expedição de saúde. A floresta selava parte do meu processo de descobertas e curas. Tive contato com a medicina da floresta e a sabedoria das ervas, participei de rituais de cura e amor. Por outro lado, pude observar que, independentemente de onde eu estivesse, os hábitos do homem ocidental tinham um poder de penetração imenso; mesmo os povos mais isolados já sofriam com a repercussão de um estilo de vida que adoece.

Assim, sentia um chamado para além de cuidar de pessoas no período da morte, queria ajudá-las a encontrar seu caminho, favorecendo um estilo de vida focado na prevenção e promoção de saúde e de bem-estar em qualquer fase da vida. Precisava estudar mais e partilhar com o mundo as sabedorias milenares, a cura da floresta, a busca por propósito e saúde como algo inerente e acessível a todos. Afinal, esses processos terapêuticos tinham realizado um forte impacto na minha vida e tinham me curado de muitas dores e adoecimentos. Enfim, era um chamado mais claro e forte, já não poderia negá-lo.

Nesse período, descobri a medicina do estilo de vida, a medicina culinária, a medicina integrativa, bem como o conceito de *slow medicine*. Entendi que tantos outros assim como eu já buscavam uma medicina mais humanizada, focada nos hábitos como estratégia de mudança e, principalmente, focada no indivíduo. Não me sentia mais sozinha e soube que havia muito a ser feito – cuidar para além da doença. Cuidar de pessoas era meu propósito e, enfim, enxerguei a ilha que habitava.

As doenças crônicas e a crise do autocuidado

Presenciamos uma modificação do panorama de adoecimento nas últimas décadas. Segundo dados da Organização Mundial de Saúde (OMS), as doenças crônicas não transmissíveis constituem sete das 10 causas de morte no mundo, entre elas doenças cardiovasculares, diabetes, câncer, entre outras. Para além disso, há um forte aumento de doenças de origem psíquica, como ansiedade, depressão, síndrome do pânico.

É importante ressaltar que a pandemia associada ao vírus Covid-19 exacerbou as questões psíquicas e mostrou o quanto as patologias crônicas associadas ao estilo de vida impactam no prognóstico e na evolução, inclusive, de doenças infectocontagiosas. Nesse novo panorama, a despeito do aumento da nossa longevidade, devido a essas morbidades e suas complicações, vivemos mais, porém com maior chance de depender de cuidados dos outros ao longo da vida. Por exemplo, chance de sofrermos um infarto ou acidente vascular cerebral e termos alguma sequela motora, cardíaca ou respiratória. De modo que o aumento da expectativa de vida não significa, em paralelo, melhora da saúde e do bem-estar. E para muito além disso, é fundamental ressaltarmos como o próprio conceito de saúde, segundo a OMS lembra, que saúde não só se resume a ausência de doenças, mas envolve também o completo bem-estar físico, mental e social do indivíduo.

E como nosso modo de vida atual impacta nessa mudança de panorama? Impacta expressivamente, com toda certeza.

O desenvolvimento econômico que vimos no planeta se deu às custas de um modo de produção, especialmente nas sociedades ocidentais, que privilegiou e reforçou um padrão de vida focado no sucesso financeiro e no trabalho, com ritmo de vida acelerado, maior sobrecarga de estresse, maior sedentarismo, aumento do consumo de alimentos industrializados, bem como uso de tóxicos (cigarro, álcool e outras drogas). Para além disso, nos desconectou dos nossos processos naturais e nos desvinculou da nossa natureza interna e do meio ambiente.

Nossas metas de vida são externas e, muitas vezes, desconectadas do nossos interesses mais profundos. A métrica do capital nos leva a querer mais e não deixa espaço para alimentar nossa alma, psiquê e para honrar nossa vulnerabilidade e humanidade. O autocuidado passou a ficar em segundo plano ou se tornou resumido a um tipo específico de corpo, cabelo ou roupa. Nos desconectamos de nossos ciclos, tememos a morte e tememos envelhecer, ao passo que nos enchemos de entorpecentes, mergulhamos de cabeça no trabalho, e consumimos em excesso café, álcool, cigarro, medicações. Quando olhamos ao redor, somos criadores constantes de um caldeirão de doenças crônicas e psíquicas.

O modelo médico convencional, apesar de ser efetivo e importante para tratamento de agravos agudos, tem em sua natureza o uso de métodos para alívio de sintomas e doenças já instalados, o que demonstra pouca efetividade na prevenção e promoção de saúde e bem-estar. Ele setoriza o corpo em sistemas e nas patologias de cada um deles, ou seja, está focado na doença, na sua história e em como lutar contra ela. Quando pensamos em um conceito mais amplo de saúde, não temos como promover a saúde e solucionar questões mais crônicas ou psíquicas pensando apenas na doença.

É fundamental uma visão que leve em conta a interação de todos os sistemas no campo físico, mas que também nos enxergue de forma integral – mente, corpo e espírito. Há, portanto, uma necessidade evidente de uma abordagem de cuidado que possa ser efetiva nesse aspecto; e essa nova abordagem, precisa também levar em consideração o protagonismo de cada um em suas escolhas. Entender que não há como terceirizarmos nosso cuidado sem prejuízos imensos à nossa vida e à nossa essência. Não existem, pois, pílulas mágicas, dietas milagrosas ou receitas prontas. Há, com certeza, uma luz no fim do túnel, que se inicia com um movimento de implicação de cada um com sua própria saúde e com seu autoconhecimento na busca por hábitos concordantes com seus valores sobre como viver e se relacionar com o mundo.

Infelizmente, modificar hábitos e, mais que isso, modificar uma cultura centrada na doença, habituada a anestesiar sintomas e com motivações externas frágeis – focada na estética, no excesso de medicina complementar, na longevidade a qualquer custo – é um dos grandes desafios dessa transição. Por isso, é tão relevante e fundamental construir esse cuidado com respaldo científico e técnico, mas sem deixar de abranger as dimensões humanas. Nessa perspectiva, surgem novas abordagens de cuidado, como a medicina do estilo de vida, focada na mudança de hábitos e no desenvolvimento de uma vida mais saudável e integral.

Medicina do estilo de vida: saúde e bem-estar como rotina

O aumento exponencial de doenças crônicas e dos custos em saúde mostraram como o modelo biomédico vigente não é eficaz na promoção e prevenção dos principais agravos em saúde. Segundo dados da OMS, 80% das doenças cardíacas, diabetes tipo 2 e 40% dos cânceres poderiam ser prevenidos com a melhora da dieta e modificações no estilo de vida. Nesse cenário, surgem novas formas de cuidado, cujo principal foco não está na prescrição de remédios ou no olhar para o adoecimento, e uma das áreas mais promissoras e visionárias nesse aspecto é a medicina do estilo de vida.

A medicina do estilo de vida é uma abordagem que traz o uso de intervenções terapêuticas no estilo de vida das pessoas com base em evidências científicas, com a finalidade de prevenir, tratar e, ocasionalmente, reverter doenças crônicas conforme definição do Colégio Americano de Medicina do Estilo de Vida.

É importante ressaltar que há dados consistentes na literatura médica geral que reforçam o quanto a adoção de um estilo de vida pautado em hábitos saudáveis age na prevenção do aparecimento de doenças crônicas. Um estudo com 23.153 indivíduos alemães, por exemplo, observou que a prática de exercício físico três horas e meia por semana, o hábito de não fumar e de adotar uma alimentação rica em frutas, verduras e grãos com pouca carne vermelha reduziram em 78% a chance de desenvolver doenças crônicas como hipertensão arterial, diabetes, obesidade, acidente vascular cerebral e alguns tipos de câncer.

Talvez a maior parte de nós já tenha ouvido falar sobre a importância do estilo de vida na contribuição para nossa saúde. A despeito disso, muitos de nós ainda têm dificuldade de fazer mudanças consistentes que criem um novo modo de nos relacionar com a forma como comemos, nos movimentamos, relaxamos, nos conectamos com os outros ou nos expomos a substâncias tóxicas ou dormimos.

São inúmeros os fatores que nos levam a ter opções de vida menos saudáveis – desde aspectos sociais, culturais, até aspectos individuais e do nosso modelo de saúde. Então, de um lado, temos uma cultura que reforça um estilo de vida de excessos, com busca de resultados rápidos e milagrosos. E de outro, temos também a formação de profissionais de saúde não capacitados para ajudar o indivíduo na construção de novos hábitos e que muitas vezes também não priorizam seu próprio autocuidado.

Pensando nisso, a medicina do estilo de vida se estrutura também na formação de profissionais de saúde com habilidades que promovam o estilo de vida como uma verdadeira prescrição. O uso de medicações ou outras abordagens podem ser utilizados, mas a avaliação dos parâmetros de estilo de vida e comportamento do indivíduo é que deve alicerçar o plano de cuidado. Para tanto, se faz fundamental a participação ativa do indivíduo e são utilizadas técnicas distintas, como a entrevista motivacional, o modelo transteórico de mudança, a psicologia positiva, a fim de garantir que o foco seja a criação de hábitos pautados em mudanças realistas e que tenham significado para cada um. Afinal, mais do que mudanças drásticas e difíceis, a busca transformadora está em garantir constância pela escolha por uma vida com saúde e bem-estar.

Todo esse processo de mudança é sustentado por seis grandes pilares de saúde. Os pilares perpassam pela adoção de uma dieta com alimentos inteiros, não processados e, preferencialmente, vegetais; a realização de atividade física regular; o manejo de estresse; a manutenção de bons relacionamentos; melhora do sono; e a redução do uso de substâncias tóxicas, como cigarro e álcool.

Todos esses pilares afetam consistentemente o que chamamos de epigenética, que, de maneira simplificada, significa que afeta o modo como expressamos os nossos genes. Isso corrobora a teoria que nossa genética não é nosso destino final. Pelo contrário, somos produtos constantes das nossas escolhas diárias, e nunca é tarde para fazer melhores escolhas de saúde.

O futuro começa com as escolhas do presente

As crises, portanto o adoecimento, podem ser vistos como imensas oportunidades de mudança e crescimento. O caminho do autocuidado é desafiador, mas imensamente gratificante. Lembro da minha primeira paciente atendida com foco na mudança de estilo de vida. Médica assim como eu, 30 anos e já hipertensa. O pedido da consulta era um pedido de ajuda, de acolhimento e um chamado por mudança.

Durante a nossa jornada, descobrimos as dificuldades, desafios e muitas oportunidades de melhorias. As mudanças foram muitas e respeitaram as escolhas e o tempo da paciente. A dieta passou a ser à base de vegetais, os exercícios diários, criamos áreas de tempo livre – as zonas verdes – melhorias da higiene do sono e aumento do tempo para namorar. Mudanças simples? Impactos transformadores. No final do processo, a alegria do bem-estar, da redução do peso. E, sim, aquela jovem hipertensa, conseguiu retirar o medicamento para a hipertensão arterial e reduziu um número imenso de remédios para dor e rinite alérgica que eram usados diariamente.

Sem rotina milagrosa, mas com disciplina, amor, escuta e reforço do autocuidado, assim resumo a medicina que vejo florescer. Afinal o exercício do cuidado é partilhado.

Provavelmente ela não conseguiria sem a assistência dada, mas, com certeza, nada teria sido feito sem o comprometimento daquela jovem médica com sua saúde.

Para mim, esse se torna o maior e melhor desafio desses novos tempos: o convite para que o processo de cura e de saúde seja partilhado entre o cuidador e o que recebe o cuidado. Uma parceria que privilegia o simples e nada é mais simples do que a busca por uma vida com significado. E que essa busca comece com a escolha diária e intransferível de como viver o momento presente, e, assim, escolher o nosso futuro. Assim faço um convite para sairmos da ilha que habitamos e vermos além e, quem sabe, também sermos além.

Referências

AMERICAN College of Lifestyle Medicine. *What is Lifestyle Medicine*. Disponível em: <https://www.lifestylemedicine.org/ACLM/About/What_is_Lifestyle_Medicine/ACLM/About/What_is_Lifestyle_Medicine_/ Lifestyle_Medicine.aspx?hkey=26f3eb6b-8294-4a63-83de-35d429c3bb88>. Acesso em: 20 out. de 2021.

CBMEV (Colegio Brasileiro de Medicina do Estilo de Vida). *Medicina do estilo de vida*. Disponível em: <https://cbmev.org.br>. Acesso em: 02 jun. de 2021.

FORD, E. S.; BERGMANN, M. M.; KRÖGER, J. et al. Healthy living is the best revenge: findings from the European Prospective Investigation Into Cancer and Nutrition-Potsdam study. *Arch Intern Med*. 2009 Aug 10;169(15):1355-62.

KUSHNER, R. F.; SORENSEN, K. W. Lifestyle medicine: the future of chronic disease management. *Curr Opin Endocrinol Diabetes Obes*.;20(5):389-95. 2013.

LIANOV, L.; JOHNSON, M. Physician Competencies for Prescribing Lifestyle Medicine. *JAMA*, 304(2), 202. 2010.

LIMA, P.T. et al. *Bases da Medicina Integrativa*. (Série Manuais de Especialização). Barueri, SP. Manole, 2015.

PASSARINO, G.; DE RANGO, F.; MONTESANTO, A. Human longevity: Genetics or Lifestyle? It takes two to tango. *Immun Ageing*. 13, 12 (2016).

RIPPE, J. Lifestyle Medicine: The Health Promoting Power of Daily Habits and Practices. *Am J Lifestyle Med*; 12(6): 499–512. 2018.

SARAMAGO, J. *O conto da ilha desconhecida*. São Paulo: Companhia das Letras,1998.

SERAFIM, A. P.; DURÃES, R. S. S.; ROCCA, C. C. A.; GONÇALVES, P. D.; SAFFI, F.; CAPPELLOZZA, A. et al. Exploratory study on the psychological impact of COVID-19 on the general Brazilian population. *PLoS ONE* 16(2): e0245868. 2021.

SIERPINA, V. S.; DALEN, J. E. The future of integrative medicine. *Am J Med* ;126(8):661-2.2013.

SILVA, M.; SCHRAIBER, L.; MOTA, A. O conceito de saúde na Saúde Coletiva: contribuições a partir da crítica social e histórica da produção científica. *Physis: Revista de Saúde Coletiva*. Rio de Janeiro, v. 29(1), e290102. 2019.

WHO (World Health Organization). *Health promotion and disease prevention through population-based interventions, including action to address social determinants and health inequity*. Disponível em: <http://www.emro.who.int/about-who/public-health-functions/health-promotion-disease-prevention.html>. Acesso em: 20 out. de 2021.

WHO (World Health Organization). *Mental health*. Disponível em: <https://www.who.int/health-topics/mental-health#tab=tab_3>. Acesso em: 30 maio de 2021.

WHO (World Health Organization). *The top 10 causes of death*. Disponível em: <https://www.who.int/news-room/fact-sheets/detail/the-top-10-causes-of-death.>. Acesso em: 25 maio de 2021.

15

MEDICINA, ONCOLOGIA, CIRURGIA ROBÓTICA E ESPIRITUALIDADE

Durante a carreira de médico, somos expostos a diversas situações que, por repetidas vezes, nos trazem à dura realidade da finitude da matéria, sempre nos mostrando o quão fugaz e passageiro é o sopro da vida e nossa existência aqui na Terra. É uma verdadeira viagem com partida, conexões pelo caminho e destino, cabendo-nos apreciar a paisagem e a trajetória da forma mais feliz e sábia que pudermos, valorizando cada momento e, principalmente, as relações humanas e espirituais que pudermos fazer pelo caminho.

IGOR NUNES SILVA

Igor Nunes Silva

Dr. Igor Nunes é urologista, CRM 165.404, formado pela Faculdade de Medicina da Universidade Regional de Blumenau (FURB), especializado em Cirurgia Geral e Urologia pelo Hospital Naval Marcílio Dias (HNMD) e Membro Titular da Sociedade Brasileira de Urologia (SBU). Realizou estágios de aprimoramento em Uro-Oncologia, Laparoscopia Avançada e Crioterapia para tratamento do câncer de próstata no Denver Health Medical Center pela Universidade do Colorado nos EUA. Na sequência, fez *Fellowship* em Laparoscopia Urológica Avançada e Mestrado em Uro-Oncologia pela Faculdade de Medicina do ABC (FMABC), em São Paulo, onde se especializou no tratamento dos tumores de próstata, rim, bexiga e do trato geniturinário por meio da aplicação das técnicas de Cirurgia Minimamente Invasiva. Em Paris, fez *Fellowship* em Cirurgia Robótica e Terapia Focal (HIFU e Crioterapia) aplicadas no tratamento do câncer de próstata no L'Institut Mutualiste Montsouris (IMM) pela Université Paris-Descartes na França. No Brasil, é pioneiro na realização da moderna técnica europeia Retzius-Sparing para tratamento do câncer de próstata utilizando cirurgia robótica. Com passagens pelos mais renomados Cancer Centers dos EUA e Europa, atualmente é professor-assistente do Departamento de Urologia na Divisão de Cirurgia Minimamente Invasiva do Instituto do Câncer Arnaldo Vieira de Carvalho (IAVC) e urologista do Corpo Clínico do Hospital Israelita Albert Einstein (HIAE) em São Paulo.

Contato
@ dr.igornunes.uro
https://incancercenter.com.br/

Nasci em Aracaju, no estado de Sergipe, e vivi no nordeste brasileiro com minha família até os meus 18 anos. Levava uma vida pacata, sempre dedicada aos estudos e ao convívio com família e amigos. Aos 19 anos cruzei literalmente o Brasil. Ingressei na Faculdade de Medicina da Universidade Regional de Blumenau, em Santa Catarina, e ali começava um novo capítulo que mudaria por completo minha vida e a visão dela, traçando assim os rumos futuros da minha história pessoal, profissional e espiritual. Naquele momento era jovem, ainda sem perdas familiares e dando os primeiros passos universitários na medicina. Como qualquer jovem, a inexperiência existencial trazia muitos porquês, alguns dos quais viriam a ser respondidos em um futuro próximo, enquanto outros perdurariam sem respostas até hoje.

O primeiro choque com essa realidade existencial veio no primeiro dia de aula na faculdade. A coordenação do curso de medicina havia programado como aula inaugural uma missa em homenagem e respeito aos corpos dos cadáveres indigentes que eram doados ao laboratório de anatomia para estudo como peças de dissecção de anatomia humana. A missa foi organizada dentro do anatômico, o assim conhecido laboratório de anatomia. Esse seria para muitos de nós o primeiro contato com a morte, ou melhor, talvez com a vida de fato. Recordo como se fosse hoje, a ansiedade de cada um dos 23 jovens acadêmicos de medicina ali presentes pairava no ar como uma névoa densa de inverno ao amanhecer enquanto esperávamos do lado de fora a porta do anatômico ser aberta. A ansiedade aumentava mais e mais a cada minuto e mal sabíamos que o que presenciaríamos ali naquele momento mudaria nossas vidas e a visão delas por completo e nos renovaria enquanto seres humanos.

Após aproximadamente 30 minutos de espera, a porta metálica do anatômico se abriu, o padre nos recebeu e fomos convidados um a um para entrar. Os bancos e as mesas de dissecção anatômica de cadáveres foram usados como apoio para alunos e professores presentes rezarem durante a missa. Em cada mesa havia um corpo coberto com um lençol branco fino, através do qual podíamos visualizar as silhuetas, formas e contornos daquele cadáver que um dia teve uma vida, uma família e uma história. Assim que a porta do anatômico foi fechada, um cheiro impregnante e ardente rapidamente tomou conta da sala, invadindo nossos olhos e narinas de forma profunda, quase uma verdadeira invasão da alma de cada um.

Naquele ambiente, o formol utilizado na conservação dos corpos representava a fragrância da vida, carreava o cheio da matéria, enquanto o ardor intenso nos olhos e nas narinas nos trazia a todo momento lembranças da alma que um dia habitou cada um daqueles corpos estendidos nas mesas.

Ao fundo da sala estavam os tanques. Revestidos de azulejo branco, repletos de formol e equipados com sistemas de engrenagem para elevação e descida dos corpos que ali repousavam imersos um sobre o outro, esperando apenas a próxima aula de anatomia começar. Mais adiante, ao cruzar um corredor mais estreito em direção ao fundo, outra sala se abria. Nesta, diversas prateleiras catalogavam recipientes de vidro transparentes contendo partes de corpos, órgãos, embriões e fetos humanos nas mais diferentes fases do desenvolvimento. Esqueletos de corpo inteiro e peças ósseas diversas eram expostos mais ao fundo. Toda essa experiência sensorial, visual, olfativa e espiritual aconteceu em menos de cinco minutos.

A missa então começou. Sentados ao redor das mesas de dissecção, na presença dos corpos e de tudo mais que havia sido experienciado naqueles primeiros cinco minutos, fomos levados a uma reflexão profunda sobre a vida. Simultaneamente, as palavras do padre entravam em nossa mente formando um pano de fundo para os pensamentos em um processo quase espontâneo de meditação. A bênção do sopro da vida nos dada por Deus, bem como o respeito ao corpo físico e espírito foram exaltados, enquanto o entendimento da dualidade da existência humana na Terra e a certeza da morte física ali se consolidou em nossas mentes. A porta metálica que se abriu para a entrada no anatômico representou muito mais do que apenas uma divisão entre espaços físicos, significou na verdade uma divisão temporal profunda e marcante na vida de cada um de nós. Após cruzar aquela porta, foi simplesmente impossível sair do mesmo modo que entramos, e a missa a partir dali se tornou uma missão.

Ao longo da faculdade, já em uma fase mais avançada no curso de medicina, acompanhava o grupo de neurologia clínica do hospital universitário em que fazia internato. Assim que iniciei o estágio, fomos passar a visita diária a um dos 25 pacientes neurológicos que estavam internados naquele momento. A história de um paciente específico, cuja internação hospitalar completava dois anos naquela semana, chamou muito minha atenção. Ele havia sofrido um traumatismo craniano grave durante um acidente automobilístico, o que causou uma grave lesão sequelar em seu sistema nervoso central, fazendo-o perder completamente a cognição, a consciência e os movimentos voluntários do corpo. Ele mantinha somente as funções básicas do tronco encefálico responsáveis pela manutenção das funções autonômicas vitais do corpo, como respiração e batimentos cardíacos, por exemplo. Levava uma vida completamente vegetativa, sem nenhuma interação com o meio externo. Senti ali uma alma aprisionada em um corpo vivo, mas sem poder se expressar, falar ou interagir com a realidade exterior. Esse paciente me levantou diversas questões existenciais e me trouxe a clara sensação da impotência humana, mostrando-me que não estamos no controle de tudo na vida e que a não aceitação de determinadas condições impostas muitas vezes não é uma opção.

Após terminar a faculdade de medicina, escolhi me dedicar e me especializar na área cirúrgica. Desse modo, mudei para a cidade do Rio de Janeiro, onde iniciei o meu ciclo de especialização de cinco anos em cirurgia geral e urologia no Hospital Naval Marcílio Dias. Nessa época, passei a trabalhar como cirurgião geral plantonista em um hospital de trauma conhecido como "Saracuruna", referência em cirurgia geral e do trauma no estado do Rio de Janeiro, localizado na baixada fluminense. A minha equipe era a responsável pelo plantão semanal do sábado 24 horas. Essa região em que ficava localizado o Hospital de Saracuruna era popularmente conhecida no Rio de Janeiro como "Faixa de Gaza", refletindo a grande periculosidade do local que era dominado pelo tráfico de drogas, pelo banditismo e pela violência decorrente dessa condição periclitante. Costumava ser um plantão extremamente agitado. Com muita frequência começávamos a operar pela manhã e, muitas vezes, mal conseguíamos sair do centro cirúrgico, operando, sequencialmente, um paciente atrás do outro. Quando os plantonistas do domingo chegavam no hospital pela manhã, às 7h, muito frequentemente fazíamos a troca da equipe cirúrgica de plantonistas dentro do campo operatório, eles assumiam a cirurgia que estava transcorrendo desde a madrugada e, assim, voltávamos exaustos física e espiritualmente para casa. Nesse contexto, a lista de casos cirúrgicos era extensa e variava entre agressões domésticas, brigas de rua, perseguição polícia-bandido ou acidentes automobilísticos, que culminavam em facadas nas mais distintas regiões do corpo, ferimentos por arma de fogo dos mais diversos tipos (revólver, pistola, fuzil munição 565 ou 762, metralhadoras, granadas), gerando lesões corporais das mais graves possíveis e desafiadoras para qualquer time de cirurgiões do trauma, muitas delas inevitavelmente incorrigíveis, dada a sua gravidade.

Em determinado sábado de plantão, já por volta das 2 horas da manhã, um grupo de traficantes decidiu assaltar o pedágio da subida da serra de Petrópolis. Enquanto parte dos traficantes roubava o caixa do pedágio, outros faziam o "arrastão", roubando os carros que ali estavam parados na fila do pedágio logo atrás deles. Nesse momento, um dos carros parados na fila, ao perceber o movimento da cena, decidiu dar ré e tentar fugir. Quando os traficantes perceberam a tentativa de fuga, dispararam contra o carro em fuga, alvejando o tórax do motorista. Esse paciente foi trazido ao hospital com um ferimento transfixante de tórax. O projétil entrou no ventrículo direito do coração, cruzou o coração lado a lado, saindo pelo ventrículo esquerdo e se alojando na pele subcutânea do lado esquerdo do tórax. Recebemos esse paciente em estado gravíssimo chocado, abrimos o tórax e realizamos um controle da lesão ventricular cardíaca com sutura em bolsa sobre uma sonda de *foley* para bloquear emergencialmente o sangramento, porém o paciente evoluiu com uma parada cardíaca refratária durante o ato operatório e, em seguida, evoluiu a óbito em nossas mãos. Esse caso foi marcante, porque estava segurando o coração do paciente literalmente nas minhas mãos, e a sensação que tive naquele momento foi como se sentisse a alma dele escorregando entre meus dedos e partindo daquele corpo físico já sem vida para outro plano. Mesmo que ocorrido em razão da gravidade daquelas lesões, nunca me acostumei à perda de paciente durante o ato operatório. Afastei-me então do campo operatório e, exausto, sentei-me no chão da sala por alguns minutos. Olhando aquela cena da mesa cirúrgica ainda com o paciente deitado sobre ela, tive a pura sensação de fragilidade da matéria. Senti que a hora de partir daquele homem estava marcada, independentemente do esforço que nós, cirurgiões, fizéssemos para "segurar" ou tentar impedir aquela ida. Havia chegado a hora.

Já urologista, decidi mudar para São Paulo (capital) para me subespecializar dentro da urologia. Gostava muito da área oncológica e a cirurgia oncológica sempre me fascinou pela possibilidade de levar a cura às pessoas pelas minhas mãos, utilizando-me das técnicas operatórias. Considero uma bênção a oportunidade de poder oferecer a cura pelas mãos utilizando a arte da cirurgia. Isso gera uma ligação espiritual muito forte com cada paciente que trato, especialmente com os pacientes oncológicos. No entanto, sentia que o diagnóstico, a notícia do câncer, já era agressivo demais ao paciente e tive a percepção de que o tratamento aplicado não poderia ser tão ou mais agressivo do que o próprio diagnóstico da doença. Nesse sentido, decidi me dedicar ao desenvolvimento das técnicas de cirurgia minimamente invasiva aplicadas no tratamento dos cânceres urológicos.

Ainda no Brasil, especializei-me em Laparoscopia Avançada, Uro-Oncologia e me tornei professor assistente do Instituto do Câncer Arnaldo Vieira de Carvalho, em São Paulo, desenvolvendo e oferecendo o tratamento cirúrgico minimamente invasivo também aos pacientes do SUS, onde atuo até os dias de hoje. No Instituto do Câncer, tive a oportunidade de tratar centenas de pacientes por meio de técnicas minimamente invasivas. Nunca deixei de trabalhar no SUS em nenhuma fase da minha vida. Penso que todo conhecimento, nas mais diversas áreas da ciência, deva ser concretizado em prol do bem do homem, e não ficar somente disponível para os mais afortunados.

Logo após, já em Paris, na França, me especializei em Cirurgia Robótica e Terapia Focal (HIFU) pela Université Paris-Descartes, onde tive a oportunidade de operar lado a lado com os maiores ícones da urologia mundial, uma experiência extremamente enriquecedora. Ao retornar ao Brasil, me reestabeleci em São Paulo (capital), onde continuei a desenvolver a aplicação das técnicas de cirurgia minimamente invasiva, sendo pioneiro no desenvolvimento da técnica de cirurgia robótica Retzius-Sparing no tratamento do câncer de próstata no Brasil. Essa técnica europeia vem revolucionado a cirurgia robótica da próstata, oferecendo altíssimas taxas de continência precoce aos pacientes comparada à abordagem robótica convencional, beneficiando inúmeros pacientes com a preservação da qualidade de vida.

Em toda a minha trajetória como médico, cada fase experienciada e cada momento vivido sempre deixaram muito claro o quão importante e presente é a ligação da espiritualidade com a medicina. A abordagem dos pacientes, especialmente os oncológicos, requer mais do que apenas tratar: exige, além do cuidado físico, também o cuidado mental e o espiritual. O paciente oncológico é extremamente sensível, a notícia da doença já é debilitante por si só, tanto no aspecto físico quanto no emocional. Penso que a integração entre a medicina e a espiritualidade é essencial, especialmente no contexto oncológico. Nesse sentido, a aplicação das diversas técnicas da medicina integrativa é uma ferramenta fundamental no suporte multidisciplinar desses pacientes, suavizando, assim, a passagem de cada um deles por esse momento dificílimo e de provação física e espiritual que é o câncer.

16

SOUND HEALING
A MEDICINA DO SOM

Este capítulo traz aos leitores uma visão abrangente das qualidades físicas e terapêuticas do som, da vibração, da importância do silêncio, dos instrumentos e das técnicas mais utilizadas na Terapia do som (*Sound Healing*), bem como os avanços nas pesquisas científicas desse método terapêutico e como ele pode ser indicado para a promoção do autocuidado e do bem-estar.

INGRIT ROJAS

Ingrit Rojas

Pesquisadora Soundfulness® Education

Dra. Ingrit Johana Rojas Medina é médica com foco na prática integrativa, segura, efetiva e cientificamente comprovada, priorizando uma relação médico-paciente baseada na escuta sensível, confiança e altruísmo.

Traz as terapias integrativas em seus atendimentos e a técnica sonora terapêutica complementar não invasiva, *Sound Healing*, para promover o bem-estar físico, mental e espiritual.

Graduada pela Faculdade de Medicina da Fundação Universitária Juan N. Corpas (FUJNC), na Colômbia, com estudos em Medicina de Urgência pela Universidade de Valparaiso, pós-graduada em Bases de Saúde Integrativa e Bem-Estar pelo Hospital Israelita Albert Einstein (HIAE), além de formações em *Mindfulness* e Autocompaixão, *Sound Healing* "Massagem de Som e Ritual de Som" pelo Soundfulness® Education. Estudos em Terapia Ayurvédica, instrutora de Yoga RYS certificada pela Yoga Alliance, formada pelo Rishikul Yogashala (RYSH), na Índia, especializada em Yoga Terapêutico pela Premananda Yoga School e Yoga Restaurativo pelo Método Miila Dezert.

Contatos
www.draingritrojas.com
ingritrojas@gmail.com
LinkedIn: Ingrit Rojas Medina
Instagram: Ingrit.Rojas
+14 057 199 050

Em o 2019, após 23 anos de formação acadêmica e mais de 10 anos trabalhando como médica, chegou o dia em que levar aquele avental médico não era mais prazeroso. Estava esgotada profissionalmente, observando e atuando no modo automático em um sistema de saúde que só trata a doença. O paciente ficava esquecido no meio de curtos tempos de atenção, déficit de recursos humanos e materiais, o que também impactou com o passar do tempo na minha saúde e bem-estar. A vida, na sua sabedoria infinita, me colocou diante de uma transferência profissional de meu esposo ao Brasil, levando-me a tomar uma das decisões mais importantes da minha vida e a reinventar-me como pessoa e profissional.

Viajei e passei alguns meses no Rishikesh, na Índia, onde fiz a formação de Yoga e Ayurveda, procurando conhecer e entender ciências muito antigas de prevenção, tratamento e cura para meus pacientes, mas que estavam sendo feitas em mim mesma. Descobri como nossa respiração é mais que um ato fisiológico e como nosso corpo, mente e espírito não estão fragmentados da maneira que mostravam os livros acadêmicos ocidentais. Somos seres integrais e conectados com tudo o que existe no universo. Durante minha estadia no Mac Leod Ganj, no Dharamshala, onde se encontra o templo do Dalai Lama, na Índia, encontrei um espaço de terapia de *Sound Healing*. Curiosa, recebi deitada durante uma hora toques sutis de taças tibetanas, algumas em meu corpo, outras ao meu redor. Foi ali que senti uma direta intimidade com o som, experimentando, à medida que minha mente silenciava, um estado de entrega, confiança, gratidão e amor que não conhecia. Voltei ao Brasil com esse despertar da consciência e descobrimento de ciências nas quais terapeutas e curadores caminham na busca da harmonia e do equilíbrio do homem integral, somado àquela ressonância daquilo com o que você vibra e nutre e, assim, comecei minha trilha na Medicina do Som.

O som

O som, os instrumentos e a música são tão antigos quanto a humanidade e sempre foram usados para promover a cura e a transformação da consciência. Tanto o som como a música fazem parte de nossa evolução, sendo usados para conectar-se com a Mãe Terra em rituais de cerimônias para conexão com o divino e como um poderoso meio de cura para estimular os equilíbrios físico, mental e emocional. Pitágoras, filósofo e matemático grego, foi a primeira pessoa que adotou um enfoque organizado para utilizar o som e a música como técnica curativa física e emocional de maneira adequada. O Dr. Mitchell Gaynor, oncologista integrativo, pesquisou o poder do som e a vibração das tigelas tibetanas com pacientes oncológicos. David Gibson, Jonathan Goldman e outros vêm estudando com muita seriedade os efeitos terapêuticos do som e da vibração.

Sound healing

O *Sound Healing* (Terapia do Som) inicia nos anos 1940, quando o exército norte-americano começa a incorporar a música aos programas de reabilitação dos militares depois da Segunda Guerra Mundial. Na década de 1970, começa a ter mais abordagem científica depois das observações e estudos que a norte-americana Sharry Edwards realizou sobre a interação do som com o sistema nervoso; ali nasceram as primeiras associações dos terapeutas do som (*Sound Healers*) no Reino Unido e nos Estados Unidos. No Brasil, encontram-se vários representantes do *Sound Healing*, como Pierre Stocker, músico francês com 15 anos de experiência, com quem me formei em Massagem de Som e Ritual de Som no *Soundfulness® Education*; Luís Pontez, especialista em instrumentos de cristal, do Som de Cristal, entre outros profissionais nesta area.

O *Sound Healing* é uma técnica sonora terapêutica complementar não invasiva, baseada nos conceitos da ressonância, frequências, harmônicos e a vibração do som. Utiliza instrumentos musicais, tonais, rítmicos, vocais, primitivos, antigos e tecnológicos com o objetivo de reforçar a harmonia corpo-mente e os pilares do autocuidado, a fim de promover o bem-estar físico, mental e espiritual. Com base na visão do ser humano como camadas de frequências e sistemas de ressonância, todos os elementos que compõem o universo, nosso corpo, nossos órgãos e nossas células estão em constante vibração. Quando essa vibração se torna dissonante em razão de diferentes fatores internos e externos (epigenética) que não produzem a ressonância correta, dão como resultado o desequilíbrio e a doença no indivíduo.

O som é uma onda do tipo mecânica, pois precisa de um meio para propagar-se, e tridimensional, já que pode ser percebida em todas as direções. A forma de propagação dessa onda terá uma direção de propagação paralela à vibração que a gerou (longitudinal). Dentro do espectro sonoro, o ouvido humano, que se compõe de três partes (ouvido externo, meio e interno), pode perceber sons apenas dentro de um intervalo de frequências, que vai de, no mínimo, 20 Hz (infrassons) até o máximo de 20.000 Hz (ultrassons). Estes últimos são muito usados na medicina como método diagnóstico e terapêutico.

O artigo *Music Changes Links in the Brain*, do Times (2002), cita: "Pesquisadores descobriram que a música ativa muitas partes do cérebro, mas apenas uma área em comum rastreava e processava as melodias. Essa região do cérebro é chamada de córtex pré-frontal face medial, que se liga à memória de curto prazo, memória de longo prazo e emoções, e é diferente das áreas envolvidas em processamento de som". O som é capaz de puxar memórias carregadas de emoção, e também seria o responsável pelo fortalecimento do córtex, além de outras práticas mente-corpo, como o Yoga e o *Mindfulness*.

O *Sound Healing* trabalha muitas áreas do paciente, incluindo o desenvolvimento emocional e social, o funcionamento cognitivo e motor, as saúdes física e psicológica e a espiritualidade. O objetivo principal é trabalhar com as ondas cerebrais "delta" e "Theta", facilitando a ativação da resposta do relaxamento. Durante uma sessão de terapia do som, muitas pessoas experimentam "sensações flutuantes, redução da ansiedade e da tensão muscular e relaxamento, permitindo que nosso sistema homeostático se reequilibre".

Pesquisas vêm demonstrando a influência positiva do *Sound Healing* no sistema nervoso autônomo no sistema imunológico, entre outros. É coadjuvante no tratamento de doenças como autismo, depressão, dificuldades de aprendizagem, transtorno de ansiedade, estresse, PTSD (Síndrome do Transtorno Pós-traumático), redução da dor e câncer. Além de trazer clareza e equilíbrio, relaxamento, melhoria da memória, da concentração, da criatividade e do sono, ajuda nos processos de autoconhecimento, conecta com a paz e silêncio interiores, permitindo-nos trabalhar com atenção plena em nosso próprio ser e em tudo aquilo que nos rodeia.

Instrumentos

No *Sound Healing*, são usados distintos instrumentos musicais, como tigelas de metal ou de cristal, *feng ong* (instrumento chinês), monocórdios, *didgeridoo* (madeira ou cristal), diapasão (metal ou cristal), arpas (madeira ou cristal), marimba, flauta nativa, flauta zamponha, tambor oceânico, tambor Lakota, Koshi, Kalimba simples ou Sansula, Tambura ou cítara indiana, *Hand Drum/Hand Pan*, entre outros, a voz e ferramentas tecnológicas, como as Ondas Bineurais.

Metodologia

O paciente passa por uma entrevista de avaliação geral, realiza-se o reconhecimento da história clínica, exame físico, uma impressão diagnóstica e se pautará um modelo de tratamento com diferentes instrumentos. Geralmente, nos atendimentos, realizo um protocolo de Massagem de Som do *Soundfulness® Education* com tigelas tibetanas, feng gong, tambor oceânico, kalimba sansula, koshi, flauta nativa, flauta zamponha. A sessão tem duração de 60 minutos, dos quais 40 ocorrem em uma postura deitada, confortável, com materiais de apoio, pelo menos uma vez pela semana. Pode ser usado em todas as pessoas que tenham interesse e que sejam avaliadas por um profissional certificado, respeitando algumas situações clínicas especiais.

Um estudo de 2017 da Universidade da Califórnia explorando os efeitos da cura pelo som concluiu que os sentimentos de tensão, raiva, fadiga e depressão foram significativamente reduzidos em apenas uma sessão.

Uma revisão sistemática realizada pela faculdade de ciências biológicas da Universidade Adelaide, na Austrália, em 2020, sobre os Efeitos das Tigelas Tibetanas de Metal em pacientes oncológicos, demonstrou melhoria na angústia, tensão, raiva, redução da dor, diminuição nos níveis de pressão arterial, frequência cardíaca e respiratória, recomendando seu uso.

Conclusão

A terapia do som (*Sound Healing*) vem se tornando uma tendência crescente como ferramenta terapêutica preventiva e como complemento aos tratamentos mais tradicionais. Com benefícios tanto para a mente quanto para o corpo, posiciona-se como um recurso indispensável no autocuidado, no bem-estar e no tratamento de doenças.

Atualmente, participo na *Soundfulness® Education* (http://www.soundfulness.com.br), plataforma de ensino contínuo, pioneiros em pesquisa, com diferentes profissionais de saúde, músicos e Terapeutas do Som (*Sound Healers*). Pesquisamos sobre a capacidade terapêutica e o impacto positivo que a Terapia do Som traz para a vida das pessoas. Além disso, temos como projeto que o *Sound Healing* seja reconhecido como uma Terapia Integrativa na Política Nacional de Práticas Integrativas no Brasil.

Convido os leitores a procurar um lugar tranquilo, confortável e cômodo sem distrações, onde consiga sentar-se ou deitar, cuidando para que sua postura seja confortável. Tenha à mão fones de ouvido, caderno e caneta para fazer suas anotações depois de realizar a seguinte meditação sonora. Acesse o QR Code.

Referências

GAYNOR, M. D. *The Healing Power of Sound: Recovery from Life-Threatening Illness Using Sound, Voice and Music*. Shambala, 2013.

GOLDMAN, J. *Healing Sounds: The Power of Harmonics*. Healing Arts Press 2002.

GOLDSBY, T. L.; GOLDSBY, M. E.; MC WALTERS, M.; MILLS, P. J. Effects of Singing Bowl Sound Meditation on Mood, Tension, and Well-being: An observational study. *Journal of evidence Based Complementary & Alternative Medicine*. 2017, Vol. 22.

GONZALEZ, M.; MACHIMBARRENA, M. *Fisiología del oído externo*. En "El oído externo". GIL-CARCEDO, L. M.; VALLEJO, L. A. (eds). Ed. Ergon, 2001.

MOYER, S. *Sound Healing for Health and Well-Being*. 2013. p.5-8.

STANHPE, J.; WEINSTEIN, P. *Os efeitos para a saúde humana das tigelas de canto: uma revisão sistemática*. Faculdade de Ciências Biológicas. Universidade de Adelaide, Adelaide, Austrália do Sul, Austrália. Elsevier, 2020.

VILLAR, D.; ZHENG, L. *Medicina do som, musicamento para a alma.* Editorial Oberon, 2020. p.633.

YUGAY, I. *Everything you need to know about Sound Healing.* Disponível em: <https://blog.mindvalley.com/sound-healing/>. Acesso em: 01 nov. de 2021.

17

A SAÚDE PELA ORELHA

Este capítulo tem o intuito de definir o que é a Auriculoterapia, mostrar como ela foi desenvolvida por meio das pesquisas do Dr. Paul Nogier a partir da década de 1950 e como continua evoluindo até os dias de hoje. Sua execução correta depende dos três pilares que a compõem: detecção de pontos, sinal vascular e frequências de Nogier.

LARISSA A. BACHIR POLLONI

Larissa A. Bachir Polloni

Fisioterapeuta graduada pela Universidade Metodista de Piracicaba (Unimep). *CREFITO*-3 29.104-F. Especialista em Neuropediatria e Acupuntura aprimorada em Fisioterapia Respiratória Pediátrica pelo Instituto da Criança da USP (ICrHCFMUSP), título de *Master* Iberoamericano em Acupuntura Bioenergética e Moxabustão pela Universidade de Yunnan-China. Formada em outras práticas integrativas, como a Terapia Craniossacral e a Microfisioterapia. Foi professora de pós-graduação de acupuntura por mais de 17 anos. Em 2014, fez sua primeira viagem à Lyon (França) para levar um grupo de profissionais graduados na área da saúde a um primeiro nível da formação em Auriculoterapia Francesa, ocasião em que foi convidada a ser a representante exclusiva, na língua portuguesa, do Dr. Raphaël Nogier, nascendo assim a "Escola Raphaël Nogier de Auriculoterapia Clínica" no Brasil, da qual é diretora, com a missão difundir a verdadeira auriculoterapia, esclarecendo sua origem e fundamentos de execução.

Contatos:
www.escolanogier.com.br
contato@escolanogier.com.br
Instagram: @escolaraphael_nogier
Facebook: https://www.facebook.com/EscolaRaphaelNogier
YouTube: Escola Raphaël Nogierde Auriculo terapia Clínica
Telegram: https://t.me/escolanogier

Verdade seja dita... afinal, o que é a Auriculoterapia?

O fato de a Auriculoterapia utilizar agulhas talvez seja o principal motivo de ela ter sido agregada à Medicina Chinesa. Sim, a Auriculoterapia não é derivada dessa medicina, como a maioria das pessoas pensa.

Ela nasceu em 1951, criada por um médico lionês, o Dr. Paul Nogier, que por sua vez é pai do Dr. Raphaël Nogier, a quem eu represento. O termo *"Auriculoterapia"* foi cunhado então por ele nos anos 1950, unindo duas palavras de origens diferentes: *Auricula,* do espanhol, e *Therapeuien,* do grego. Vemos então que esse termo é, ao mesmo tempo, histórico e definitivamente ligado ao seu criador.

Dr. Paul Nogier era um médico vanguardista que tinha uma visão diferente da medicina, afinal, antes de fazer medicina ele havia concluído a faculdade de engenharia. Por conta disto, ele buscava as suas já velhas conhecidas variáveis da física nas funções orgânicas, pois ele sabia que o corpo humano também estava sujeito a elas.

Foi por isto que, ao se formar médico, ele se interessou primeiramente pela Homeopatia, depois pela Acupuntura, estudando-a de forma autodidata, assim como estudou também as manipulações vertebrais.

Por conta dessa sua busca, logo após um certo tempo de atuação clínica, ele começou a convidar outros colegas médicos para discutir com ele novas, mas não tão tradicionais, possibilidades terapêuticas. Foi assim que ele fundou o Groupe Lyonnais d'Études Médicales (GLEM), do qual seu filho é presidente atualmente e que se tornou a fonte primária de desenvolvimento e atualizações da Auriculoterapia.

Foi com este espírito de pesquisador, de busca incessante de novas respostas para velhas perguntas, que ele recebeu em seu consultório, em 1951, dois pacientes diferentes com alguma queixa banal, mas com uma coisa em comum: uma pequena queimadura em uma orelha. Ao serem questionados sobre a queimadura, eles responderam da mesma maneira, dizendo que esta tinha sido feita por uma curandeira de Marselha para curar uma dor ciática. "E curou?" pergunta o Dr. Nogier: "Sim! Eu já tinha feito de tudo, mas foi assim que me curei", ambos os pacientes responderam. Esse fato intrigou muito a sua mente curiosa.

Foi assim que surgiu a primeira necessidade de pesquisa do Dr. Paul Nogier, afinal, como aquilo poderia ser possível? Sendo médico, ele sabia que não existia nenhuma razão fisiológica que justificasse a orelha ter uma ligação com o nervo ciático. Mesmo pela visão da medicina chinesa, ele também sabia que não existe nenhum meridiano na orelha muito menos um que conecte a orelha e a região lombar. Então será que este seria um ponto geral de tratamento de dor?

Essa última pergunta gerou cinco anos de testes diários em pacientes para ele perceber que não se tratava de um ponto geral de dor, mas que ele estava diante de algo muito maior do que isto, a *Somatotopia Auricular*.

Ele concluiu o seu primeiro esboço da Cartografia da Orelha no ano de 1956 e foi convencido a apresentar essa descoberta em um Seminário de Acupuntura que aconteceria em Marselha. Essa parte da história é muito importante, pois foi assim que Auriculoterapia chegou na China.

Nesse seminário, estava presente o Dr. Gerard Bachmann, médico alemão proprietário de um jornal de Acupuntura que era impresso em alemão e em chinês, tendo uma tiragem em Shangai. O Dr. Bachmann ficou impressionado com a apresentação do Dr. Nogier, pedindo sua autorização para publicar e traduzir esse artigo. Foi assim que, aproximadamente em 1958, a China se deparou pela primeira vez com um tratamento com agulhas somente na orelha.

Então, se analisarmos, historicamente as raízes da Auriculoterapia estão em Hipócrates, que quatro séculos antes de Cristo recomendava a cauterização para tratar certas patologias, e não na medicina chinesa, como muitos pensam.

A importância da diferenciação entre o pensamento ocidental e o oriental

O raciocínio clínico da Auriculoterapia é muito diferente do pensamento da "Acupuntura Auricular" nos conceitos da medicina chinesa. Isto é muito bem reconhecido até mesmo pela OMS e pelos grandes *experts* chineses, mas ainda traz assombro para muitos profissionais.

Essa diferenciação é extremamente importante, afinal, cada passo de um tratamento deve ser justificado pelo pensamento médico que o sustenta, e a Auriculoterapia é sustentada pela neurofisiologia, pela anatomia moderna, ou seja, pela Ciências Médicas Ocidentais. Já a sua adaptação chinesa está sustentada em conceitos da Medicina Tradicional Chinesa, e alguns desses conceitos, de certa forma, são contraditórios às funções da orelha. Afinal, não existe meridiano na orelha, como dito anteriormente, e o Sistema Nervoso só foi entendido em meados de 1846 com os estudos do Dr. Jean-Martin Charcot e, ainda, a sua parte reflexa só foi abordada posteriormente, com as contribuições do Prêmio Nobel Dr. Charles Scott Sherington, o que prova mais uma vez a não descendência milenar dessa abordagem.

Vejamos o que diz o Dr. Hor Ting, professor da conceituada Universidade de Medicina Tradicional Chinesa de Yunnan (China) e diretor do museu da Medicina Chinesa no Ocidente:

> "[...] Na China antiga, nunca existiu uma terapia sistemática baseada em puntura da orelha, e nem a palavra Auriculoterapia (Er Zhen, em chinês) nem a expressão "ponto auricular" (Er Xue, em chinês) nunca foram oficialmente empregadas.
> A radical diferença entre a Auriculoterapia e a aplicação de acupuntura na orelha [...] reside na sua metodologia (pois a reflexoterapia não veio da teoria da medicina chinesa, especialmente no que diz respeito à sua teoria de meridianos) e na aplicação clínica.
> A primeira é uma terapia completa e independente com diagnóstico e tratamentos específicos, enquanto a outra é uma parte da Acupuntura subordinada à sua lógica de tratamento e muito limitada em indicação.
> É importante dizer que a Auriculoterapia é baseada no conhecimento da anatomia moderna, que é muito diferente daquela vinda da Medicina Chinesa à qual pertence a Acupuntura [...]".

O fato de os especialistas em medicina chinesa utilizarem, dentro desse raciocínio, uma abordagem na orelha não significa que se está executando a Auriculoterapia. Afinal, a Auriculoterapia é totalmente baseada em outros pilares de execução, que veremos a seguir.

Os três pilares da Auriculoterapia

Para explicarmos didaticamente a execução da Auriculoterapia, organizamos os seus passos essenciais em três pilares:

- *Detecção de pontos*: é primeiro pilar. A princípio, o Dr. Nogier desenvolveu duas formas fundamentais de detectar pontos: por meio do palpador de pressão e da detecção elétrica de pontos. Na verdade, isso porque há dois tipos de pontos na orelha: os pontos reflexos e os Complexos Neurovasculares, confirmados pelas pesquisas dos Drs. Sénelar, Terral e Auziech.
- *Sinal vascular*: é o segundo pilar. Por volta de 1965, o Dr. Nogier descobriu um novo fenômeno que, a princípio, chamou de Reflexo Aurículo-Cardíaco. Por meio desse fenômeno, ele percebeu que sempre que tocava um ponto da orelha, sensibilizado por uma informação periférica anormal, o pulso radial se deformava. Posteriormente, percebeu que a sua primeira descrição não correspondia com a verdade, pois não se tratava de um reflexo entre coração e orelha, mas sim de um fenômeno orgânico. Por sugestão de um aluno seu, o Dr. Pierre Magnin, ele renomeou para *Vascular Autonomic Signal*, com a sigla VAS.
- Frequências de Nogier: o terceiro pilar. Após 1968, a excitação periférica consistia em procedimentos que diferiam desses supracitados, pois ele passa a utilizar a estimulação fotônica também como meio avaliativo. Ele percebeu que os pontos reagiam mais nitidamente ao serem estimulados pela luz branca. Na sequência, seu pensamento lógico foi desmembrar e pesquisar todas as frequências que compõem essa luz, chegando especialmente em sete frequências, que correspondiam a sete zonas corporais e sete zonas da orelha. Posteriormente, em

2006, seu filho, Dr. Raphaël Nogier, reestuda essas frequências de 1 a 10.000 Hz e descobre a Frequência L. Hoje as Frequências de Nogier são oito, e não mais sete como se pensava até 2006.

Isto quer dizer que, sem a utilização de um desses componentes não se está executando a Auriculoterapia, já que essa metodologia compreende a execução dos seus três pilares.

Qual a diferença em executar a Auriculoterapia corretamente?

Nada melhor do que dar exemplos de resultados de tratamento para que entendamos a aplicabilidade dessa metodologia. Por isto, quero contar a história da Sra. G. M. (84 anos), que aos 45 anos sofreu um AVC que a deixou hemiplégica do lado direito.

Quem a trouxe ao meu consultório foi o seu filho, acompanhado da sua cuidadora. A Sra. G. M. era bastante independente, considerando seu quadro e sua idade, sendo, por exemplo, capaz de dar alguns poucos passos sozinha – o suficiente para ir ao banheiro, se fosse necessário, pela noite. Porém, isto estava ficando difícil em razão do seguinte motivo: um medo que a aterrorizava, que estava impedindo-a de ficar sozinha e que vinha piorando com o passar dos tempos, segundo seu filho.

Na avaliação inicial, percebi que ela tinha uma alteração de simetria funcional, já que era hemiplégica, e um grande problema de lateralidade cerebral, pois se o lado esquerdo do seu hemisfério tinha sido lesado e ela se considerava destra, como ela podia falar normalmente? Algo estava funcionando diferentemente do normal.

Nos testes de lateralidade de alta e baixa frequências, vi que realmente havia uma discrepância enorme; encontrei alguns pontos na região do trago da orelha que reequilibraram essa questão. Vi também, sempre pela lógica dos três pilares, que esse medo não era algo comandado pelo seu córtex, ou seja, pelo consciente. As regiões da orelha que me apareciam lidavam com questões de navegação espacial e de memória, como o hipocampo. Curiosamente, também estava detectável o ponto do olho. Coloquei então algumas agulhas na sua orelha e ela foi embora. Solicitei ao filho que a trouxesse de volta na semana seguinte.

Ao voltar, era visível uma certa luminosidade em seu rosto, seu olhar estava mais altivo, nada que eu pudesse medir – mas eu via uma diferença na sua expressão. O filho comentou que, ao sair do consultório na semana anterior, ela disse: "Por que tudo está mais colorido? Sua camisa não era dessa cor"; e a cuidadora referiu que já naquele mesmo dia ela não quis dormir à tarde como sempre fazia.

Acredito que realizei, além dessas duas primeiras sessões, mais umas duas sessões quinzenais e outras duas mensais. Ela já tinha voltado a dormir tranquilamente sozinha, até mesmo em dias de chuva, que eram os piores, estava mais ativa e, segundo seu filho, a sua fala estava mais organizada. Além disto, voltou a ler! Ao invés de dormir a tarde toda, ela fazia palavras-cruzadas com o auxílio da cuidadora, ou lia livros com letras grandes. "Tem que ter letras grandes!", salientou ela em sua última sessão.

Esse caso me trouxe muitas alegrias, pois ele exemplifica a quebra de alguns paradigmas. O primeiro deles é sobre idosos – existe um certo condicionamento, mesmo em nós, profissionais, em pensar que um idoso está estagnado no quesito "melhora". E isto não é verdade! Enquanto houver vida, há mudanças. Outra questão é sobre uma lesão antiga no sistema nervoso central, o medo que ela sentia estava impedindo-a de continuar independente, mas, na verdade, os pontos detectáveis na orelha mostraram que esse medo não era infundado, pois existia uma dificuldade visual, principalmente na diferenciação "fundo-relevo" e na navegação espacial, que a deixava insegura. Se continuasse assim, ela permaneceria mais tempo na cadeira de rodas e pouco a pouco iria perder toda a independência adquirida.

Conclusão

A orelha é um verdadeiro painel de controle sobre o qual "acendem-se" pontos sempre que houver processos disfuncionais ou patológicos no organismo. Alguns pontos se tornam dolorosos à pressão, outros adquirem comportamentos elétricos particulares, fáceis de serem colocados em evidência com a avaliação adequada. Isto respeita o primeiro pilar da Auriculoterapia.

Com a ajuda do sinal vascular e das frequências de Nogier, conseguimos averiguar a causa orgânica dos sintomas, se for o caso, e definir precisamente o local de reparação, atenuando assim as disfunções.

Tudo isto devemos a um médico lionês que dedicou sua vida ao desenvolvimento dessa metodologia, e ao seu filho, Dr. Raphaël Nogier, que não mede esforços para difundi-la.

Conhecer a origem da Auriculoterapia permitirá que mais profissionais capacitados utilizem esse método natural e, por que não dizer, até ecológico, de auxílio diagnóstico e de tratamento, extremamente eficaz para todas as disfunções orgânicas.

Referências

BREATHNACH, C. S. Charles Scott Sherrington's Integrative action: a centenary notice. *J R Soc Med*. 2004;97(1):34-36. doi:10.1258/jrsm.97.1.34

NOGIER, R. *La Santé par L'Oreille. Compreende et utiliser l'auriculothérapie*. Paris: Ed. Mango, 2018.

RABISCHONG, P.; TERRAL, C. Scientific Basis of Auriculotherapy: State of the Art. *Med Acupunct*. 2014;26(2):84-96. doi:10.1089/acu.2014.1038

SENELAR, R.; AUZIECH, O. *Histopathologie du point d'acupuncture, Encycl. Méd. Nat.* (Paris, France), Acupuncture et médecine traditionnelle chinoise, IB-2c, 12-1989.

TEIVE, H. A. G. et al. Charcot and Brazil. *Arq. Neuro-Psiquiatr.*, São Paulo, v. 59, n. 2A, p. 295-299, Jun. 2001.

TING, H. L'auriculothérapie, une création française indépendante de l'acupuncture. *Acupuncture & Moxibustion*, jun 2016, 15 (3) p. 243.

18

HIPNOTERAPIA
TERAPIA POR MEIO DA HIPNOSE COM OLHAR SISTÊMICO

Neste capítulo, é abordada a hipnoterapia que, quando bem conduzida, é ótima para reduzir ou eliminar depressão, fobias, vícios, medos e ansiedades, entre uma diversidade de possibilidades.

LIA PALUDO

Lia Paludo

Treinadora comportamental e palestrante, atua com Hipnose Clínica, Hipnose Ericksoniana e *Master* em Hipnose Transformacional, *practitioner* e *advanced coach*, Constelação Familiar Sistêmica e Barras de Access Consciousness®. É graduada em Fisioterapia pela Universidade Tuiuti, do Paraná.

Contatos
www.liapaludo.com.br
lia@liapaludo.com.br
Instagram: @lia_paludo
Facebook: lia_paludo
47 99927 3738

Neste capítulo, você encontrará reflexões e dicas importantes para entender como as mudanças podem ocorrer dentro de você e do seu sistema familiar, refletindo na sua vida como um todo.

Desde o momento de nossa concepção, vamos armazenando tudo em nossa mente inconsciente, ou seja, no nosso subconsciente. Além da influência genética, também somos influenciados pelo campo mórfico (pelos comportamentos e acontecimentos em nosso sistema familiar).

Momentos em que nossa mãe vivia sentimentos, angústias e plenitude, dificuldades e facilidades, conquistas e perdas, alegrias e tristezas... tudo isto enquanto bebê (em nossa vida intrauterina).

E, após o nascimento, continuamos registrando tudo o que vimos, ouvimos e sentimos.

A criança registra o que ela viveu e presenciou conforme a percepção dela. Isso porque tudo que vemos tem a nossa percepção e visão dos fatos conforme nossa forma pessoal e particular de perceber.

Por exemplo: uma criança pega um copo com água e a mãe diz: "Deixe-o onde está, porque você vai derrubar". Mesmo assim a criança pega o copo, tropeça e o derruba. Daí a mãe grita: "Você é 'mão furada', 'burro', 'molenga', "sabia que ia dar nisso".

É provável que nesse momento tenha sido instalada uma crença na qual a criança passa a acreditar que, de fato, ela tem a "mão furada", ou é burra, tornando-a insegura e levando para a vida adulta como uma crença limitante, em que tudo ou quase tudo que ela for fazer poderá cair ou não dar certo; afinal, ela inconscientemente acredita que é mão furada ou molenga.

Porém, na juventude ou na vida adulta, a pessoa poderá não se lembrar conscientemente e sequer ter noção do porquê da insegurança no seu trabalho, nos relacionamentos e na vida como um todo.

Este foi apenas um dos muitos exemplos que eu poderia relatar para você, que tem um grandioso poder nas suas escolhas, decisões e resultados.

As pessoas e ambientes nos quais convivíamos influenciaram em quem fomos e somos hoje.

Conforme o que temos registrado e a maneira como encaramos a vida, isso é refletido no nosso emocional, físico e mental.

As dores e dificuldades emocionais nos revelam aquilo que acreditamos sobre nós mesmos como verdade absoluta.

Às vezes, fazemos alguma coisa prejudicial a nós mesmos, mesmo sem perceber, porque o hábito se tornou automático ou porque está registrado em nossa mente inconsciente. Como disse anteriormente, nossos hábitos nos acompanham desde que nascemos e estão firmes na nossa mente inconsciente e guiam nossas ações e reações em todos os aspectos da nossa vida, desde simples tarefas do cotidiano até as grandes decisões que tomamos.

A boa notícia é que podemos mudar e remodelar os hábitos para que tenhamos mais qualidade de vida.

É essa remodelagem que nos impulsionará para a melhor mudança, levando-nos assim a descobrir nossos verdadeiros potenciais, habilidades e qualidades.

Ainda que as crenças e hábitos nos guiem desde a nossa concepção, eles podem ser mudados e, para isso, não basta apenas um bom terapeuta, mas também o real comprometimento com a transformação e o conhecimento sobre nós mesmos.

Nossa mente tem o poder de reforçar tanto o que é bom quanto o que não é bom, como, também, de atingir mudanças significativas.

Por meio da consciência e do conhecimento das nossas próprias emoções, e também de qual lugar ocupamos no nosso sistema familiar, podemos pensar e ponderar sobre nossas atitudes perante os acontecimentos do dia a dia.

Tudo em nossa vida é passível de mudanças, assim como também nosso cérebro e sistema nervoso. Essa capacidade do sistema nervoso recebe o nome de neuroplasticidade ou plasticidade neural.

Existem possibilidades, técnicas, ferramentas e terapias hoje em dia que ajudam nessa mudança, nessa transição de crenças limitantes para crenças que possibilitam.

E é isso que quero abordar sobre a "hipnoterapia", uma terapia por meio da hipnose que irá ressignificar e mudar velhas percepções em novas possibilidades, ou seja, uma nova maneira de perceber a realidade e, com o olhar sistêmico, podemos chegar a resultados ainda mais grandiosos.

Hipnose é um estado de consciência que envolve concentração e atenção, diminuindo a percepção periférica. Nasceu por volta dos anos 1800 e foi utilizada e aperfeiçoada por atuantes da área da saúde, como Franz Mesmer, Freud, Jean M. Charcot, entre outros. Os dois grandes nomes da hipnose moderna foram Milton Erickson e Dave Elmann.

Atualmente, a hipnoterapia tem sido muito utilizada e está crescendo cada vez mais e, com isso, diminuindo os mitos e medos criados a respeito.

O placebo é um exemplo no qual pessoas experimentam mudanças fisiológicas poderosas e positivas, simplesmente porque acreditam estar recebendo o tratamento certo e efetivo. E a partir do momento em que você acredita e toma consciência, as mudanças na sua mente acontecem.

Nossa percepção é criada a partir do que vivenciamos e isto cria nossa realidade.

A comunicação efetiva é a principal ferramenta de um hipnoterapeuta. Por meio dela, atingimos um nível mais profundo de foco e concentração, e, consequentemente, temos excelentes resultados.

Para termos resultados diferentes, precisamos tomar decisões e ações que se conectem a esses resultados. E para tomar decisões é preciso vontade e querer para que você possa ser. É preciso ser e fazer para ter.

SER → FAZER → TER

A hipnoterapia bem conduzida é ótima para reduzir ou eliminar depressão, fobias, vícios, medos e ansiedades entre uma diversidade de possibilidades.

Ela é focada na percepção da mente inconsciente, e quando um acontecimento é ressignificado, um fato a partir de uma nova percepção, de uma nova realidade é criada, ou seja, nós somos a história que contamos da nossa própria história.

Por meio da hipnoterapia, podemos chegar na causa e mudar a percepção, criando uma nova realidade no presente e uma nova perspectiva do futuro.

Particularmente, utilizo a hipnoterapia com uma visão sistêmica; afinal, somos resultado da soma de tudo o que vivemos e herdamos da nossa família, de toda a nossa ancestralidade e das pessoas com as quais mais convivemos.

Às vezes, possuímos comportamentos herdados de toda uma história familiar, que vão se repetindo de geração para geração, ano após ano.

A partir do momento em que tomamos consciência da maneira como agimos, inconsciente e impulsivamente, conseguimos uma nova visão, controle e atitude sobre determinado fato.

A hipnoterapia com olhar sistêmico favorece a mudança de hábitos e a superação de limites e bloqueios por meio da conscientização e do olhar de nossas próprias experiências negativas, traumas e situações desagradáveis, com um novo olhar e uma nova percepção.

Quando nos conhecemos, observamos as situações com mais clareza, resultando em atitudes mais inteligentes e favoráveis, conseguindo lidar melhor com as adversidades, superando obstáculos e vencendo desafios.

Estamos vivendo um período de muitas mudanças em nossas vidas, perdas de entes queridos, adaptações sendo feitas, rotinas e hábitos sendo mudados e aperfeiçoados.

E a hipnoterapia nos possibilita ter e levar uma vida mais leve e mais feliz, sem os pesos que registramos há décadas.

É um processo de autocura por meio do autoconhecimento, desenvolvendo as habilidades e qualidades antes não percebidas por nós mesmos.

Nossa vida é dirigida por aquilo que acreditamos ser.

Quem decide trilhar e escolher o caminho a ser percorrido somos nós mesmos.

Nosso verdadeiro EU é a nossa consciência a respeito de nós mesmos.

19

CUIDANDO DO SORRISO DO ROSTO E DO SORRISO QUE VEM DA ALMA COM *THETAHEALING*

Dra. Luciana Guarino descobriu que, através do cuidado do sorriso de seus pacientes, poderia também buscar o seu sorriso interior. Por meio da terapia *ThetaHealing*, começou a abordar questões, dores, fragilidades e processos livremente expostos durante uma consulta, trazendo a possibilidade de transformar crenças limitantes e pensamentos negativos, tratando dores físicas, mentais e emocionais.

LUCIANA AIDAR GUARINO

Luciana Aidar Guarino

Diretora clínica/ Clínica Dra. Luciana Guarino

Formada em odontologia desde 1990, pós-graduada e especialista em implantodontia. Em paralelo, é terapeuta e instrutora certificada de ThetaHealing®, além de ministrar cursos de formação de DNA Básico, DNA 2 (Avançado), Digging – cavando para encontrar suas crenças, Manifestação e Abundância, Crianças Arco-íris, Você e o Criador. Desde 2008, estuda o comportamento da mente humana. Estudou Ultramind na organização global The Silva Method, Constelação Sistêmica Familiar, formações como: Instrutora ThetaHealing® certificada pelo *ThetaHealing Institute of Knowledge* (THInK), Barras de Access, Reiki I, II e III e EFT (*Emotional Freedom Technique*) e é participante do Hellinger® Schule Camp na Alemanha. Como terapeuta, já atendeu centenas de pessoas que tiveram suas vidas mudadas a partir dessa técnica de cura energética. Além de manter uma agenda aberta para atendimentos individuais, é instrutora de ThetaHealing®, difundindo essa experiência de autoconhecimento para quem deseja ajudar a transformar vidas.

Contatos
www.lullyguarino.com.br
lucianaaguarino@gmail.com
Instagram: @lullyguarino

Paciente sempre foi diferente: não o via apenas com alguém com um problema odontológico a ser resolvido, mas como um ser humano que aproveitava a proximidade e a empatia que se cria dentro do consultório e acabava se abrindo, muitas vezes, expondo problemas, fragilidades, inquietações e, muitas vezes, suas "dores" eram maiores do que o problema pelo qual me procurou.

Percebi então que poderia realmente restaurar o sorriso de uma pessoa e isso era maior do que uma abordagem odontológica – estava falando do sorriso interior. E foi assim que comecei a entrar em contato com aquilo que os fazia sofrer, o que me trouxe também uma forte busca por autoconhecimento.

Comecei a estudar o ser humano. Fiz muitos cursos e, dentre eles, um me chamou a atenção pela profundidade e singularidade como via o ser humano.

Thetahealing

ThetaHealing é um conjunto de técnicas e abordagens terapêuticas que identificam e transformam crenças limitantes: pensamentos negativos entendidos e aceitos como verdades e que podem impedir que uma pessoa seja feliz, saudável ou alcance seus objetivos.

Theta faz referência às ondas cerebrais que alcançamos quando dormimos e acessam o nosso subconsciente, e *Healing* significa cura em inglês.

Com o *ThetaHealing*, os resultados são a possibilidade de mudarmos nossos limites, a liberdade de agir e a leveza de viver na plenitude, pois substituímos crenças, pensamentos e padrões limitantes.

A desconstrução dos paradigmas

Caem aqui paradigmas comuns em muitos de nós. Afinal, quem nunca viveu ou vive a ilusão da separação ou de ter de sofrer ou se sacrificar para alcançar algo? Hoje podemos aceitar a possibilidade de eliminar de vez a consciência do impossível, porque tudo é possível. Vivemos em um Universo com infinitas possibilidades e temos verdadeiro acesso a todas elas. Com o *ThetaHealing*, é possível criar a cura física e realizar tudo o que desejamos através da compreensão de que somos cocriadores das nossas próprias vidas e que podemos vivê-la de forma leve, harmoniosa e plena.

> **"Uma mãe tem de abdicar de sua vida profissional!"**
>
> Histórias dos nossos pais muitas vezes chegam a nós sem o devido filtro e entendimento para que possamos ter discernimento e não conduzir erroneamente nossas condutas. Uma mãe que decide parar de trabalhar para cuidar da família pode inconscientemente dar a entender que os filhos devem a ela.
>
> Adriana tinha a crença de que uma boa mãe tinha de abdicar de sua vida profissional e trabalhava com um sentimento de culpa, pois mantinha a vida profissional lado a lado com a maternidade. Ao rever a perspectiva mais elevada da maternidade, sentiu-se livre para poder ter a sensação de ser uma boa mãe, dedicar-se à carreira sem culpa e, assim, se permitir a prosperidade.

Empatia e intuição

Tudo começa com a técnica de leitura e percepção intuitiva, que revela a essência do que está causando o mal ou uma disfunção em nós mesmos ou no outro.

A empatia é um dos grandes segredos do processo, não só no sentido da conexão com o outro, mas também com a nossa própria autopercepção, além de um senso calibrado sobre o que acontece ao nosso redor, auxiliando-nos a tomar decisões com mais clareza.

> **"Eu não consigo guardar dinheiro!"**
>
> André chegou com uma queixa de não conseguir guardar dinheiro. "Quero viver tudo o que tenho direito" era a frase que repetia. A leitura intuitiva trouxe a história do pai que poupava para ter uma vida confortável após a aposentadoria e não viveu para desfrutá-la. Ao ressignificar alguns padrões, trouxemos a clareza que precisava para ter equilíbrio entre o prazer imediato e uma perspectiva de futuro.

O poder do pensamento

Nossa mente é poderosa e decisiva nas melhores e piores decisões da vida. Quando criamos a consciência sobre o poder dos pensamentos e o que eles podem nos levar a criar, temos a oportunidade de transformá-los a partir de novos sentimentos.

O livre arbítrio nos traz o poder de fazer escolhas na vida, mas nunca percebemos que ele está ligado às nossas crenças, ao modelo que aprendemos a viver, ao padrão gerador de nossas experiências, à construção inconsciente de nossos relacionamentos e a todos os códigos que regem nossas vidas de maneira silenciosa, mas presente. O Theta permite que possamos escolher as experiências que desejamos a fim de aprimorar quem somos, trazendo aprendizado e ajudando-nos a desenvolver virtudes que nos fortalecem.

Aceitando a liberdade de eliminar a crença de que o aprendizado só vem por dramas e sofrimento, passamos a estar aptos a criar a partir da leveza e harmonia. Criamos assim um espaço no qual a ciência e a espiritualidade são integradas, unindo corpo, mente, alma, sentimentos e sensações com o desejo de uma vida plena.

> **"Minhas coisas nunca dão certo!"**
>
> Era uma pessoa brilhante e se queixava de que as coisas nunca davam certo. Havia perdido a confiança em si mesmo e, apesar de ser muito dedicado, fazia tudo com medo de que não desse certo. Muitas vezes, uma experiência malsucedida nos leva a perder a confiança em acreditar que podemos fazer a coisa certa. Uma escolha que porventura foi malsucedida marca tanto que você perde a conexão com sua capacidade de realizar e de escolher. Alex estava apático, sem fé em si mesmo e achava que só fazia escolhas erradas. Estava em um emprego onde não se sentia reconhecido e estava desmotivado, não conseguia pensar em mudar. O que ele não imaginava era que a origem desse estado tinha sido anos antes, quando havia trocado um emprego seguro para trabalhar em uma empresa que em menos de um ano faliu. Isso abalou sua autoestima, mesmo com tanta competência profissional. Ao descobrirmos a raiz e trabalharmos nela com ThetaHealing, a insegurança se resolveu e ele conseguiu o reconhecimento desejado dentro da empresa que estava, alcançando o cargo que realmente merecia.

Isso também é ciência

Experimentos científicos deixam clara a existência de um campo eletromagnético ao nosso redor, que atrai ou repele outros campos.

Esse campo é como uma pele energética, uma proteção contra influências externas e que se irradia expansivamente. Os nossos sentimentos e emoções influenciam esse campo, sentimentos positivos atraem vibrações e experiências elevadas, assim como sentimentos negativos, como medo, raiva, mágoas e rejeições atraem experiências na mesma baixa frequência.

No subconsciente residem memórias e experiências, agradáveis ou não. Nossa mente consciente e inconsciente também tem seus campos, que vibram de acordo com nossas experiências, com as memórias armazenadas ou com o que vivemos.

Tudo isso é constituído de uma série de parâmetros que foram "inputados" em nós e, ao não questionarmos o que aprendemos, se estabelece um modelo, definimos um paradigma que de alguma forma criamos e vivemos dentro do nosso sistema de crenças e simplesmente decidimos aceitá-lo e vivê-lo, tornando-se, assim, nossa própria visão do mundo.

Ao entrar em sintonia com alguém que está com tristeza, dor ou uma doença, vendo o modelo que ele está vivendo a sua experiência de vida, enxergamos a consequência desse modelo e assim descobrirmos juntos o que gerou esse paradigma. Ao entrar na sintonia Theta, podemos atuar para trazer uma nova perspectiva frente ao que causou a dor, o trauma e que gerou o sofrimento que ele está vivendo, seja uma dor física, doença, tristeza ou qualquer dificuldade nos relacionamentos ou na profissão.

A empatia e a proximidade que sempre tive com meus pacientes me permitiu que começasse a usar o que aprendi, direcionando um foco às suas queixas e histórias, com o seu devido consentimento em buscar uma saída não convencional.

> **"Sou hemofílico!"**
>
> Marcel me trouxe um novo olhar sobre a realidade. Ele tinha hemofilia e, por isso, desde a infância era privado de praticar esportes. Qualquer contusão gerava quadros de hemorragia que o levavam constantemente ao hospital, já que nunca perdia a chance de se exercitar. A hemofilia é uma doença genética e considerada incurável, mas quando eu o atendi notei também uma conexão muito forte com um parente que faleceu em razão de complicações de hemofilia, e foi após essa perda que se manifestaram nele os sintomas da doença pela primeira vez. Ao se dar conta disso, percebeu que a doença o unia ao seu ancestral. Estava vivendo o modelo no qual o amor é demonstrado por meio de repetição de padrões. Ao se conectar com a definição de amor do Criador, pôde manter o amor do seu ancestral em si, vivendo uma vida diferente da dele e sendo saudável e, assim a doença deixou de se manifestar. Hoje, após seis anos dessa descoberta e do tratamento com o Theta, ele não tem mais episódios que o conectavam com a doença, pratica esportes regularmente e virou atleta! E, mais do que trazer qualidade de vida para ele, esse caso me ensinou que nada é impossível nesse Universo!

A doença revela uma desordem. Quando temos a consciência de que fazemos parte de uma Unidade que é constituída de amor incondicional, podemos nos influenciar instantaneamente com esse amor e receber uma cura, pois o amor incondicional coloca ordem no caos e a cura pode se instalar em qualquer nível, seja físico, emocional, mental ou espiritual.

Benefícios

Algumas dessas pessoas tomavam antidepressivos e analgésicos como única ferramenta para combater suas dores emocionais.

Comecei a atender o que era básico para uma dentista: enxaqueca, bruxismo ou ranger de dentes, dor nas articulações temporomandibulares e, como consequência, o dormir mal. Porém, a partir desse momento houve a expansão para um atendimento amplo, traduzindo a necessidade não apenas de um exame ou análise, mas pela leitura do que aflige uma pessoa e uma forma efetiva de resolver suas dores.

Assim, não só vivo inserida na odontologia, praticando-a com os mais restritos e corretos processos, mas também enxergando a complexidade humana e promovendo a saúde integral com a ajuda do Theta.

Hoje, além de atender individualmente todos que desejam sua transformação, atuo como instrutora dessa técnica que transforma vidas. E assim como transformou minha vida e das centenas de pessoas que atendi, outras milhares de pessoas nos mais de 140 países nos quais é aplicada também se dispuseram a buscar uma forma alternativa, mas eficiente, de melhorar suas vidas.

Vivemos o mundo tal qual acreditamos que ele seja e podemos fazer isso ser melhor.

"Tenho bruxismo e apneia!"

Atendi ao Jonas, que rangia os dentes e fazia apneia à noite. Durante o atendimento terapêutico com *ThetaHealing*, descobrimos que ele havia começado com os sintomas logo após perder uma pessoa querida. Sim, nossos sofrimentos são somatizados. Isso quer dizer que não basta o fato em si para nos fazer sofrer, mas acabamos nos prejudicando em vários aspectos quando passamos por cima de nossas tristezas sem olhar para trás, achando que aquela dor vai desaparecer. Ela não só fica presente, mas causa mais dor.

O ThetaHealing foi amorosamente na causa da dor e trouxe a presença da sabedoria universal para o fato, curando, trazendo alento ao sofrimento que ele estava sentindo e transformando esse sofrimento. A consequência disso foi que logo após a sessão terapêutica, ele começou a acordar mais disposto e descansado, sem dores musculares na face e parou de fraturar os dentes.

Metodologia

Se tive uma transformação por meio do autoconhecimento como instrutora, o despertar para viver uma vida em harmonia se estabeleceu com mais potência; e com ele, mais responsabilidades. As virtudes são o anseio de toda alma que quer aprender e o desafio é viver em estado de puro amor, sem me deixar afetar pela negatividade da existência.

No curso, ensino a meditação que me conecta com a energia de amor incondicional, na qual você aprende a se conectar com minha essência mais pura e com suas virtudes mais elevadas. Há, inclusive, casos de cura imediata em uma única sessão.

Conclusão

Eu buscava encontrar um sentido maior, além do que vivia, e encontrei o caminho que me levava à consciência mestra do *ThetaHealing*.

Mais do que isso, é preciso aprender a viver cada dia, trilhando-o com fé. Aprendo diariamente que esse caminho do amor move cada palavra, pensamento e ação, e ao me transformar para auxiliar na transformação de todos os que me procuram, entendi que não podemos existir sem o outro.

Vivemos em um mundo de grandes descobertas, de um momento sem precedentes na ciência, tecnologia e nos avanços da medicina, mas também sabemos o quanto é importante entender o ser humano, e isso significa compreender que os sentidos psíquicos são inerentes à nós e se fundem à essa Consciência Maior, trazendo-nos o poder da intuição, tornando-nos empáticos e auxiliando no trabalho de perceber melhor também a nós mesmos. Assim, acessamos o que está em desequilíbrio e nos conduzimos ao equilíbrio perfeito.

E isso, para mim, é viver em plenitude!

Nota: os nomes verdadeiros dos pacientes foram substituídos para manter a confidencialidade.

20

O INÍCIO DE UMA JORNADA RESPIRATÓRIA

Descobri muito cedo a importância de respirar. Foi no momento de meu nascimento, quando liberaram o cordão umbilical que estava enrolado em meu pescoço. Desde então, experimentei a importância da respiração e fiz a associação ao ato de respirar e viver.

MARIA EUGÊNIA ANJOS

Maria Eugênia Anjos

Criadora da Respiração Terapêutica

Estuda e pesquisa Yoga há mais de 35 anos. Sua paixão é o ser humano integral. Dedica-se ao conhecimento de si mesma, espelhando o contexto em que está inserida. Estuda e pesquisa tudo o que se refere ao desenvolvimento das capacidades e potencialidades humanas, com um amplo olhar. Traz a espiritualidade integrada à medicina e à vida, sendo o amor a chave da transformação. Atua na harmonização das frequências vibratórias celulares e meditações, e tem várias especializações em Técnicas Respiratórias. Formada em Anatomia do Movimento pela Faculdade de Medicina da Santa Casa (SP), Psicologia, Administração e Fisioterapia, mestre em Reiki; focaliza Danças Circulares e é pós-graduada em Medicina Integrativa pela Faculdade do Hospital Albert Einstein. Dirige a ARHKA Medicina Integrativa. Criou a Respiração Terapêutica, metodologia e técnica que usa a respiração e os exercícios respiratórios para a promoção e manutenção da saúde, prevenção e tratamento de doenças. Coordena o Projeto ARHKA Respiração & Mãos Terapêuticas junto ao ICR, no Hospital das Clínicas.

Contatos
www.respiracaoterapeutica.com.br
contato@respiracaoterapeutica.com.br
Instagram: @respiracaoterapeutica
11 99981 1134

Iniciei meus estudos e práticas há 35 anos, estimulada pelos resultados alcançados nas aulas de Hatha Yoga e pela prática de exercícios respiratórios, também chamados "Pranayamas". Iniciava as aulas em uma condição e, no decorrer das vivências, ia me transformando, desenvolvendo cada vez mais a sensação de bem-estar e equilíbrio. Ampliei o embasamento das minhas pesquisas completando a Universidade de Psicologia Clínica, a fim de associar as práticas de exercícios respiratórios ao estudo e alívio das emoções. Fiz a experimentação do uso dos exercícios respiratórios como ferramenta prática nos atendimentos e percebi a estreita relação entre a respiração e as emoções. Também estudei a anatomia do movimento, para entender a dinâmica física do corpo, e minha tese de pós-graduação em Medicina Integrativa na Universidade Albert Einstein foi sobre a Consciência da Importância da Respiração e as Emoções. Encantei-me com a amplitude da abrangência dos benefícios dos exercícios respiratórios para a saúde humana e pela simplicidade das várias possibilidades das práticas, além da profundidade delas.

Em meus 35 anos de estudo sobre temas relacionados à saúde integral e equilíbrio do ser humano, principalmente no que tange à importância da respiração, tenho experimentado variados exercícios respiratórios e ampliado a cada dia as referências e as bases científicas sobre a necessidade de uma boa capacidade de oxigenação, circulação e irrigação celular.

A prática frequente de exercícios respiratórios variados ajuda o corpo a se manter sempre equilibrado, saudável e fortalecido, apto para a constante e necessária renovação celular e orgânica.

Fiz a correlação entre saúde e qualidade de vida à respiração, a partir de situações empíricas em aulas de yoga e atendimentos individuais e em grupo. Meu interesse foi se ampliando a partir dos resultados alcançados em função da prática, com rapidez e simplicidade.

Percebi que, por falta de informação e pela simplicidade do uso, os exercícios respiratórios não ocupam o lugar que deveriam em nossa lista de prioridades, para desenvolvimento e manutenção do bem-estar, autocuidado e qualidade de vida em seu amplo aspecto.

A respiração interfere nos campos físico, mental, emocional e energético. Por meio do movimento da respiração e da auto-observação, você pode se conhecer e aprender a lidar com seu corpo, onde tudo se manifesta.

Parceria nos estudos

Gaiarsa, em seu livro *Respiração, Angústia e Renascimento,* citou a respiração como base de toda a fenomenologia psicológica, em paralelo com seu valor biológico, e sempre urgentemente necessária. E defende a ideia de que sem o vazio pulmonar não haveria vida, nem a possibilidade de existir o vazio criador; também traz a prática de exercícios respiratórios destinados a desenvolver e a refinar a percepção e o controle da respiração como caminho para o desenvolvimento da consciência de ser e da presença viva. Ângelo Gaiarsa afirma, nesse livro, que a causa imediata da angústia é o desequilíbrio respiratório, e o remédio imediato é acertar a respiração. Penso que se alguém não percebe a própria respiração, seu mundo fica reduzido, limitado e com poucas possibilidades.

O mistério está na consciência respiratória. Cada momento é único, e jamais vai voltar a ser como outro. Nada é fixo, nada é permanente, tudo é transitório; há, sim, uma constante pesquisa, uma experimentação em evolução, em uma espiral infinita de combinações.

Rudger Dahlke afirma, em seu livro *A Respiração como Caminho da Cura*, que nenhum mestre da respiração pode ser melhor do que a própria respiração. Dahlke traz reflexões sobre a respiração que servem como base e confirmação da importância e da funcionalidade de meu estudo, e um aprofundamento sobre a importância da respiração para o bem-estar. Entre tantos trechos importantes, ressalvo: "Mostre-me como você respira, e eu lhe direi como você vive." "Reconhecemos as pessoas bem-sucedidas pela sua respiração prolongada". "O Ritmo de nossas respirações mostra nossas emoções, e, consequentemente, mostram nossa condição geral" (DAHLKE, 2009).

Um estudo científico que aborda os efeitos da respiração profunda sobre a tensão, ansiedade e fadiga em pacientes com câncer comprova minha afirmativa sobre os efeitos dos exercícios respiratórios na condição emocional das pessoas, assim como em todos os outros âmbitos. E confirma a importância de se dar atenção à respiração e praticar exercícios respiratórios.

A revista Neurociência publicou, em 31 de março de 2017, um artigo científico que investiga como a respiração lenta induz à tranquilidade (https://neurosciencenews.com/tranquility-slow-breathing-6317/).

Os cientistas de Stanford identificaram um pequeno grupo de neurônios que comunica as atividades no centro de controle respiratório do cérebro para a estrutura responsável por gerar a excitação em todo o cérebro.

Tente. Respire lenta e suavemente. Uma sensação generalizada de calma se instala.

Os médicos, às vezes, prescrevem exercícios de controle da respiração para pessoas com transtornos de estresse. Da mesma forma, a prática de exercícios respiratórios controla a respiração a fim de mudar a consciência de um estado de excitação ou mesmo frenético para um mais meditativo. É uma conduta comum em todas as modalidades de yoga. A comprovação científica fornece uma compreensão celular e molecular de como esse mecanismo pode funcionar.

O minúsculo aglomerado de neurônios que liga a respiração ao relaxamento, atenção, excitação e ansiedade está localizado nas profundezas do tronco cerebral. Esse estudo também corrobora os efeitos benéficos, no sentido de acalmar.

Desenvolvimento de uma metodologia

Inserida em minha própria vivência e em milhares de pesquisas que constatam os benefícios dos exercícios respiratórios para a saúde, enveredei para um caminho de plena utilização de práticas respiratórias como base para o trabalho terapêutico e suporte para o desenvolvimento da saúde, do bem-estar e do equilíbrio.

Há muitas evidências científicas de que os exercícios respiratórios são excelentes auxiliares no tratamento de doenças como ansiedade, depressão, estresse, insônia, asma, síndrome do pânico, déficit de atenção, apneia, tensão, dificuldades circulatórias, bronquite, rinite, sinusite, enxaqueca, entre muitas outras patologias. Os exercícios respiratórios desbloqueiam tensões físicas e emocionais; aumentam a capacidade de oxigenação, renovação e nutrição celular. Estimulam a circulação de todos os líquidos corporais e promovem aumento da percepção de si mesmo, trazem presença plena, acalmam a mente e relaxam. Compilei o máximo de informações científicas sobre os benefícios dos exercícios respiratórios para a saúde humana, somadas às minhas práticas e pesquisas em diversas fontes, e com base nas minhas observações ao longo de muitos anos de atendimentos, aulas e cursos, criei a metodologia denominada **Respiração Terapêutica**, que possui algumas ferramentas principais que são, basicamente, variações aos estímulos respiratórios, trazendo propostas para respirar de forma diferente do que estamos acostumados, saindo do "automático", abrindo novos caminhos e lugares para as trocas gasosas. O grande desafio é desenvolver a percepção sobre a respiração, e sempre ampliar.

A consciência nos permite decifrar o significado e os padrões da vida; oferece um roteiro para navegar nessa existência humana. E abre portas para a sincronicidade, epifania e graça divina infundirem em nossas vidas.

A prática da Respiração Terapêutica é embasada na certeza de que há um vasto campo de exercícios que você pode fazer por si mesmo, assumindo a responsabilidade pela própria saúde e bem-estar. Depende apenas de você escolher e agir. Assim como o ar está para mim, está para você. A questão é ter consciência da importância desse ar, ou seja, o que fazer com esse ar tão disponível e abundante para todos. **A grande transformação está na ação respiratória**.

O corpo humano é uma grande inteligência viva, capaz de não adoecer, e, se adoecer, voltar ao estado saudável rapidamente se fornecermos os estímulos e nutrientes necessários.

A respiração traz os nutrientes e estímulos vitais e primordiais para fortalecer o corpo, para que as funções estejam ativas e eficientes.

Apenas certas partes do corpo são usadas, apenas certos músculos respiratórios são movimentados. Ou seja, há um padrão de movimentação da musculatura respiratória.

É importante explorar as possibilidades de movimentação e ativar partes negligenciadas; ao ativar músculos que antes estavam negligenciados, criam-se caminhos neurais para eles, abrindo, assim, um novo campo de possibilidades. Mora aí a grande CHAVE DA RESPIRAÇÃO TERAPÊUTICA.

É preciso exercitar a musculatura respiratória, alongando, fortalecendo, tonificando e funcionalizando todo esse sistema tão essencial para a saúde e bem-estar; em todos os aspectos.

Os exercícios respiratórios com intenção e atenção plena têm a capacidade de aliviar a pressão mental, desligando o ritmo mental automatizado, e direcionam a mente ao cuidado do próprio sistema, do qual é integrante e se percebe integrada. Esse processo cria um contexto de presença em "si mesmo", que promove a ativação das possibilidades infinitas de experimentar e expandir a própria e infinita potência.

Respirar superficialmente causa constrição de todas as partes do corpo. Com menos oxigênio entrando, as funções se tornam mais difíceis, o nível de energia cai e a fadiga chega. O coração fica particularmente afetado, pois o trabalho dos pulmões e o do coração estão intimamente ligados.

É interessante prestar atenção à maneira como você respira enquanto sente medo.

Faça a seguinte experiência: quando os medos brotarem, experimente respirar mais lenta e profundamente e perceber o caminho que os medos seguem. Provavelmente irão se dissipar e não será mais possível sustentá-los. O medo imediatamente perde o seu suporte e desaparece.

Estudos de caso

Indico variados exercícios de respiração alta, média, baixa ou completa para ativar órgãos, massageá-los e ajudar a desbloquear tensões e ajudar na limpeza deles. Há inúmeros exercícios respiratórios úteis para estimular o peristaltismo intestinal e ativar órgãos e vísceras quando estes estão em estado de desequilíbrio funcional ou saturados. Combinando a respiração em uma região específica com movimentação de alguns músculos respiratórios, isolando algumas regiões, apenas pela conscientização, obtivemos resultados excelentes em termos de estímulo circulatório, oxigenação e desbloqueios. Da mesma maneira que nossos humores refletem em nossa respiração, se orientarmos o ritmo em que respiramos modificaremos imediatamente nosso estado de espírito, nossa condição emocional.

Podemos, sim, ser mais equilibrados emocionalmente, mais tranquilos, mais saudáveis em todos os aspectos pelo simples fato de voltarmos nossa atenção para nossa respiração.

Observe a maneira de respirar de cada estado emocional e passe a usar essas observações para se harmonizar emocionalmente. A cada dia você pode perceber mais a sua respiração, as alterações que ela apresenta e treinar voltar a atenção para a qualidade da sua respiração, identificando opressão e expansão e preservando o seu ritmo respiratório com amplitude e fluidez.

Alicerçado nessa ciência, você pode se conscientizar e experimentar ritmos respiratórios variados e específicos e, consequentemente, transformar a sua condição física, emocional e mental. É possível dissolver medos e tensões e estimular sentimentos saudáveis e de bem-estar. Sempre que a respiração está livre e solta, percebe-se a sensação de paz, de presença, de segurança, fluidez e felicidade.

Uma mulher, com o nome de L. M., 60 anos, me procurou com queixa de depressão. Tomava medicação forte e específica para a patologia, e ainda assim se sentia deprimida.

Iniciamos as práticas de exercícios respiratórios duas vezes por semana, durante meia hora. Usamos as variações de respiração alta, intercostal e abdominais. Após seis meses de exercícios dedicados e constantes, os remédios tornaram-se desnecessários e ela continua a praticá-los até hoje, para manter-se saudável.

Atendo a um médico da escola Paulista de Medicina, M. L., 69 anos. Ele traz um depoimento sobre os efeitos dos exercícios respiratórios no aumento da oxigenação, do bem-estar e da imunidade. Ele foi infectado pela Covid-19 e se recuperou rapidamente incluindo a prática diária de exercícios respiratórios.

Outra pessoa, P. S., uma mulher de 61 anos que sofre de enxaqueca severa, tem relatado que as crises praticamente cessaram, e se acontecem, são bem amenas. "Com a prática semanal dos exercícios respiratórios, minhas crises de enxaqueca praticamente desapareceram. Eu não fico mais trancada no quarto escuro, nem tomo mais as medicações para cessar a dor."

Convite à saúde

Você pode ser o agente da própria SAÚDE, colocando todo o sistema a seu favor e usufruindo assim de toda a sua capacidade disponível.

Faça os seguintes exercícios respiratórios, mas antes, preste atenção na sua respiração. Perceba como está a sua respiração. Convido você a acessar o QR Code.

Essas experiências respiratórias levam sempre a um lugar ativo de reflexão experimental, podendo ajudá-lo a trazer consciência para os movimentos da sua respiração. Trazem presença na sua condição do momento e nas sensações que são eliciadas. Essa ação já é transformadora, já acontece, a renovação e a estruturação do corpo em uma unidade viva em movimento.

Facilita-se, assim, o desenvolvimento e a manutenção do equilíbrio, da saúde e do bem-estar, uma vez que se garante um lugar seguro e integrado em que as trilhões de células se alinham na possibilidade de trabalhar por essa unidade coerente.

Prestando atenção na respiração e percebendo o que acontece no presente movimento, percebemos que, em vez de entrar em um círculo vicioso, você entra em um círculo virtuoso, fantástico. Lugar em que há sempre a possibilidade de renovAR, e recriAR, pois você está em constante transformação.

Conscientes de nossa universalidade por meio da respiração, podemos perceber e atuar na nossa amplitude infinita de interação, conexão, transmutação, troca e renovação. Assim, doença e cura se manifestam por transformação, transmutação, morte e renascimento, expansão e contração; pulsação constante de presença e consciência em infinita expansão.

A ligação entre pulmões e coração pode ser a chave da nossa saúde. Respirar com o coração pode ser a chave de nossa cura, de nossa transformação;

respirar em amor pode nos levar a um pulsar vibracional que desbloqueia todos os canais e leva à fluidez necessária para a percepção consciente do SER.

Referências

DAHLKE, R. *A respiração como caminho da cura: regeneração física, psíquica e espiritual, através da nossa capacidade mais elementar.* São Paulo: Cultrix, 2009.

GAIARSA, J. Â. *Respiração, angústia e renascimento.* Edição Revista. São Paulo: Ágora, 2010.

HAYAMA, Y.; INOUE, T. The effects of deep breathing on 'tension-anxiety' and fatigue in cancer patients undergoing adjuvant chemotherapy. *Complement Ther Clin Pract.* 2012 May;18(2):94-8. doi: 10.1016/j.ctcp.2011.10.001. Epub 2011 Nov 9.

NEUROSCIENCE NEWS. How Slow Breathing Induces Tranquility. Disponível em: <https://neurosciencenews.com/tranquility-slow-breathing-6317/>. Acesso em: 01 nov. de 2021

21

O DESPERTAR DAS DEUSAS NO UNIVERSO DA GINECOLOGIA OBSTETRÍCIA
MENTES QUE ILUMINAM O MUNDO

O universo feminino, na diversidade de polaridades e oportunidades do novo século, é desafiado de maneira agressiva e constante. A mulher dos tempos modernos assiste suas crenças e ensinamentos serem desconfigurados. Ela se percebe sozinha em um mundo totalmente desconhecido. Inspirada pelo seu maior dom, a capacidade de AMAR, e motivada por outras mulheres que já estão desvendando os segredos desse mundo novo, a energia do feminino se UNE e GERA, CURA e MULTIPLICA UMA NOVA VIDA.

MARLENE SIQUEIRA

Marlene Siqueira

Médica especialista em Ginecologia, Obstetrícia e Medicina Integrativa

Dra. Marlene Siqueira, CRM 85292, nasceu em Alfenas (MG). Estudou medicina na Faculdade de Medicina de Itajubá (MG). Fez especialização em Ginecologia/Obstetrícia na Santa Casa de Misericórdia de Belo Horizonte. Ex-professora do departamento de Ginecologia/Obstetrícia e preceptora da residência médica da Unifenas (MG). Possui pós-graduação em Nutriendocrinologia Funcional & Gerenciamento do Envelhecimento Saudável (Faculdade Ingá) e pós-graduação em Bases da Medicina Integrativa pelo Hospital Israelita Albert Einstein.

Tem como área de interesse a abordagem holística do ser humano. Na prática do atendimento em consultório, utiliza como ferramentas terapêuticas coadjuvantes: Medicina Chinesa e Acupuntura, Fitoterapia, Medicina Quântica Vibracional, Aromaterapia e Orientação de Hábitos de Vida.

Contatos
www.dramarlenesiqueira.com.br
smsaude@yahoo.com
Instagram: @dramarlenesiqueira
11 99978 4831

Recebi, logo no início da minha carreira profissional, a responsabilidade de prestar atendimento assistencial na área da ginecologia-obstetrícia em uma universidade. Tinha à minha frente as mulheres da comunidade trazendo as suas dores e dificuldades, e na outra ponta os alunos e médicos residentes para educação e treinamento.

Sempre cultivei a arte de ouvir as mulheres e conhecer a história de cada uma, procurando compreender o significado da doença naquele contexto de vida, já praticando e ensinando o que hoje conhecemos como atendimento humanizado.

Apesar de ter recebido na graduação e na especialização uma excelente formação, sentia que faltava algo que estava além da minha compreensão naquele momento. E eu, que cresci em uma fazenda sendo cuidada de tosse por vaporização com chá de eucalipto e xarope de guaco, chá de hortelã para má digestão e dor abdominal e outras curas que vinham da oração e do carinho dos meus pais, Antero e Maria de Lourdes, sempre estive em busca de algo além da química dos medicamentos.

Aos doze anos, descobri em uma pilha de livros abandonados no porão da fazenda um livro de Deepak Chopra que falava de energias, respiração e meditação. Comecei a ler ali mesmo no porão, apesar da pouca iluminação, e passei a ver com outros olhos alguns fatos que aconteciam ao meu redor. Nas noites de céu estrelado, ao acompanhar minha mãe, que se deitava no chão para fazer suas orações admirando aquele imenso céu, eu tinha a sensação de ouvir a voz das estrelas. Aquele silêncio me trazia uma paz muito gostosa, mas eu não tinha preparo nenhum naquela idade para compreender que se tratava de uma meditação.

A riqueza de experiências que vivenciei lá na fazenda me ensinou que a vida tem o seu ritmo e seu tempo: o semear-germinar-crescer-florescer-colher-morrer.

Desenvolvi ainda mais a curiosidade, a capacidade de observação e a resiliência para saber esperar um novo ciclo: no tempo certo a semente germina e rompe a barreira do solo crescendo em direção ao sol.

Iniciando um novo ciclo da vida

No fim da década de 1990, realizei mais dois dos meus sonhos, casei-me com meu primeiro esposo e vim morar em São Paulo. Estava decidida a voltar para a vida acadêmica e, deslumbrada com o potencial de crescimento profissional, investi em duas áreas que me despertavam muito interesse: a Infertilidade – Reprodução

Humana – e a Videolaparoscopia. Após exatos nove meses, cheguei à conclusão de que ainda não era o que estava buscando e interrompi o curso na Santa Casa de Misericórdia de São Paulo. Estava decidida a fazer Oncocirurgia Ginecológica e, enquanto aguardava a abertura das matrículas, um cartaz fixado no corredor do hospital me chamou a atenção com informações do Curso de Medicina Chinesa e Acupuntura para Ginecologia – Obstetrícia. E mudei a minha vida!

Com a chegada do tão esperado ano 2000, realizei mais dois sonhos: me tornei mãe do Leonardo e descobri meu propósito de vida profissional – ajudar as pessoas por meio de terapias na conquista da AUTORREGULAÇÃO e da AUTOCURA. Passar pela experiência da maternidade e, concomitantemente, entrar em contato com toda a sabedoria milenar da Medicina Chinesa e Acupuntura me abriram a mente e, assim, mergulhei nesse universo das Energias Sutis. Tudo passou a fazer sentido para mim e meus horizontes foram se ampliando a cada dia. Eu sempre tinha uma agulha de acupuntura, uma massagem ou um tratamento com ervas e chás para apresentar para minhas clientes, não mais somente os medicamentos convencionais.

Após cinco anos, realizei mais dois sonhos: ser mãe de filhos gêmeos: Pedro e Ricardo. O aprendizado da Medicina Tradicional Chinesa me amparou na gestação gemelar, me manteve calma, alegre e saudável até entrar em trabalho de parto na 39ª semana. Ser mãe de gêmeos, dois seres diferentes com as mesmas necessidades ao mesmo tempo, ensinou-me a abandonar antigos conceitos e, mais uma vez, mergulhar no universo da observação para perceber o essencial que é invisível aos olhos. No ano seguinte, passei pelo doloroso processo de separação e aquela ilusão de "unidos para sempre" me exigiu um novo reposicionamento na vida.

Eu lembrava daquela menina admirando os ritmos da natureza e uma aceitação logo me acalentou o coração e, com isso, segui firme nos meus propósitos de cuidar da minha família e dos meus projetos profissionais. Nessa espiral do conhecimento, a vida me apresentou as possibilidades de aprender e trabalhar com várias áreas da medicina integrativa, entre elas: Reiki, Tui-ná, Shantala, Barra de Access®, Antroposofia, Meditação, Ozonioterapia, Medicina Tradicional Chinesa e Acupuntura, Massagem Tântrica, Constelação Familiar, Radiestesia, Aromaterapia, Medicina Quântica, Terapia Neural, Homotoxicologia, Promoção de Saúde e Qualidade de vida, Nutriendocrinologia Funcional, Suplementação e Nutrição Funcional. Todas essas ferramentas de diagnóstico e tratamento me apresentaram uma nova proposta de atendimento. Apesar de ainda ter muito a aprender, me orgulho em perceber que quem está diante de mim é uma alma buscando seu processo de elevação espiritual.

Meu dia a dia no consultório

Caso Clínico 1: Roberta S. A., 17 anos, estudante. Filha única, fruto de um relacionamento casual, cresceu sem o convívio com o pai, foi criada pelos avós, está cursando o último ano escolar e se preparando para o vestibular de Engenharia Civil.

Queixa principal: secreção vaginal com grumos, sensação de ardência e prurido constante nos genitais. Apresenta esses sintomas de forma crônica e repetitiva. Tem mantido relações sexuais e nem sempre faz uso de preservativo. Apresenta hábitos de sono irregular, alimentação à base de *fast-food* com doces. Não faz atividade física atualmente, porque prefere dormir um pouco mais.

AVALIAÇÃO: Diagnóstico: Candidíase de repetição – Síndrome fúngica.

Conduta: Antifúngico tradicional dose única. Mudança no padrão de alimentação com redução importante da ingestão de carboidratos, alimentos fermentativos, frutas e açúcares. Introdução de enzimas digestivas, fibras, verduras e folhas verdes escuras. Recomendação para ingestão dietética de orégano, tomilho, cravo, canela (todos antifúngicos naturais). Recomendação para mudanças de hábitos: melhorar a mastigação e praticar *slow-food* (uma forma de meditação enquanto come).

Considerações: Trata-se de uma adolescente que está vivenciando nessa fase a Deusa Afrodite: deusa da beleza e do amor.

Ficou bem nítido para mim a falta desse pai, que ela não tem contato e procura substituir com os alimentos de conforto da casa dos avós e lanches fora de casa. Ela é uma jovem muito bonita, mas de autoestima baixa e encara relacionamentos sexuais com parceiros casados ou ocasionais, aceitando o uso do seu corpo para a obtenção de prazer, e não pensa na possibilidade da construção de um relacionamento. Portanto, a Deusa Afrodite verdadeira que cultiva o encanto, a pureza e a beleza está escondida pelas dores da alma.

Solicitei avaliação de psicoterapeuta, nutricionista funcional e acupunturista.

Caso clínico 2: Juliana, 27 anos, advogada e empresária. Nascida na região nordeste, filha mais velha, aos 15 anos veio para São Paulo para trabalhar. Estudou Direito, trabalha no seu próprio escritório com uma equipe, comprou uma empresa do ramo alimentício. Há cinco anos trouxe os pais e o único irmão para viver em São Paulo com ela.

Queixa de dor abdominal muito intensa, sangramento vaginal irregular apesar do uso de anticoncepcional contínuo há quatro anos. Nega relacionamento sexual há três anos. Planeja se casar e ter família a partir dos 35 anos. Faz pilates na semana (não aprecia atividade física) e é viciada em café e chocolate. Está em tratamento de gastrite e *H. Pylori*, com prescrição para mais 40 dias. Trouxe exame de Ressonância Pélvica com diagnóstico endometriose severa.

AVALIAÇÃO: Considerações: Paciente jovem, vivenciando a Era da Deusa da juventude: Atena – Deusa da Sabedoria – Aprender.

Essa jovem mulher, não aceitando a profissão e a condição humilde do pai, aprisiona a Deusa Afrodite na adolescência, que deveria ter sido vivenciada para um relacionamento amoroso com ela própria e com um companheiro para formar a família que ela tem como objetivo, mas foi substituída desde cedo pela Deusa Atena, que assumiu o comando.

A falta de expressão da Afrodite está presente na Endometriose.

Conduta: Orientações de mudanças de estilo de vida, alimentação anti-inflamatória, tratamento medicamentoso da endometriose. Foi encaminhada para Constelação Familiar (cura ancestral), aulas de dança, acupuntura para alívio da dor, aromaterapia e sessões de atendimento em Terapia Neural (nas quais ela percebeu a sobrecarga de trabalho e decidiu delegar o gerenciamento da empresa alimentícia ao irmão).

Nas consultas subsequentes, refere que o estresse e a endometriose estão sob controle, descobriu a atividade física fazendo aulas de dança. Está mais alegre, mais leve.

Agora, além de manter a maioria das terapias, recomendo uma *personal stylist* para mudanças no visual e uma equipe de fotografia especializada em mulheres para se presentear com um *book* de fotos com a mudança da autoimagem e o reforço na autoestima, dando vazão para a Afrodite aprisionada nas dores do passado.

Caso clínico 3: Vera Lúcia, jovem senhora de 54 anos, me procurou com sintomas de climatério – pós-menopausa há três anos, com quadro de fraqueza e desânimo diagnosticado e medicado pelo psiquiatra como depressão. Relata cansaço crônico desde a época que os filhos eram pequenos. Farmacêutica de formação, não gostava da profissão, decidiu interromper a carreira após o primeiro parto para cuidar da família, e hoje é mãe de três filhos jovens (26, 24 e 19 anos). Não conseguiu se inspirar para buscar algo diferente profissionalmente, deseja mudar isso, mas não vê perspectiva. Tudo piorou muito quando o filho mais velho foi estudar fora do Brasil. Refere dificuldade financeira familiar, ansiedade, aumento do peso, o que gera baixa autoestima e insegurança no casamento, visto que o esposo é CEO de um banco internacional.

Considerações: Os exames mostraram a presença de alterações hormonais em razão do estresse crônico e da faixa etária em questão, associadas às deficiências nutricionais pelos hábitos alimentares. Ela optou por seguir tratamentos com homeopatia, fitoterapia e aromaterapia para os sintomas pós-menopausa. Além disso, mudanças de hábitos alimentares com acompanhamento da nutricionista, iniciar prática de atividade física ao ar livre para tomar sol, observar a natureza e as pessoas e se inspirar.

Aqui vemos nitidamente que a Deusa Deméter é quem rouba a cena, cuidando da família e dos filhos silenciando as outras Deusas. A permanência em Demeter, que se doa muito para os outros e sufoca os desejos da Sua Alma, causa esses sintomas de cansaço e depressão. Fica evidente a frustração que ela sente pelo que recebe dos filhos e esposo por tamanha dedicação ao longo de todos esses anos. Não consegue projetar no seu EU o sucesso do esposo e dos filhos, ela cresceu com a imagem de que o poder está na figura do masculino, no trabalho fora de casa, uma imagem que é divulgada como fonte de poder pela nossa sociedade.

Com a maturidade, quem deve assumir o comando é a Deusa Hera, que traz o potencial de unir e sintetizar todos os conhecimentos adquiridos durante a vida e, a partir de agora, compartilhar com outras mulheres, cooperando com o crescimento mútuo.

Foi recomendado a ela que se esforce para acompanhar as amigas em trabalhos comunitários, buscando apoio em atividades de lazer, esporte e educação, que têm alto impacto e baixo custo, e podem inspirá-la.

Mentes que iluminam o mundo

Cada mulher tem em seu interior os potenciais das Deusas. As nossas escolhas diante dos desafios da vida nos oferecem a oportunidade de permanecer no caminho seguro e conhecido, ou mudar e caminhar em direção ao novo e desconhecido.

É uma oportunidade para conhecer as nossas virtudes e na sacralidade curar a nossa ALMA.

22

SONHOS
PORTAIS PARA A
MANIFESTAÇÃO DO
PODER PESSOAL

Quando aprendemos a interpretar os nossos próprios sonhos, uma nova realidade se apresenta e um profundo reconhecimento do nosso subconsciente aflora e nos dá clareza, visão e confiança. Essa confiança nos permite ser mais assertivos, determinados e corajosos, nos levando também a ter uma capacidade consciente de realizar nossos sonhos no estado de vigília, aquelas metas e objetivos que queremos realizar em nossas vidas.

PEDRO MARATA

Pedro Marata

Fundador da Realidade Positiva e Escola do Sonhador. Coach e terapeuta.

TED Speaker, palestrante, *coach* de vida e de carreira certificado pela ICF (International Coach Federation), ThetaHealer®, trabalha com o subconsciente por meio de análise e interpretação de sonhos, usando técnicas do Yoga dos Sonhos Tibetano, dos arquétipos e simbolismos de Jung. Seu objetivo é ajudar empreendedores, terapeutas, psicólogos, consteladores, neurocientistas e *coaches* a irem além das suas lutas e sistemas de crenças limitantes, aumentando sua autoconfiança, motivação e autoconsciência. Viveu um ano na Índia, no Osho International Meditation Resort (em Pune), estudando espiritualidade, Massagem Ayurveda com Kusum Modak (discípula direta do B.K.S. Iyengar, fundador do "Yoga Iyengar") e meditação. Depois de se formar em Engenharia Civil, em Lisboa, tornou-se *personal trainer*, treinador de tênis, praticante de PNL (Programação Neurolinguística), profissional de Shiatsu e facilitador de cursos e *workshops*.

Contatos
http://www.wahidomarata.com/
https://www.realidadepositiva.com/
pedro@realidadepositiva.com
Mídias sociais: @wahidomarata

Os sonhos são uma ferramenta para o autoconhecimento e o desenvolvimento espiritual. Ainda são uma fonte de inspiração para muitos médicos, neurocientistas, professores e investigadores. Desde Freud a Jung, os sonhos sempre causaram debates e profundos estudos a serem executados para uma maior compreensão da razão pela qual passamos cerca de um terço das nossas vidas a dormir e, por consequência, a sonhar. Várias tribos indígenas por todo o mundo já vêm trabalhando com os sonhos durante gerações. O Yoga dos Sonhos Tibetano (YST) compartilha ensinamentos dos mestres que orientam os discípulos a usarem sonhos lúcidos como uma ferramenta efetiva para desenvolvimento e evolução espiritual.

A vida é feita de experiências para serem vividas. Elas não podem ser compartilhadas no sentido de fazer os outros sentirem o que sentimos, e muito mais difícil ainda é explicar em palavras aquilo que sentimos para conseguirmos exprimir o que é um sentimento, seja qual for. Como explicar a experiência de cheirar uma rosa, ou degustar uma maçã, ou escutar o som de um passarinho cantando? Então, tal como no mundo onírico, o complexo mundo dos sonhos pode ser explicado por palavras, mas a grande experiência vivida é do onironauta, um explorador intrépido dos sonhos lúcidos seguindo mapas esotéricos ancestrais para o espaço interior.

Dormir e sonhar são jornadas espirituais, sagradas e têm de ser ritualizadas para que possamos tirar o maior proveito do tempo que passamos sem o sol, sua luz e temperatura. A maior parte das pessoas não o fazem com entusiasmo, adormecendo com preocupações e medos, pois as emoções, pensamentos e quaisquer bloqueios que vivemos no dia a dia são levados conosco para o sono e os sonhos. Silêncio, abertura do coração e presença no corpo são vitais para dormirmos bem. Desmistificar o mundo onírico nunca foi tão necessário.

Quando aprendemos a interpretar os nossos próprios sonhos, uma nova realidade se apresenta e um profundo reconhecimento do nosso subconsciente aflora, nos trazendo clareza, visão e confiança. Essa confiança nos permite sermos mais assertivos, determinados e corajosos para termos capacidade consciente de realizar nossos sonhos no estado de vigília, aquelas metas e objetivos que queremos realizar em nossas vidas.

O que é um sonho e que tipos de sonhos existem? Por que sonhamos? Como relacionar os nossos sonhos com a realidade (ou a nossa percepção dela)? Saber os tipos de sonhos e como eles podem nos ajudar no autoconhecimento e no crescimento pessoal, para que possamos fazer uma ponte entre o nosso subconsciente e o consciente, é uma ferramenta ainda pouco explorada.

Um dos preceitos que aprendi no início da minha jornada onírica é que todos os aspectos dos sonhos são um aspecto de nós mesmos. Isto significa que, quando sonhamos com uma pessoa, por exemplo, não trazemos essa pessoa para dentro do nosso sonho através do subconsciente, mas sim a projeção da sua energia para nossa compreensão pessoal da sua mensagem. Até podemos ter uma premonição e, nesses casos, realmente sonhamos com uma pessoa da vida real. Geralmente, quando pessoas, animais, objetos físicos e não físicos aparecem nos sonhos, representam uma parte do nosso subconsciente. Quando compreendemos esse aspecto tão importante dos sonhos, conseguimos acordar dentro do sonho, com lucidez, e aprender verdadeiramente como analisar essas partes do nosso subconsciente.

Qual a razão pela qual despendemos cerca de três horas por dia a sonhar? Antes de explicar os tipos de sonhos que podemos ter quando dormimos, é importante explanar as principais razões pelas quais sonhamos.

- Quando sonhamos, conseguimos ter uma percepção de situações que podem acontecer no futuro, e muitas vezes antevê-las, como se fosse uma premonição. Dessa forma, podemos mudar o futuro se não gostarmos dele e podemos nos preparar para situações que enfrentaremos, seja em nível pessoal ou coletivo.
- Os sonhos são um reflexo do que está acontecendo dentro do nosso corpo físico, mental e emocional. Muitas vezes (também de forma premonitória), conseguimos enxergar doenças ou tratamentos para patologias que nos afetam em um momento das nossas vidas.
- Os sonhos também nos colocam em comunicação direta com nossos deuses e deusas, com os quais podemos falar e nos comunicar em um nível muito profundo. Essa comunicação pode acontecer com o espírito, com mestres, com os nossos ancestrais e antepassados, com uma consciência mais poderosa do que a nossa mente. Por meio dessa comunicação, podemos aprender, tirar dúvidas e comungar de um espaço sagrado.
- Outras razões têm a ver com a liberação de energias bloqueadas durante o dia e com a experiência que carregamos de nossa infância e adolescência, como traumas, repressões, medos, fantasias, dores, sofrimentos, raiva e tristeza.

Processo de adormecimento

Em nível científico, sinto a importância de explicar o processo de adormecimento e com que frequências eletromagnéticas passamos do estado de vigília para o estado de dormir. Mesmo antes de dormir, passamos por um estágio imediatamente anterior ao sono chamado hipnogógico, quando passamos de uma frequência cerebral Theta para uma Delta, a transição da vigília para o sono. O estado de transição oposto do sono para a vigília é descrito como hipnopômpico.

O que é frequência? É uma grandeza física que indica o número de ocorrências de um evento (ciclos, voltas, oscilações etc.) em um determinado intervalo.

As frequências cerebrais principais são Beta (12-36 Hz), Alfa (8-12 Hz), Theta (3-8 Hz), Delta (3-0,5 Hz) e Epsilum (0,5-0 Hz). Estas são as mais relevantes para o estudo dos sonhos. Existem também as frequências Gama (36-44 Hz, na qual temos a capacidade de aprendizagem rápida), Hiper Gama (44-100 Hz, acessível por meio da prática de meditação) e Lambda (100-200 Hz, na qual se dá a sincronização dos hemisférios direito e esquerdo do cérebro, em que por meio de certas práticas meditativas os monges conseguem permanecer centrados e conectados no frio, porque atingem um estado de autorregulação da temperatura corporal).

Quando acordados, estamos em uma frequência eletromagnética cerebral Beta, capazes de aprendizado rápido, acesso à memória, raciocínio e facilidade de resolução de problemas e situações cotidianas. Quando começamos a meditar, por exemplo, a nossa frequência cerebral baixa de Beta para Alfa e, por vezes, chega a Theta (em que se pode trabalhar com a hipnose ou ThetaHealing®). Da mesma forma, passamos por essas frequências nessa ordem quando adormecemos, até que entramos em uma frequência Delta e, no sono profundo, na Epsilum. Cerca de 4 a 6 horas depois de adormecermos, algo misterioso acontece no cérebro: apesar de o corpo estar imóvel e estarmos dormindo, o cérebro, como que se acordasse, manifesta um frequência Beta, que nos permite as mesmas funções cerebrais que quando estamos acordados. É nessa fase (que corresponde às últimas três horas de sono) que entramos no estado REM (do Inglês *Rapid Eye Movement*, que significa Movimento Rápido dos Olhos). É nesse estado REM que os cientistas descobriram que se dão os sonhos lúcidos.

Mas que tipos de sonhos existem? Como os podemos classificar? Dos meus 20 anos de estudos identifiquei sete tipos de sonhos diferentes, que refiro a seguir:

1. O primeiro tipo de sonho que acho interessante mencionar é o **sonho Acordado**, isto porque todos nós já tivemos a experiência de momentos do nosso dia em que entrarmos em um espaço mágico guiados pela nossa imaginação. Por exemplo, quando estamos falando com alguém e de repente entramos em um mundo paralelo, no qual deixamos de ouvir o que o outro está dizendo e começamos a viver um filme, como se fosse um sonho.

2. O sonho mais comum que todos nós temos é o que chamo de **Limpeza** ou **Detox**, em que estamos simplesmente a reviver situações que nos aconteceram no dia anterior que não foram bem resolvidas ou que foram suficientemente impactantes para termos a necessidade de limpar essas energias do nosso sistema. Muitas vezes, essas energias estão bloqueadas aos níveis físico, mental e emocional, e se não lidarmos com elas antes de dormir e durante o sono por meio dos sonhos, podemos depois transportar essa energia para outros dias futuros, tornando esse acúmulo energético um peso que tem de ser liberado.

3. Os **sonhos Recorrentes** são aqueles que nos permitem viver o mesmo sonho várias noites, o que pode acontecer de forma consecutiva ou ter o mesmo sonho durante vários anos. Certas vezes, acontece que as pessoas têm sonhos recorrentes como se estivessem a voltar para o mesmo sonho e ele acaba por acontecer por capítulos ou etapas. É uma forma de nosso subconsciente nos

comunicar algo que não temos a capacidade de compreender apenas com um sonho. Com muita paciência e calma essa informação nos é passada durante várias sessões oníricas. Assim que compreendemos a mensagem, os sonhos recorrentes deixam de acontecer.

4. Os **sonhos Premonitórios** nos permitem acessar uma certa mediunidade para recebermos informações de acontecimentos que acontecerão no futuro. A capacidade de "ver" o futuro nos permite ficarmos preparados ao níveis físico, mental e emocional para tais eventos, ou mesmo para podermos avisar e alertar as pessoas envolvidas nesses eventos. O perigo com os sonhos premonitórios reside na nossa capacidade de compreender se a informação é realmente premonitória ou não, para não cairmos no erro de acreditar em situações que talvez nunca aconteçam.

5. Os **sonhos Kármicos** são aqueles que nos permitem entrar em contato com a nossa linhagem genética para a resolução de traumas e questões familiares que muitas vezes desconhecemos. Os conhecimentos ancestrais nos dizem que podemos resolver questões kármicas sete gerações no passado e também sete gerações no futuro. E que, por meio dos sonhos, temos essa capacidade de atravessar o tempo e o espaço, e entrarmos em contato com o nosso DNA, modificando-o e permitindo que aconteçam transformações bem profundas; só temos de estar disponíveis e conscientes para que elas aconteçam.

6. Considero os **Pesadelos** como uma bênção à qual temos de prestar muita atenção. Jung apelidou uma parte do nosso subconsciente como o lado sombra do ser humano, em que guardamos as nossas memórias reprimidas, os nossos traumas, medos, situações que nos causaram dor e sofrimento e, basicamente, todos os desejos que acabamos por reprimir por não sentirmos que eram adequados. Isso nos deixou uma memória inconsciente carregada de pensamentos, sentimentos e emoções não expressados. Como é inconsciente, muitas vezes nos sentimos pesados, com dores na cabeça, ombros e costas doem sem razão aparente. No entanto de repente temos um sonho que nos comunica certas facetas desse lado sombra e, lentamente, começamos a reconhecer e a liberar as energias bloqueadas e estagnadas dos nossos medos, traumas etc. Essas experiências podem ser traumáticas e nos fazer acordar com um sentimento ruim, mas o fato é que, aos poucos, nos liberam dessa carga energética.

7. Por fim, os **sonhos Lúcidos**, os mais misteriosos e complexos dos sonhos. O que é um sonho lúcido? O YST diz que esses sonhos nos permitem a união com a consciência universal dentro do estado de sonho. O filme "A Origem" explica de forma peculiar o contexto dos sonhos lúcidos. Esses sonhos acontecem no estado REM, no qual o sonhador toma controle do sonho, tornando-se consciente de que está dormindo. Essa lucidez e clareza nos permite reconhecer que estamos dentro de um sonho e temos a possibilidade de ficarmos conscientes da própria consciência. O sonho lúcido declara tanto a aparência como a sensação real, em que nos tornamos ambos criadores e o criado, o projetor e o projetado, dentro do nosso subconsciente através da psique. Todos temos

a capacidade de ter sonhos lúcidos pela nossa intenção e certos exercícios que compartilho no QR code.

Atingir o nosso potencial máximo

Problemas psicoespirituais necessitam ser compreendidos e analisados para podermos encontrar a raiz do problema, a causa que deu início ao desconforto. Quando chegamos à causa, conseguimos manifestar os passos que levam à transformação. Caso contrário, vamos lidar com os sintomas que mascaram a cura.

Para avançarmos no caminho do autoconhecimento, temos de identificar os bloqueios e sistemas de crenças limitantes que nos inibem de atingir liberdade.

Para tratar de problemas psicoespirituais e de sono, como insônias, estresse e ansiedade, recomendo o *Coaching* e a Meditação.

Desenvolvi uma terapia chamada Viagem Onírica: *Desbravando o Mundo dos Sonhos através dos Mistérios do Subconsciente*, e o Thetahealing®. Em primeiro lugar, analisamos o estado atual da sua vida e o que a(o) trouxe a procurar esse tipo de atendimento. Depois, começamos por entrar em um estado de frequência cerebral Theta para trabalharmos a questão mais relevante para a sessão.

O Thetahealing® é uma técnica de cura energética, sistematizada pela norte-americana Vianna Stibal, que promove melhorias no nosso corpo físico, mente e emoções pelo trabalho com crenças limitantes. Ativando a onda cerebral Theta tornamos o subconsciente mais acessível, permitindo que pensamentos, memórias, crenças e sentimentos que estejam ali "escondidos" ou bloqueados sejam acessados.

23

MINDFULNESS
VOCÊ PODE RESSIGNIFICAR
A SUA VIDA

Dra. Priscilla Rosa conta como superou a esclerose múltipla, compartilha vivências internacionais no Nepal, Tibet e China, convidando o leitor a um mergulho profundo e inspirador em meditação, *Mindfulness*, autoconhecimento, saúde e bem-estar a fim de se obter mais qualidade de vida.

PRISCILLA ROSA

Priscilla Rosa

Fisioterapeuta, mestre em Tai Chi Chuan, instrutora certificada de *Mindfulness* e pós-graduada em Ergonomia e Qualidade de Vida.

Priscilla Rosa é fisioterapeuta formada pela PUC-MG, pós-graduada em Ergonomia e Qualidade de Vida pela FMU/2012, mestre em Tai Chi Chuan pela Sociedade Brasileira de Tai Chi Chuan e Cultura Oriental - SBTCC - e Instrutora Certificada em Mindfulness pelo MTI - Mindfulness Training International. Conquistou, na China, medalhas no III Campeonato Internacional da prática de Tai Chi Chuan e Chi Kung. Foi no Tibet, no sagrado Monte Meru – considerado o centro do universo pelos hindus, budistas e jainistas –, que comprovou que somos muito mais capazes do que imaginamos. A caminhada com sensação térmica que pode chegar a -5º C não desafia apenas o físico, mas também a mente. Em 2014, foi diagnosticada com esclerose múltipla e, desde então, intensificou sua jornada de estudos e autocuidado, tornando-se instrutora certificada em *Mindfulness* pelo MTI. Em sua empresa, a Vital Equilibrius Corporativa, já atendeu mais de 5 mil pessoas aliando saúde, bem-estar, qualidade de vida e autoconhecimento. Foi a Presidente "Inovadora" do Rotary Club de São Paulo – Alto da Mooca – na gestão 2019-2020, com o lema "O Rotary conecta o mundo". No YouTube, compartilha várias dicas e exercícios de meditação.

Contatos
www.priscillarosa.com.br / www.vitalequilibrius.com.br
priscillarosameditacao@gmail.com / contato.vitalequilibriuscorp@gmail.com
Instagram: @priscillarosameditacao
11 99646 7081

Já na infância, eu começava a criar conexões com a natureza e uma pontinha de meditação sem saber o que era. Lembro-me de que uma das minhas tias me ensinou a abraçar uma árvore e realizar uma troca de energia com ela, achei o máximo! Imaginava as raízes por debaixo da terra, segredos e forças que eram só dela.

Na adolescência, acompanhava minha avó materna, a qual me criou, nas sessões de fisioterapia, e lembro-me direitinho da cena. Pensei: "Que linda profissão cuidar do próximo com tanto amor", e decidi ali ser fisioterapeuta. Cursei a faculdade de Fisioterapia em Poços de Caldas, minha terra natal, na PUC Minas. Após me formar, lembro-me de que sentava à noite na varanda e refletia olhando para as estrelas – O que eu quero? Quais são meus sonhos? E a resposta não demorou a chegar: Quero ganhar o mundo!

Com a oportunidade e a sorte batendo em minha porta, tive uma proposta de trabalhar em uma clínica na metrópole que recebe gente de todo o mundo. São Paulo, era ali que minha vida começava a mudar de rumo.

Como amante de terapias integrativas, como massagens terapêuticas, shiatsu, watsu (shiatsu na água quente), reiki, vim com muita sede para dar o meu melhor. Encantada pela cidade, aproveitava aos fins de semana para conhecer parques, até que um dia fui parar no mais importante e famoso para os paulistanos, o Ibirapuera. Nem sabia que parque era aquele e, quando resolvi perguntar o nome para o guarda municipal, ele me olhou espantado. Saí dando muitas risadas me sentindo A caipira. Foi um começo desafiador.

Tai chi chuan e chi kung

Conheci o Tai Chi Chuan e o Chi Kung. Fiz o curso de formação de instrutores, me dedicava muito aos treinos. A paixão pelas artes marciais era cada vez maior, junto às práticas com a meditação, que iniciei com mente de principiante, em que tudo se encaixava. Como uma dança leve com passos suaves, podia trazer a cura, a conexão com o meu eu, trazer a atenção plena e consciente de tudo. Passei por várias transformações em meu corpo, emagreci 10 kg.

Na ocasião, já havia saído da clínica e trabalhava como fisioterapeuta autônoma em domicílio. As portas começavam a se abrir para dar aulas em empresas, em eventos e aumentar meu *networking* também.

Em 2007, realizei um grande sonho e a minha primeira viagem internacional indo para a China. Disputei o III Campeonato de Tai Chi Chuan em grupo e individual. Trouxe na bagagem uma medalha de bronze no individual e outra de prata, que conquistamos em grupo, para o Brasil. Que emoção!

Gravei duas coleções em DVD de *Chi Kung, Tai Chi Chuan 50 minutos de Prática* Volumes de I a IV, que foram vendidas em bancas de jornal do Brasil inteiro. Na época, fui convidada a dar aulas na escola Humaniversidade Holística, tendo as meditações como maiores aliadas, tudo que desejava e aspirava buscava na base das raízes daquela árvore frondosa e forte.

Abertura da clínica – realização de um sonho

Em 2012, me sentia muito cansada, meu ciclo na empresa como coordenadora fechou. Com a volta de atendimentos em domicílio, prestava serviços a outras empresas, mas sentia a necessidade de me estabelecer em um lugar fixo. Foi quando abri minha primeira clínica. Novos tempos, novos rumos e ali estava realizando um lindo sonho e com muita vontade de dar certo.

Esclerose múltipla – aprendizado e superação

Achava que todo aquele cansaço e estresse iriam passar. Mantinha minhas atividades na academia, praticava chi kung e meditação, mas com frequência sentia mal-estar e fadiga. Sem desconfiar, algo assustador estava por vir. Passei por vários médicos até encontrar um excelente que pediu mais exames. Sabe quando parece que algo está sendo preparado para você ter estrutura para suportar? Foi dessa maneira que, enquanto eu assinava a reforma da nova clínica, levei um *knockout* de direita em cheio! Aquele mal-estar foi diagnosticado por uma ressonância do crânio como doença desmielinizante, meu chão se abriu naquele momento. Fui internada às pressas, no mesmo dia, com a roupa do corpo. Achava que estava em um pesadelo e que iria acordar logo. Lá no fundo, aquela voz interior que fala fortemente me disse: "Continue com os seus planos, isso vai passar".

O apoio do meu amor e da família foi primordial nesse momento, pois a reforma da clínica estava a todo vapor. Sem entender vários porquês que passavam em minha mente, me recolhi como um animal ferido que se esconde e lambe sua dor para se curar. Meditei muito sobre tudo o que acontecia: Como isso foi acontecer comigo? Como eu fiz isso comigo mesma? Será que eu que provoquei isso?

Foi um grande choque para que meu ego prestasse atenção ao que estava acontecendo. O que me fortaleceu diante tudo isso foi ser grata por ter acesso a bons médicos e pelo rápido diagnóstico em apenas três meses. Tenho a clareza que tudo isso foi possível graças à minha frequente busca do autoconhecimento. Isso me trouxe maturidade suficiente para seguir com meu propósito e missão de vida, e uma certeza de poder ajudar as pessoas a se conectarem com o seu Eu. Voltei decidida a trilhar esse caminho e ser solidária a entrar em contato com a dor do outro, apresentando ferramentas que eu mesma, sendo cientista de meu próprio laboratório, havia testado. Tinha muito trabalho pela frente.

Viagem para o Tibet – a descoberta

Em 2018, passadas as turbulências e já reestabelecida, me dei de presente uma viagem para o Tibet e foi lá, no Sagrado Monte Meru, considerado o Centro do Universo, que comprovei que somos muito mais capazes do que imaginamos. Em uma caminhada de 50 km ao redor da montanha, a 5.600 m de altitude com a sensação térmica de −5 graus, não fui desafiada apenas pelo corpo físico que suportou tudo, mas o mental também. Lá resolvi deixar todas as minhas velhas limitações, descobri que sou eu quem controlo a minha mente. Desconstruí, ressignifiquei muitas coisas e tirei vários rótulos para descobrir a minha melhor versão.

Na volta, revigorada, criei o meu canal no YouTube para compartilhar dicas de saúde, práticas e muito mais.

Mindfulness

Em 2019, conheci o *Mindfulness* em um evento sobre o qual estava curiosa, dos Trovadores Urbanos com meditação no escuro. Simplesmente me apaixonei. Não foi só isso, meu coração batia forte e foi ao encontro daqueles *insights* que tive no Tibet, de que eu poderia ter um novo rumo com meu novo propósito de vida que se iniciava, então mergulhei de cabeça. Fui me especializar, me aprofundar. Como eu já meditava, tudo ficou mais evidente e claro! *Mindfulness* é uma técnica que é totalmente laica, desmistificando religiões. Aprendendo, eu poderia levar para as empresas e trabalhar com a saúde mental do trabalhador, montar grupos presenciais e on-line e muito mais. Ali minha missão se fortalecia.

Em meio ao encantamento com bastante aprofundamento e prática de *Mindfulness* veio a pandemia do coronavírus, para mostrar que na vida tudo é impermanente, temos de inovar. Foi aí que uma das decisões mais difíceis da minha vida surgiu, fechar a clínica. Resolvi deixar ir, doeu muito, encerrei um ciclo, senti um alívio enorme. Com a congruência de que tudo está no seu tempo certo, já estava terminando a formação de instrutora em *Mindfulness*, e havia muita luz no fim do túnel.

Mindfulness **– começo de um novo fim**

> *Mindfulness é a prática de colocarmos toda a nossa atenção, de coração aberto, no que está acontecendo no momento; fisicamente e mentalmente, tanto dentro como em volta de nós.*
> Tarchin Hearn

O mais encantador no *Mindfulness* é que para praticar não é necessário ter um local específico, nem que a postura ideal é sentar-se de pernas cruzadas, muitas vezes desconfortável para muitas pessoas. Se considerarmos que nosso corpo precisa realizar atividade física para ter boa saúde e longevidade, nosso cérebro não é diferente, ele precisa também se exercitar.

A ressonância magnética e a tomografia comprovam que a prática do *Mindfulness* e da meditação criam a neuroplasticidade, ou seja, a prática regular promove mudanças no padrão de conectividade entre diferentes regiões cerebrais, levando ao aumento da atenção e da regulação emocional. Os *benefícios e resultados* possíveis são a atenção plena, a ternura e a positividade, que desenvolvem uma sensação de propósito com menos sentimentos de isolamento e alienação, além de apresentar menos sintomas, com redução de 40 a 50% de chances de recaídas.

Como domar a mente se constantemente estamos vivendo no passado ou no futuro? O querer "domar" a mente muitas vezes nos gera ansiedade, pois a mente sempre faz um esforço de nos criar distrações e fugir do momento presente. Assim, vivemos aquela sensação de que muitas vezes estamos andando em círculos ou correndo atrás da própria cauda.

É com olhar de acolhimento e com mente de principiante que sugiro que você se permita conhecer o *Mindfulness* e perceba a si mesmo, sem julgamentos, reconhecendo qualquer emoção ou sensação física, simplesmente como ela é, sendo menos reativo. Aqui cito Jon Kabat-Zinn, professor e pesquisador da Faculdade de Medicina da Universidade de Massachusetts, que estruturou o programa MBCT (*Mindfulness-Based-Cognitive-Teraphy*): "[...]a consciência que surge quando escolhemos prestar atenção, com propósito, no momento presente e sem julgamentos." O termo *Mindfulness* é uma tradução de *Sati*, da ancestral língua Pali, que une três intenções: estar consciente + atenção + recordar. Em uma frase, significa "recordar e ter atenção para estar consciente"(1).

Apresento o *Mindfulness* como forma de encontrar os equilíbrios físico, mental e emocional e para se libertar das pressões do dia a dia. E para descobrir a paz e o contentamento, pois existem profundas fontes de tranquilidade dentro de todos nós.

Como o *Mindfulness* pode ser tão simples e eficaz? Como uma prática pode trazer tantos benefícios? Confesso que é tudo isso mesmo, libertador! O que mais me encantou foram as nove atitudes, princípios que norteiam a prática e difundem alguns dos valores cultivados nesse tipo de viver.

1. Não julgar: trazer à consciência o quanto julgamos situações e pessoas. Desenvolver o discernimento ao invés de ver através das lentes das preferências pessoais.
2. Ser paciente: deixar as coisas se desenrolarem em seu próprio ritmo.
3. Ter mente de principiante: disposição para experienciar tudo como se fosse a primeira vez.
4. Aceitar: notar e acolher, com discernimento, o que se apresenta no momento presente e as condições internas (e trabalhar para a mudança a partir desse princípio).
5. Deixar ir: perceber a tendência de querer manter algo ou prolongar uma experiência. Trazer a ideia do desapego, deixando as coisas fluírem naturalmente.

6. Confiar: a confiança, quando cultivada em nós mesmos, nos torna capazes de levá-la aos nossos relacionamentos (com o outro, com os desafios e com a natureza).
7. Não lutar: nada tem a ver com inércia e sim com consciência guiada pela atenção plena. A ideia é permitir que as coisas sejam naturalmente abarcadas pela mente, sem ter de forçar que algo aconteça.
8. Ser grato: sentimento aplicado ao momento presente, ao fato de estarmos vivos, criando um relacionamento único e poderoso com o bem-estar.
9. Ser generoso: altruísmo ao oferecer ao outro simplesmente para vê-lo feliz, potencializando a conexão e a real interatividade com o que nos rodeia(2).

Um dos aspectos mais difíceis nessa corrida da vida é sentir que precisamos cumprir tarefas, e quando praticamos as nove atitudes, desaceleramos o dia e a clareza vem acompanhando todo processo. O *Mindfulness* desperta, traz a oportunidade de que todo dia é dia de descobrir, reconhecer o modo atuante e começar o cultivo do modo existente.

Um programa sério de *Mindfulness* com um instrutor formado pelo MTI tem duração de oito semanas. Como instrutora certificada posso acompanhar pessoas com crises de ansiedade, pânico e depressão, posso vê-las subir um degrau de cada vez, momento a momento em que as crises são descontinuadas, simplesmente, o deixar ir e perceber a melhora, é tudo muito gratificante. A mente de principiante vira a melhor aliada, o caminho do meio começa a se abrir. O mais importante é reconhecer o transtorno com acolhimento, com as práticas e as vivências. A atenção costuma ser sequestrada pelas preocupações, as primeiras meditações ensinam a prestar atenção sustentada em um objetivo específico, usando como foco da atenção coisas que qualquer um de nós tende a considerar corriqueiras, como o sabor da comida, as sensações do corpo, a respiração, a beleza de uma árvore.

Sou muito feliz por ter conhecido o *Mindfulness*, essa ferramenta que me fez despertar e que com muito prazer realizo, com todo o meu amor, dedicação e toda a minha verdade. Quando ouço o relato e o choro de felicidade de pessoas que estão praticando sempre fico emocionada, choro junto e, se eu conseguir despertar uma única atitude, uma única mudança, já me sinto muito realizada. Somos seres em eterna evolução, todo dia é dia de recomeçar, como uma folha em branco. Podemos escrever a história que quisermos. Acertos e erros também fazem parte dessa jornada, crescemos muito com os erros, podemos ressignificar exatamente tudo o que quisermos e buscar a felicidade nas pequenas coisas. Somos o universo em um vasto acontecimento integrado, no qual tudo está conectado e você é único, um ser cheio de infinitas possibilidades dentro da impermanência do que chamamos de Vida. Portanto, "Seja sempre a sua melhor Versão".

Comece a praticar comigo, preparei áudios e meditações que podem ser encontrados no QR code.

Referências

HOPPER, J. Mindfulness additional resources. Disponível em: <www.jimhopper.com/mindfulness>. Acesso em: 08 nov. de 2021.

KABAT-ZINN, J. *Viver a Catástrofe Total*. Palas Athena, 2017.

PENMAN, D.; WILLIANS, M. *Atenção plena: mindfulness*. Editora Sextante, 2015.

WANG, D. *Consciência plena: empreenda com mindfulness & propósito*. Editora Mastermind, 2020.

24

BENEFÍCIOS DO EMDR (*EYE MOVEMENT DESENSITIZATION AND REPROCESSING*) ALIADOS À TERAPIA CLÍNICA

A autora traz o acolhimento, compartilhando sua própria experiência e história de aprendizagem com os atendimentos que abordam a prática com a terapia EMDR. É um novo olhar para a qualidade de vida do paciente dentro da terapia clínica, trazendo a possibilidade de transformar e ressignificar crenças limitantes e pensamentos negativos, tratando dores físicas, mentais e emocionais.

RENATA CARDILLO HOMEM DE MELLO

**Renata Cardillo
Homem de Mello**

Professora universitária na Universidade Metodista de São Paulo (UMESP), psicóloga CRP 46998, *personal* e *positive coaching* em sua empresa RH Mello Comportamento Humano.

Atua como professora universitária na UMESP (Universidade Metodista de São Paulo), *personal e positive coaching* em desenvolvimento de performance individual e organizacional, proprietária da RH Mello Comportamento Humano – atendimento clínico e experiência com atendimentos de infância, adolescentes, adultos e casal/família, com traumas e transtornos psiquiátricos e distúrbios de aprendizagem relativos às emoções. Professora universitária na UMESP – Universidade Metodista de São Paulo. É graduada em Psicologia (UNIP), especialista em Psicopedagogia (UNIB), mestra em Psicologia (UNIMARCO), MBA em Liderança e Gestão Organizacional, MBA em Gestão Estratégica do Ensino Superior (UNISA), *Professional Personal Coaching, Extreme Positive Coaching* (Sociedade Brasileira de Coach), doutora em Educação (UMESP). Formação de Terapia EMDR, Protocolos de Terapia EMDR para atenção precoce e estresse traumático e EMDR e TOC – Transtornos Obsessivo Compulsivo (Trauma Clinic – BR)

Contatos
www.rhmello.com.br
Instagram: @psico_rhmello

Desde pequena, eu gostava de ajudar os seres vivos. Sempre recolhia da rua gatos e passarinhos (cachorro não era permitido) e os levava para casa, pois, naquela época, eu dizia que seria veterinária. Fui crescendo e novas aprendizagens foram surgindo, e com elas, novos objetivos. Ao ingressar no ensino médio, optei por cursar magistério e, consequentemente, com essa opção veio a profissão de professora. Quando comecei a dar aulas, já atuava com um foco diferenciado, no qual o indivíduo construía sua história e o seu percurso. Meu objetivo era fazer Pedagogia, mas meu caminho mudou para a Psicologia, pois tive uma tutora no magistério que me dizia que nas minhas veias corriam o sangue e a paixão da Psicologia e suas formas de atuação, e assim foi. Antes mesmo de ingressar no curso superior já estudava diversas teorias. Nessa época, tive contato com a Neurolinguística, que respaldava minha atuação enquanto professora alfabetizadora.

Ao ingressar na Psicologia, já possuía uma visão diversificada, na qual as teorias tradicionais de atendimento não supriam minhas necessidades para a atuação clínica, que seria meu foco no futuro. No 5º semestre, comecei a estudar diversas abordagens em novos cursos. No último ano da faculdade, conheci o Reiki, com técnicas de energia diferenciadas. A partir desse momento, tive a certeza de que é a energia que move todas as relações dos seres vivos, e justamente por esse motivo, ela precisava ser cuidada e olhada de uma forma diferenciada.

Ao começar a prática clínica, meu propósito profissional era: "melhorar a qualidade de vida da outra pessoa no menor prazo possível". Ao sair da Universidade, ingressei em diversos cursos de especialização acadêmica, concomitante com as práticas integrativas presentes em minha vida, como Barras de Access e os processos corporais de Access, *ThetaHealing*, todas as modalidades de Reiki. Ao aprender uma nova técnica ou prática, sempre somava ao meu trabalho, de modo que pudesse olhar para a integridade do indivíduo – corpo-mente-espírito. Essa filosofia de ser integrado me possibilitou criar um trabalho personalizado para cada pessoa, atuando de modo a atender as demandas e as necessidades individuais de cada um no processo terapêutico.

Em todas as práticas que estudei, sempre fui meu próprio laboratório vivo, fato que me possibilitou viver os processos na sua integralidade, teoria e prática.

Em 2018, conheci o EMDR (*Eye Movement Desensitization and Reprocessing*) por meio de uma amiga e colega de profissão muito querida e me apaixonei pela técnica, fazendo todo o processo de certificação para atuar com essa prática integrada às demais, possibilitando abreviar o processo terapêutico e, consequentemente, as dores emocionais dos pacientes.

O princípio da teoria

O EMDR (*Eye Movement Desensitization and Reprocessing* – Dessensibilização e reprocessamento por meio dos movimentos oculares) é uma técnica descoberta e criada por Francine Shapiro, psicóloga e educadora norte-americana, em 1987. A descoberta inicialmente ocorreu de modo casual, em decorrência de uma questão particular dela própria. Sua observação ocorreu durante as caminhadas que fazia no parque, quando teve a percepção de que muitos dos pensamentos perturbadores que existiam em sua mente deixavam de ser incômodos ou de ter a importância que tinham inicialmente. Por meio dessa observação, percebeu também que todas as vezes que os pensamentos perturbadores voltavam a parecer, automaticamente seus olhos moviam-se para a direita e para a esquerda. Assim, ela começou a aplicar as movimentações oculares sobre todos os pensamentos perturbadores nela própria e em seus colegas, e como resultado as memórias perturbadoras se esvaneciam.

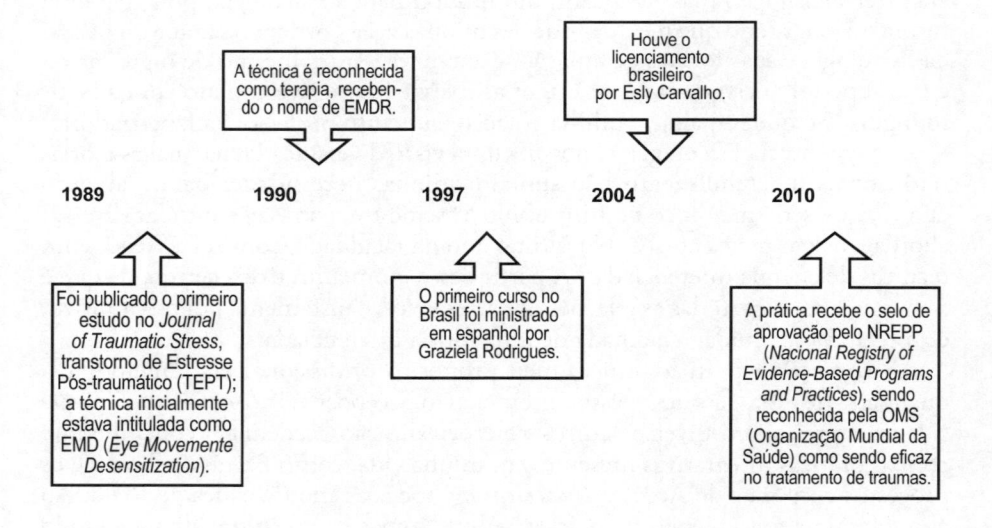

1989 — Foi publicado o primeiro estudo no *Journal of Traumatic Stress*, transtorno de Estresse Pós-traumático (TEPT); a técnica inicialmente estava intitulada como EMD (*Eye Movemente Desensitization*).

1990 — A técnica é reconhecida como terapia, recebendo o nome de EMDR.

1997 — O primeiro curso no Brasil foi ministrado em espanhol por Graziela Rodrigues.

2004 — Houve o licenciamento brasileiro por Esly Carvalho.

2010 — A prática recebe o selo de aprovação pelo NREPP (*Nacional Registry of Evidence-Based Programs and Practices*), sendo reconhecida pela OMS (Organização Mundial da Saúde) como sendo eficaz no tratamento de traumas.

A metodologia

Todo indivíduo vai em busca de atendimento psicológico para superar os sofrimentos e os problemas que estão presentes no aqui e agora. As dores estão no presente, contudo muitos desses sofrimentos têm a raiz no passado, e os traumas são em decorrência do que ficou preso no passado.

Em uma família, é muito comum vermos padrões que ficam estabelecidos e fixos, sendo que, muitas vezes, as pessoas somente agem ou fazem de uma determinada forma por seguirem o padrão estabelecido pelas gerações anteriores. O padrão se repete sem que haja nenhum tipo de questionamento, pela cegueira do amor incondicional.

A metodologia possui protocolos que incorporam o passado, o presente e o futuro, por meio de alvos que são coletados pelas queixas e histórico e que serão trabalhados nos protocolos. Nesse momento, ao acessar as informações do passado, sinto-me como uma arqueóloga nas ruínas, explorando conteúdos nunca acessados, tendo a possibilidade de ver pela primeira vez, juntamente com meu paciente, as experiências passadas que estavam submersas, soterradas pelas defesas, responsáveis pela dor e pelo sofrimento do presente.

Toda e qualquer técnica de psicoterapia prevê um profissional habilitado e certificado, para que as experiências e os traumas do passado não sejam convertidos em outros traumas ou até mesmo em fobias, como diversos casos que já peguei, advindos de outros profissionais e técnicas emergentes.

Protocolo de aplicação do EMDR

Os protocolos de EMDR compreendem oito fases e são descritos por Shapiro. O número de sessões de cada fase poderá ser diferente para cada cliente, pois isso dependerá das demandas individuais e da rede de memórias que são acessadas durante o processamento de cada alvo estabelecido.

Fase 1 – Na anamnese, faremos todo o histórico de vida do paciente e o planejamento do tratamento.

Fase 2 – Na preparação é feita a aliança terapêutica e o estabelecimento do lugar seguro. Esse recurso poderá ser utilizado no decorrer do processamento, para estabilização do paciente, frente aos conteúdos processados.

Fase 3 – É a montagem do protocolo. Aqui será trazida a crença negativa vinculada à memória traumática.

Fase 4 – É o reprocessamento e a dessensibilização das vivências traumáticas por meio dos estímulos bilaterais. Essa fase pode durar uma ou várias sessões.

Fase 5 – É a instalação da crença positiva.

Fase 6 – É o *Body Scan* (sondagem corporal), verificação se há perturbações remanescentes.

Fase 7 – É o fechamento ao final de cada sessão, independentemente de ter esgotado todas as situações perturbadoras.

Fase 8 – É a reavaliação da última sessão, se houveram novas lembranças, pensamentos, sonhos etc.

Benefícios do EMDR para a qualidade de vida e o bem-estar

A técnica do EMDR foi ampliada para todos os tipos de traumas, fobias, ansiedade generalizada, síndrome do pânico, depressões, crises estressoras, bem como o aprimoramento de desempenho futuro.

Normalmente, nas situações traumáticas, existem bloqueios e crenças limitantes que ficaram associadas ao trauma, e que impedem as pessoas de serem felizes e de seguirem adiante, pela falta de consciência desses bloqueios.

Uma situação traumática desencadeia comportamentos de evitação de uma determinada situação, justamente com a ilusão de que, ao evitar a situação do medo, da fobia ou do problema, eles simplesmente desaparecerão. A questão principal é que isso não é a realidade, pois pensamentos intrusivos, obsessivos e perturbadores estarão presentes no dia a dia da pessoa e afetam a capacidade de aprendizagem.

Então, você deve estar se perguntando: "O que faz com que essa técnica seja totalmente diferente das outras técnicas terapêuticas?"

Essa técnica possibilita que acessemos a rede de memória vinculada ao trauma, pois ele não está associado ao fato em si, mas há um disparador que vinculou o trauma e fez esse registro. Para ficar mais claro, segue um caso.

Tive uma paciente que tinha pânico de borboleta. Ela já havia feito alguns processos terapêuticos, mas nenhum deles havia resolvido esse pânico. Então, começamos a reprocessar o seu medo. As lembranças relativas à borboleta surgiram e nelas diversas situações vividas desde criança e, contudo, o fator principal, mascarado ao longo dos anos para que ela ficasse protegida. Durante os reprocessamentos chegamos à situação inicial de que aos cinco anos de idade um primo mais velho a havia molestado, sem nenhum tipo de violação sexual, mas houve um abuso iminente. No momento em que o primo a segurava para tocá-la, ela via uma borboleta pousada na flor do vaso na janela da sala, portanto fixou o medo sentido nesse momento na borboleta. Depois dessa memória reprocessada, os sintomas simplesmente pararam de existir, pois o fator gerador das emoções negativas foi ressignificado. Depois de um tempo, ela tatuou uma borboleta na coxa, como símbolo de que aquilo não a perturbava mais.

Outro exemplo: há muitos anos trabalho com processos intensivos nas crises dos pacientes, e o EMDR permite processos intensivos, com várias horas seguidas de atendimento, e nesse caso, foi trabalhado por cinco horas seguidas. Estava de férias em um *English Camp*, e conheci Giovanni[1], um italiano que estava passando uma temporada no Brasil como *chef*. Ao conversarmos, percebi que havia muita dor e que na realidade estava "fugindo" dessas dores do passado ficando no Brasil. Não via suas filhas há quatro anos, entretanto, ele me dizia que o seu maior trauma era da guerra e que por conta disso não conseguia dirigir o trator e cuidar da terra e do plantio. Então, me disponibilizei para trabalharmos com esse trauma especificamente.

Seguimos todo o protocolo e, ao começarmos o reprocessamento, vieram todas as imagens traumáticas da guerra. Ele dirigia o tanque de guerra e dizia que era

---

1 Nome alterado para preservar sua identidade.

exatamente a mesma sensação de quando sentava no trator. Seguimos com os reprocessamentos até chegarmos no fator gerador. Ele fugiu de casa aos 14 anos de idade. Era de uma família de quatro irmãos, sendo ele o mais novo. Sua mãe o maltratava demais, exigindo que ele trabalhasse aos quatro anos de idade do mesmo modo que os irmãos mais velhos de 10, 12 e 14 anos.

Nos reprocessamentos, vimos que havia abuso e violência, como furar as mãos ou a boca até sangrar, e toda essa violência da mãe ficou associada à violência da guerra, pois ele citava que via sangue nas mãos. A guerra entrou na sua vida, pois fugiu de sua cidade natal e estava em outro país, sendo obrigado a servir quando fez 18 anos, pois estava sem trabalho, sem moradia e vivia na rua. Na realidade, ele nunca tirou a vida de nenhuma pessoa na guerra, ele simplesmente dirigia o tanque de guerra, mas a associação que tinha era sempre do sangue que via nas suas mãos, mas não por ter tirado a vida de outras pessoas, mas porque era o sangue dos maus-tratos maternos.

O fator disparador foi revelado, e normalmente o trauma acaba abrindo as portas da maldade. As memórias disfuncionais foram totalmente congeladas neuroquimicamente pelo trauma, e o reprocessamento descongela essas memórias disfuncionais, permitindo que as emoções sejam reorganizadas.

No caso do Giovanni, foi exatamente o que ocorreu: no dia seguinte ele havia superado o trauma e já estava sentado no trator sem nenhum tipo de lembrança ou perturbação. Um mês depois, relatou-me que decidiu voltar para a Itália e está junto de sua família novamente. Esse é um caso inspirador e motivador, pois rapidamente trouxe um novo propósito de vida para Giovanni.

Conclusão

Por esse motivo, sou apaixonada pelo EMDR, pois traz resultados rápidos e surpreendentes. Conseguimos acessar rapidamente todas as memórias que estão entrelaçadas cognitivamente, possibilitando um novo significado na vida, trazendo a funcionalidade e o bem-estar para o paciente.

Por meio da técnica, temos a possibilidade de desenterrar das entranhas mais profundas todas as memórias, atuando na neurobiologia do trauma, permitindo que façamos uma neuroplasticidade cerebral, que é exatamente a capacidade que o sistema nervoso possui em mudar e se adaptar funcionalmente, quando exposto a novas experiências e a novas aprendizagens.

Nos casos relatados, pudemos verificar a coragem dos pacientes em trazerem o trauma e irem em busca da cura, o que favoreceu a saúde, o bem-estar, a qualidade de vida e, além de tudo isso, trouxe um novo propósito, um novo rumo para a vida dessas pessoas, que estavam perdidas, infelizes e estagnadas nas memórias inconscientes do passado.

Assim, olhamos para o passado para que ele não nos impeça de seguir adiante, ressignificamos o presente para aliviar as dores e o sofrimento, e projetamos um futuro por meio do autoconhecimento e da reconexão consigo próprio.

Referências

CARVALHO, E. R. S. *Curando a galera que mora lá dentro: como o EMDR pode curar nossos papéis internos*. Brasília: TraumaClinic, 2013.

HELLINGER, B. *Conflito e paz: uma resposta*. tradução Newton A. Queiroz. São Paulo: Cultrix, 2007.

SHAPIRO, F. EMDR. *Dessensibilização e reprocessamento através de movimentos oculares*. Brasília: Nova Temática, 2007.

25

MEDICINA E ESPIRITUALIDADE

Neste capítulo, a medicina e a espiritualidade são abordadas com um novo olhar na saúde. A autora traz o acolhimento compartilhando sua própria história, em que aprendeu a viver, conviver com o câncer de mama e ressignificar a sua vida. Emocione-se com essa história, que traz uma importante mensagem sobre prevenção e carinho, com um tom de espiritualidade e de conexão interior com você, ser humano natural quase em extinção.

RENATA ISA SANTORO

Renata Isa Santoro

Cardiologista pediátrica, ecocardiografista fetal e pediátrica e terapeuta com técnicas integrativas e complementares

Cardiologista pediátrica e ecocardiografista em Campinas. Cofundadora da MEDSOUL, na qual atua como naturopata e terapeuta do Cuidado Integral com técnicas integrativas, trazendo um novo olhar na saúde. Ex-colunista da revista Ana Maria na UOL, com o tema terapias integrativas e complementares para a saúde e o bem-estar. Palestrante e autora do livro *Poderosa leveza de ser – uma introdução à vida através do câncer*. Graduada pela Faculdade de Ciências Médicas de Santos – Centro Universitário Lusíada Unilus, mestra em Ciências e cardiologista pediátrica pela Unicamp, especialista em Pediatria pela Associação Médica Brasileira e Sociedade Brasileira de Pediatria, e em Cardiologia Pediátrica pela Associação Médica Brasileira/Sociedade Brasileira de Pediatria/Sociedade Brasileira de Cardiologia, pós-graduanda em Naturopatia pela Escola Brasileira de Naturopatia e pós-graduanda em Cuidado Integral, Unipaz.

Contatos
CRM: 105.124-SP
www.drarenatasantoro.com.br
Instagram: @drarenataisasantoro e @medsoul.brasil

Dizem que você evolui pela dor ou pelo amor. Eu encontrei ocaminho da espiritualidade da forma mais comum e menos necessária, por meio da dor. No final de 2016, em uma vida turbulenta entre ser mãe, esposa e profissional *workaholic*, sem tempo nenhum ou vontade para a atenção pessoal, estava cheia de compromissos, sentia-me extremamente cansada e irritada. Com um estresse que não me deixava nem na hora de dormir e sem nenhum cuidado verdadeiro comigo mesma, recebi um diagnóstico de câncer de mama, aos 38 anos. Foi uma notícia devastadora! Em poucos dias aquela mulher magra, com cabelo escovado, maquiada, que só andava no salto e quase não ficava em casa, estava agora em casa, de pijama, pantufas, inchada e careca, e minha única responsabilidade era sobreviver e me curar. Entrei, então, em uma crise existencial profunda, iniciando uma jornada de autopercepção e amor-próprio. Entendia que o tratamento médico estava curando o meu corpo e que eu também tinha outras partes de mim que necessitavam de tratamento, como meus pensamentos destrutivos, minha falta de confiança e amor por mim mesma. Eu não sabia mais quem eu era, o que estava fazendo, quais eram meus valores, meus desejos, onde estava minha essência.

A busca pela cura

Em busca dessas respostas, sem notar que o que eu queria mesmo era me conectar comigo mesma, com minha intuição e minha alma, mergulhei em estudos e imersões que foram me tornando mais próxima da espiritualidade e que me ajudaram a ter um melhor enfrentamento da doença, da vida, resgatar meu amor-próprio e encontrar meu caminho. Foram muitas sessões de terapias e imersões das quais participei intensamente: com a mestre em tantra Prem Samit no *Awakening Center*; no curso de consciência quântica ativacional, com o *coach* Claudio Santmi; terapia floral, com o mestre da numerologia Carlos Talis; e muitas sessões de psicoterapia transpessoal, com o incrível Marco Beck do *Eu e nós*. Participei também de muitas vivências xamânicas, registros akáshicos, além de cursos de meditação, leitura de dezenas de livros e artigos científicos. Cada mergulho que eu dava, reconhecia uma parte de mim mesma que me trazia mais liberdade e leveza. Foi então que, perante os resultados positivos que encontrei em mim mesma, aprofundei os estudos, principalmente sobre a espiritualidade, sua abordagem e efeitos na vida das pessoas.

Aquela influência positiva

Uma grande influência que tive no meu processo de aprendizado e compreensão do que é um indivíduo inteiro foi conhecer Pierre Weil, psicólogo e educador francês que, em uma crise iniciática e existencial após um diagnóstico de câncer, passou por grandes transformações pessoais, que culminaram na fundação da Unipaz no Brasil. Um homem dedicado à construção e irradiação da abordagem transdisciplinar holística, trazendo paradigmas como "A arte de viver em paz", que foi publicada pela Unesco.

Quando foi que perdemos a nossa espiritualidade?

Na Antiguidade, qualquer doença ou desarranjo em um indivíduo tinha relação com causas sobrenaturais, interpretadas como maldições ou castigos de divindades pagãs. Aos poucos, a ciência foi explicando tudo o que podia sob a visão materialista do ser humano. Simultaneamente, nossa educação foi ficando cada vez mais separatista, pregando uma divisão do homem em corpo e alma. Segundo Descartes, essa divisão levou a um conceito de homem-máquina que domina a natureza, que tem seu corpo totalmente desconectado de sua mente, emoções e dos outros ao seu redor. Assim, a espiritualidade foi deixada de lado em nossas vidas.

O que é espiritualidade na saúde?

Espiritualidade não é ter e praticar uma religião. A religiosidade faz parte das tradições e crenças, porém, ateus e agnósticos podem ter sua espiritualidade manifestada, encontrando propósito, realização e sensação de conexão com algo maior além de nós mesmos. A palavra espírito não se refere a uma divindade, e sim a um ser dotado de autoconsciência e de capacidade de reflexão sobre si mesmo. Durante muitas décadas, médicos e pesquisadores estudaram e explicaram sobre as inúmeras doenças que podem acometer nosso corpo, porém, há alguns anos têm-se divulgado pesquisas sobre a saúde. Pode parecer estranho um médico atender pacientes para falar de saúde se foi treinado somente a tratar de doenças. Quando falamos em espiritualidade e saúde, podemos visualizar melhor o conceito com a descrição da Organização Mundial da Saúde: "Espiritualidade é o conjunto de todas as emoções e convicções de natureza não material que pressupõem que há mais no viver do que ser percebido ou plenamente compreendido, remetendo o indivíduo a questões como o significado e o sentido da vida, não necessariamente a partir de uma crença ou prática religiosa. Reconhecendo sua importância para a qualidade de vida, a OMS inclui a espiritualidade no âmbito dos domínios que devem ser levados em conta na avaliação e promoção de saúde em todas as idades".

Estudos da espiritualidade na medicina

Tem havido um crescimento de pesquisas nessa direção, de acordo com uma revisão sistemática, 80% envolvem estudos na área da saúde mental, geralmente apresentando menores taxas do uso de drogas, menor prevalência de depressão e tentativas de suicídio, melhor qualidade de vida e bem-estar, menor hospitalização, melhor enfrentamento da doença, adesão ao tratamento, maior aceitação da doença e da terapêutica e menores taxas de mortalidade. No Brasil, temos um Grupo de Estudos em espiritualidade dentro de uma sociedade médica, o grupo de estudos em Espiritualidade e Medicina Cardiovascular (Gemca), da Sociedade Brasileira de Cardiologia. Para esses profissionais, "espiritualidade é um conjunto de valores morais, mentais e emocionais que norteiam pensamentos, comportamentos e atitudes nas circunstâncias da vida e relacionamento intra e interpessoal. Dessa forma, espiritualidade pode incluir religião e outras visões universais, que englobam formas muito mais gerais pelas quais essas experiências são expressas, como por meio das artes, da relação com a natureza, e até ligados com a razão como investigação científica, a liberdade, responsabilidade individuais, valores humanos, compaixão e cooperação". Mensurar espiritualidade na prática clínica e em pesquisa é um desafio, pela complexidade dos elementos e definição, crenças, práticas e sentimentos que o paciente pode ter em relação a ele mesmo e à doença. Segundo a atualização da Diretriz de Prevenção Cardiovascular da Sociedade Brasileira de Cardiologia (2019), os vários instrumentos psicométricos podem ser divididos em ferramentas para rastreamento ou para coleta de história espiritual durante a consulta médica. Em um estudo realizado em 2016 em um grupo de pacientes portadores de insuficiência cardíaca acompanhados por cinco anos, a espiritualidade foi a única variável corrigida que se correlacionou com a redução de 20% da mortalidade e demonstrou que vivenciar a paz espiritual juntamente com uma melhora no estilo de vida foram melhores preditores de risco de mortalidade do que indicadores de saúde física e suas comorbidades.

O resgate da intuição

Além de todos os aspectos de melhoria à nossa saúde, o encontro e a prática da espiritualidade trazem também algo muito importante para a nossa vida: *a intuição*. Pessoas que entendem que a espiritualidade é uma forma de conexão com o próprio corpo e mente conseguem compreender e desativar pensamentos e atitudes destrutivos, aqueles que não estão em conformidade com os desejos e valores. Ao se conectar com a intuição, é possível adquirir coragem, calma e confiança de caminhar na missão individual, no propósito, na própria essência. Assim, as pessoas passam a cuidar do próprio corpo alimentando-se com mais qualidade e consciência, pois reconhecem seus vícios, cuidam da forma e de como pensam sobre si mesmas e sobre os outros, e abrem-se para novas oportunidades e novas experiências, pois reduzem o julgamento. Estar em contato com sua intuição é estar em conexão com algo maior, com a espiritualidade.

Quando a espiritualidade se manifesta

Quando uma pessoa está buscando a espiritualidade, percebo que procura algo que falta, um pedaço dela mesma que abandonou e que agora precisa ser incorporado novamente para que a inteireza se manifeste. Quando a espiritualidade está manifestada de forma integral na pessoa, ela consegue fazer melhores escolhas para si mesma e para o seu ambiente, com base em seus próprios valores, e não nos dos outros. É como se não houvesse mais resistência, como se parasse de nadar contra a corrente, sendo que não há mais a luta, e sim um fluxo contínuo. O mundo precisa de você exatamente como você é em sua essência, e isso é fundamental para que a saúde e a plenitude de todas as pessoas também se manifestem.

Agora coloque-se nessa história real

Você percebe que precisa fazer atividade física e te dá uma vontade enorme de praticar alguma dança. Você gosta muito de dançar, porém em sua educação familiar aprendeu que isso é constrangedor e esquisito, assim, você bloqueia isso na sua vida e vai fazer jiu-jitsu. Inconscientemente, você finge que está gostando de lutar. Com os dias, percebe que o seu corpo está ficando tenso, tem dores musculares, não dorme bem, anda meio irritado, com gastrite, enxaqueca. Não consegue tomar decisões, pois está confuso, sem ideias, as pessoas parecem não gostar de você, o trabalho no escritório está maçante. É um sufoco acordar e ir para o mesmo lugar todos os dias e, dessa maneira, a cada dia vai se afastando cada vez mais do seu espírito, que só quer uma coisa nessa fase da vida: dançar. Se, por outro lado, você está conectado com sua intuição, com seu espírito, e tem a devida coragem de assumir e de aplicar os desejos da alma na sua vida, que nesse momento é "vou dançar", e passa a dançar, primeiro no banheiro antes do banho, na sala, depois em uma escola de dança, daí então sua alma respira, seu corpo passa a funcionar melhor, sua mente se acalma. Você se sente mais saudável, mais feliz, seu corpo está leve, não tem mais enxaqueca, nem dores no estômago, o sono está muito mais tranquilo e, além disso, uma criatividade incrível tomou conta de você. No trabalho, você decide fazer algumas coisas diferentes, como tomar decisões por outros caminhos, passa a ter ideias maravilhosas que nunca passaram pela sua cabeça, sente vontade de trabalhar, coisa que não sentia há muito tempo, e seus colegas querem conviver mais com você, estar mais perto, pois sentem essa leveza e alegria. Era só uma questão de dançar. A nossa alma nos pede coisas simples que vão nos levar a coisas grandiosas.

Pessoas inteiras

Está cada vez mais difícil encontrar pessoas inteiras, a maioria está fragmentada. Uns desenvolvem muito bem seu lado materialista e, focados no corpo, negam a espiritualidade. Outros bem espiritualizados acabam negando o corpo, dando atenção somente ao que acontece fora do físico. Também não é possível negar a mente, nem afirmar que ela é inimiga, quando na verdade ela é uma excelente ferramenta que nos foi dada para nossos planejamentos. O ser humano só estará completo quando unir todas as forças (corpo-mente-espírito) e utilizá-las juntas.

Minha experiência com os atendimentos

Quando você toma consciência de quem você é, por meio de uma energia de amor, e não de sofrimento, as transformações acontecem de forma mais sutil.

Mesmo que em um nível profundo, causam mudanças na frequência que está em seu corpo e ao seu redor, como se você mudasse a estação de rádio, passasse de am para fm. As transformações começam a se manifestar por meio da sua própria frequência em essência, aquela que faz parte da sua natureza, e aos poucos ela muda suas atitudes e pensamentos. Há aumento da intuição, você faz suas escolhas com serenidade, reduzindo muito as expectativas.

Conclusão

Tudo acontece quando você começa a procurar ajuda e respostas, e descobre novas formas de olhar que fazem mais sentido para sua alma. Segundo o antropólogo e psicólogo da Unipaz Roberto Crema, quem busca aprender autoconsciência, que é espiritualidade, percorre um longo caminho de autoconhecimento, pois quem não se conhece está em limitação, não reconhece suas potencialidades, necessidades e carências. É o contato direto com a espiritualidade que vai te trazer o movimento necessário para ser inteiro, ter uma boa saúde, cuidar do seu corpo e dos seus pensamentos, pois tudo é escolha e escolha é movimento. Estar inteiro te fará viver no seu dia a dia com naturalidade, o que quer dizer que, apesar dos personagens que atuamos, você estará nesses papéis sendo você mesmo, sabendo lidar com as situações conforme os seus valores reais. Você será, então, um ser humano natural (que está em extinção).

Referências

DAMIANO, R. F. et al. Brazilian a scientific articles on "spirituality, religion and health". *Arch clin psychiatry* (sp) vol.43.

LUCCHETTI, G.; LUCCHETTI, A.; KOENIG H. *Impact of spirituality/religiosity on mortality: comparison with other health interventions.* Disponível em: <https://pubmed.ncbi.nlm.nih.gov/21724156/>. Acesso em: 08 nov. de 2021.

PARK, C.; ALDWIN, C.; CHOUN, S.; GEORGE, L.; SURESH, D.; BLISS, D. *Spiritual peace predicts 5-year mortality in congestive heart failure patients health psychol.* Disponível em: <https://pubmed.ncbi.nlm.nih.gov/26414488/>. Acesso em: 08 nov. de 2021.

26

ARARÊTAMA
ESSÊNCIAS VIBRACIONAIS
DA MATA ATLÂNTICA

Neste capítulo, conheceremos a história de criação das essências Ararêtama vindas da Mata Atlântica, pesquisadas por Sandra Epstein, suas concepções educacional e terapêutica, assim como sua contribuição para a evolução da espécie humana de forma sustentável.

SANDRA EPSTEIN

Sandra Epstein

CEO e fundadora daArarêtama Essências Florais

Formada em Arte-Educação pela PUC-RJ, com especialização em Neurociências e Comportamento pela PUC-RS, iniciou sua pesquisa sobre os benefícios da energia vibracional da Mata Atlântica na região de Ubatuba, em 1990, onde desenvolveu o Sistema de Essências Florais e Vibracionais da Mata Atlântica chamado Araretama. Ligada ao *Biomimicry Institute*, participa de um grupo de terapeutas e pesquisadores de diversos países do mundo que desenvolvem saberes, dinâmicas e estudos multidisciplinares. Criou o Sistema Terapêutico denominado *Fitness* Emocional, que abrange exercícios do comportamento e das emoções, como uma academia de ginástica para o emocional. Ministra *workshops* e cursos Araretama, apresentando e aplicando esse ecossistema brasileiro por vários países da Europa, Japão, Reino Unido e leste europeu, com escritório em Praga, trabalhando também por meio de programas especiais criados para liderança no século XXI, como o renomado Global Institute for Extraordinary Women.

Contatos
www.araretama.com.br
araretama01@gmail.com / araretama@gmail.com
Instagram: @oficial.araretama
Facebook: Araretama Essências Florais / oficial.araretama
LinkedIn: Sandra Epstein
11 5042 1004 / 11 94483 0999 / 11 98199 5398

A biodiversidade

A pesquisa com a Mata Atlântica iniciou em 1989, como um chamado a mergulhar na singularidade dessa rica floresta, por conta de uma enfermidade, até então terminal, de um querido amigo, com o intuito de dar suporte emocional e acolhimento afetivo. Minha formação acadêmica tem a arte e a educação como linhas mestras e a visão de mundo amalgamada na esperança de que nossa espécie biológica, a raça humana, traz a semente do convívio coletivo harmonioso e sem danos à complexidade da teia da vida – e é aqui que trago minha reflexão filosófica e contribuição prática, elaborada por décadas de aprendizado com essa biodiversidade.

O que torna a vida tão abundante e múltipla nessa floresta? Como incontáveis seres de variados tipos e diferentes necessidades vivem em equilíbrio, partilhando recursos limitados, tais como espaço, água, sol e nutrientes escassos?

A resposta reside no fato de que não são as regras de concorrência que prevalecem, mas sim as da cooperação.

Da escassez e da diversidade é gerada a abundância e o equilíbrio. As palavras-chave cooperação, auto-organização, interdependência, resiliência, liberdade, originalidade, criatividade e respeito nascem do comportamento sociobiológico dessa natureza.

Plantas e animais interagem em uma fusão, utilizando apenas aquilo de que necessitam de recursos, desempenhando papéis específicos que são interligados, de forma que o resultado é o equilíbrio do todo.

Um equilíbrio que não é estático, mas em movimento, pois a flexibilidade é uma virtude da natureza, respondendo ao fato de que a transição é inata à vida.

Como prosperar a partir da diversidade ao invés de combatê-la? Como gerar desenvolvimento sem ameaçar a vida e o bem-estar de todas as espécies? Como criar abundância onde há a sensação de escassez? Como criar resiliência e encarar as mudanças de forma positiva?

Nesse momento na história, em que os pilares do atual modelo de sociedade estão sendo profundamente questionados, essa floresta é um legado de sabedoria. Soluções para grandes desafios que enfrentamos são reveladas na simples observação dos modelos oferecidos pela natureza.

Bioma: Mata Atlântica

A Mata Atlântica é composta por formações florestais nativas (Floresta Ombrófila Densa; Floresta Ombrófila Mista, também denominada Mata de Araucárias; Floresta Ombrófila Aberta; Floresta Estacional Semidecidual; e Floresta Estacional Decidual) e ecossistemas associados (manguezais, vegetação de restingas, campos de altitude, brejos interioranos e encraves florestais do Nordeste).

Na Mata Atlântica existem cerca de 20 mil espécies vegetais, o que corresponde a, aproximadamente, 35% das espécies brasileiras e, de acordo com os dados oficiais, vivem quase 72% da população.

Essa riqueza é maior que a de alguns continentes, a exemplo da América do Norte, que conta com 17 mil espécies vegetais, e Europa, com 12,5 mil.

Esse é um dos motivos que torna a Mata Atlântica prioritária para a conservação da biodiversidade mundial.

A Mata Atlântica passa pelos territórios dos estados do Espírito Santo, Rio de Janeiro e Santa Catarina, e parte do território do estado de Alagoas, Bahia, Goiás, Mato Grosso do Sul, Minas Gerais, Paraíba, Paraná, Pernambuco, Rio Grande do Norte, Rio Grande do Sul, São Paulo e Sergipe.

A pesquisa e as essências Ararêtama se concentram nos estados de São Paulo, Pernambuco, Alagoas e no arquipélago de Fernando de Noronha.

A fundação para uma nova cultura planetária

Os tempos atuais trazem interessantes possibilidades em termos das tradições ancestrais e descobertas contemporâneas no campo científico. Vivemos um momento paradoxal como espécie humana: estamos explorando o cosmos e buscando novos planetas para viver, nossa imaginação é ilimitada quanto ao sucesso e poder. No entanto e simultaneamente, a capacidade de respeitar a complexidade da vida planetária tem sido limitada.

A espécie humana vem em sua jornada de evolução e sobrevivência baseando e acentuando seu comportamento instintivo na separação em função das diferenças: nos separamos dependendo da cultura, etnia e religião, e é aqui que nasce a importante contribuição dessa floresta. A terra da Mata Atlântica não é profundamente fértil, e foi a partir da inteligência social que ela se tornou uma das maiores biodiversidades planetárias, criando uma rede de apoio, força, resiliência e colaboração, a partir das diferenças: grandes árvores ancestrais servem de pilares para cipós, bromélias, orquídeas, líquens, cogumelos, flores e plantas silvestres de diversos tamanhos e constituição, em que cada um tem sua função e serve de suporte ao outro. A vida ativa da floresta acontece como resultado da comunhão entre as diferenças, e é esse aprendizado que precisamos e do qual nos nutrimos, quando em contato com a essências vibracionais Ararêtama, pois são produzidas com a intenção de trazer esse aprendizado, que é uma chave imprescindível para nossa evolução como espécie biológica, capaz de construir impérios e transformá-los pelos milênios, mas que precisa aprender a colaboração baseada em reciprocidade, afeto e ética, preservando a própria vida e a do outro, da própria espécie e da rede de vida no planeta e, além dele, precisam ser postulados integrados não apenas filosoficamente, mas também instintivamente.

Considero na fisiologia do comportamento três importantes centros de percepção e interação existenciais: o instintivo, o afetivo e o intelectual.

O centro instintivo está primeiramente vinculado às questões de sobrevivência e proteção de si e da espécie; aciona, neurologicamente, todos os mecanismos de defesa. Trazemos no campo morfogenético da espécie humana o *inprint* das formações a partir das nossas semelhanças e, no campo do comportamento, replicamos esse padrão, no centro intelectual, por meio das diferentes religiões que, na prática, nos separam uns dos outros, em termos de diversidade filosófica. O centro afetivo tem grande importância no universo dos sentimentos, traz o acolhimento além da fronteira da sobrevivência e da separação, e é nesse centro como vórtex e a partir dele que a sinergia entre os três centros pode ocorrer e novas informações para a evolução da espécie podem acontecer, como uma escola viva ensinando o instinto a se abrir para as diferenças e suas riquezas.

A inteligência sociobiológica da Mata Atlântica traz exatamente essa chave para nós, humanos, no paradigma da comunhão a partir das diferenças e não apenas nas semelhanças: o solo da mata não é profundamente fértil e, a partir da complexidade da trama da diversidade entre as espécies, a mata é uma das maiores riquezas planetárias.

A ciência exponencial estuda a natureza em busca de respostas tecnológicas, tais como a pesquisa de tintas para grandes áreas urbanas, vindas da pesquisa com texturas das folhas. Outro grande modelo colaborativo é o encontro entre cientistas e budistas, desenvolvendo pesquisas sobre a plasticidade do cérebro se flexibilizando a comportamentos relativos ao se abrir, a empatizar, a ser afável. Os resultados têm confirmado a capacidade da mente humana de se transformar e se adaptar ao meio e a novos desafios. Este é um ponto de partida para construirmos modelos terapêuticos e educacionais baseados na empatia, no afeto e no pertencimento a partir das diferenças, e no amor, como inteligência, pessoal e transpessoal.

Foi a partir da interação com a Mata Atlântica, tornando-me sua aluna durante essas décadas de pesquisa em campo na produção das essências florais e vibracionais, que minha postura como buscadora de interfaces para tornar nossa humanidade melhor criou a MandalaArarêtama e o Fitness Emocional – um programa de educação integrando esse conhecimento trazido pela flora atlântica, por práticas ancestrais oriundas da produção antropológica e pela neurociência.

Entre 1989 e 1995, o Sistema de pesquisa dos florais da Mata Atlântica se chamou *Atlantic Rainforest Essences*, sendo semeados essa pesquisa e o conhecimento, primeiramente, na Holanda, Reino Unido, Bélgica e Irlanda, passando posteriormente para Alemanha, República Tcheca, Eslováquia, entre outros, e no território asiático, no Japão. Em 1995, passou a se chamar Araretama – Essências Vibracionais da Mata Atlântica. Araretama é um nome tupi-guarani e quer dizer *terra da luz*.

Os princípios educacionais do Araretama foram se expandindo pelos continentes e, a partir de 2007, por meio do *GIFEW Institute*, se constituiu em modelo de liderança para o século XXI, tornando-me mentora e porta-voz dessa mensagem de reciprocidade social biológica, expressa no comportamento da nossa Mata Atlântica e ancorada em cada gota das essências produzidas.

A terapia baseada no Sistema Ararêtama nos capacita um aprofundamento no princípio das três ecologias: aprimoramento de quem somos, refinamento das nossas relações e impactar positivamente na comunidade. Essências derivadas das flores silvestres, bromélias, árvores ancestrais, flora endêmica, cipós, fungos e líquens desse ecossistema nos ajudam em nossa harmonização. A Mandala e os programas criados por meio dos kits foram desenvolvidos para um aprofundamento consciente de desejáveis qualidades emocionais, como uma academia de ginástica para o comportamento. Tanto para o corpo como para o centro afetivo e a mente, as mesmas regras se aplicam: se não treinamos ou nos movimentamos, enfraquecemos, atrofiamos ou estagnamos.

Por meio da aplicação sistemática do fitness emocional, é possível desenvolver novas percepções, integrando lacunas e traumas de forma saudável. Quando substituímos reações pré-programadas e condicionadas, abrimos um novo afluente para a homeostase emocional.

Estamos em um ciclo histórico fascinante, onde temos acesso a uma infinidade de informações. Entretanto, precisamos ter cuidado com a cultura da dopamina que também estamos criando. A dopamina é um neurotransmissor associado ao prazer. Aumentamos o nível de dopamina ao obter prazeres rápidos por meio, por exemplo, de atividades como as redes sociais, que nos legitimam amor e afeto pelos botões "curtir" nas redes. Temos relações superficiais com grandes grupos cibernéticos. Precisamos ficar atentos ao equilíbrio entre o contato humano e o virtual, assim como a atividades que estimulam a produção das oxitocinas, as moléculas do afeto que são produzidas, por exemplo, quando conversamos em nossas refeições compartilhadas, nos abraçamos, nos beijamos. Nossas ações são intrínsecas aos elementos neuroquímicos produzidos por meio da plasticidade do comportamento.

Quando nascemos, temos uma quantidade de neurônios como maneiras potenciais de construir sinapses – como jornadas de percepção, concepções e ações. Após os dois primeiros anos, nossa cultura e família onde nos desenvolvemos esculpem nossos comportamentos, dando origem aos condicionamentos. Eles fazem parte do nosso desenvolvimento, mas podem também trazer inflexibilidade para experimentar novos desafios e pontos de vista, que são condições importantes para a criação do nosso repertório pessoal.

Pense de maneira metafórica: todos nós possuímos uma bolsa de ferramentas que nos ajuda a interagir com a vida e suas oportunidades. Elas são coletadas, trocadas e consertadas por meio de nossas experiências diárias, desafios e crises. Quanto melhores e mais diversas ferramentas carregamos, mais rica pode ser nossa resposta aos desafios da vida.

Se estamos presos aos nossos condicionamentos, acabamos experimentando menos e a riqueza da plasticidade cognitiva não é usada em seu pleno potencial.

Como humanidade, precisamos criar passos para uma existência colaborativa. Podemos mais, especialmente nos lembrando da lacuna que temos entre o centro instintivo, o afetivo e o intelectual, em que apenas desejar e pensar sobre a colaboração não significa a capacidade de vibrar a colaboração. E esta é a contribuição das essênciasArarêtama, como inteligências naturais. Para a criação de uma nova cultura planetária, é fundamental que nos tornemos flexíveis, interativos, éticos e responsáveis, para entrarmos em sinergia entre as nossas três ecologias. Esta é uma das principais chaves para o novo: nosso refinamento depende de escolhas conscientes.

Somente por meio da consciência desperta somos capazes de compreender as reações instintivas de nosso sistema límbico, muitas vezes nos movendo para direções dicotômicas, em função de medos. A habilidade de nos tornarmos observadores de quem somos, o que escolhemos e como e para onde caminhamos e quem, dentro de nós, está nos guiando é uma importante chave para a evolução.

Cada gotinha das essências da Mata Atlântica Araretama, usada tanto para questões sintomáticas ou como proposta educacional das mandalas, traz essa sabedoria desse tão encantador bioma. O importante é que elas podem ser utilizadas livremente, por meio da intuição ou repertório, ou como modelo terapêutico.

Interfaces com a pesquisa e a produção educacional do ser

Além de oferecer uma linha terapêutica de essências, cosméticos com florais e pequenas mandalas por meio dos *kits*, também desenvolvi uma meditação ativa por meio dos movimentos.

A partir do núcleo de ação positiva das propriedades de cada essência, criei um movimento padrão para cara uma delas, fazendo com que o corpo físico se integre no aprendizado e na assimilação dessas virtudes, transformando-as em resultados produtivos e surpreendentes. É uma sequência criada das 31 essências mestras, que pode ser feita com a afirmação verbal de cada uma, com duração em média de 7 a 10 minutos, dependendo do ritmo utilizado, integrando o sistema nas três dimensões: física, emocional e intelectual.

A equipe Araretama terá o maior prazer em aprofundar esse conhecimento e essa terapêutica, tão essenciais para o nosso bem-estar diário!

27

QUATRO DICAS PARA RENOVAR A SAÚDE FEMININA FÍSICA E EMOCIONAL
PERMITA-SE VIVER O NOVO!

Já imaginou sua vida mais leve e sem conflitos? Meu objetivo é ajudar mulheres a encontrar seu equilíbrio emocional e físico. De forma leve e fácil, buscaremos alcançar prosperidade mental para melhorar sua qualidade de vida em todos os aspectos do dia a dia. Saiba como ter tempo para cuidar de si, adicionando práticas diárias simples. Vamos buscar a solução para desfrutar de uma existência saudável, próspera e feliz. Comece hoje sua mudança! Conecte-se com a sua melhor versão.

THAISA MIESSA

Thaisa Miessa

Fisioterapeuta especializada em Microfisioterapia e pós-graduada em Acupuntura.

Atendimentos com Acupuntura, Microfisioterapia e Barra de Access. Experiências com crianças, adultos e idosos com reabilitação e aperfeiçoamento em atendimentos com mulheres, construindo um cuidado integral. Sócia-proprietária da Clínica Claff de 2005 a 2019, em Brasília. Graduada em Fisioterapia pela Universidade Paulista de Brasília (Unip), especialiista em Microfisioterapia pelo Instituto Salgado Saúde Integral e pós-graduada em Acupuntura pela Escola Nacional de Acupuntura em Brasília (Enac). Especializações e atendimentos com Barra de Access, Pilates Equipamentos, *on the Ball*, Auriculoterapia, Reprogramação Músculo Articular (RMA), *Kinesio Taping*, RPG, Iso *Stretching* e Terapia Craniossacral.

Contatos
CREFITO 73.893-F
www.drathaisamiessa.com.br
thaisamiessamicro@gmail.com
Instagram: drathaisamiessa_micro
Facebook: drathaisamiessa_micro
YouTube: Dra Thaisa Miessa
11 98294 7228

Iniciei minha carreira atendendo apenas as partes física e estrutural da coluna vertebral e dos membros. No dia a dia, questionava-me por que as recidivas das dores dos pacientes eram tão grandes. Em um momento da profissão (sou fisioterapeuta desde 2004), percebi que precisava de mais ferramentas para ter mais sucesso em meus atendimentos, então fiz pós-graduação em Acupuntura em 2011. A partir daí, entendi que existem causas emocionais que trazem doenças, e que por trás dos músculos e ossos existem diversos conflitos, emoções e sentimentos que podem adoecer o corpo. Isso não aprendemos na faculdade.

Em 2018, mergulhei de cabeça em uma especialização em Microfisioterapia e me apaixonei. Vejo o paciente não só com uma "dor física", por trás dessa dor existem traumas, conflitos e frustrações; tenho um olhar integrativo corpo/mente. Investigo a causa da queixa, proporcionando o equilíbrio físico e mental de forma integrativa.

Você já pensou o quanto a correria do dia a dia nos faz esquecer da nossa saúde?

O corpo fala, o que você não lida pode te adoecer! Se você sente que sua vida está bagunçada, que está perdendo o controle, você não está sozinha: seus medos, frustrações, dificuldades e problemas podem ser os mesmos de muitas outras mulheres. Seu corpo fala, agora está na hora de escutar os sinais dados por ele.

Passei por tudo isso em 2019. Larguei minha cidade natal (Brasília), com minha estabilidade, minha vida profissional totalmente consolidada, e fui viver em São Paulo para me casar. Tive dúvidas, medos e inseguranças. E estou feliz e realizada. Se não arriscarmos a fazer algo novo nunca sairemos da zona de conforto e da mesmice.

Permita-se viver o novo! Seja sua própria inspiração!

Esse é o meu propósito de vida! Minha missão é ajudar o paciente a se recuperar e a melhorar sua qualidade de vida com integridade e dedicação. Minha inspiração é a melhora das minhas pacientes a cada dia. Meu objetivo é ajudar mulheres a mudar, promover equilíbrio físico e mental, se desafiar, estar no controle do seu tempo e do seu destino.

Seu corpo fala; você escuta o que ele diz?

Você já acordou desmotivada, sem energia, angustiada, com alguma dor na coluna, peso nas costas, enjoos, ou dor de cabeça sem saber o motivo? São sinais de que seu corpo está precisando de ajuda!

Quando o corpo está desequilibrado, apresenta sinais de que existe algo errado. O corpo é inteligente, tenta se autocurar, tirando forças de outros locais para se autoajustar e, quando não consegue mais, aparecem os sintomas. É um sinal de alerta de que tem algo não resolvido.

Por onde começar?

Saiba identificar qual seu estilo de vida e o que você precisa mudar. O corpo fala, e o que o está agredindo pode ser um trauma físico (batida, torção, distensão, ruptura muscular), tóxico (veneno, agrotóxico, poluentes), químico (bebida alcoólica, cigarro, remédios) ou emocional.

Você sabe o que é Microfisioterapia?

É uma técnica manual francesa, na qual investigamos como um "detetive" onde está o desequilíbrio do seu corpo. Quando aparecem sintomas, seu corpo não conseguiu corrigir sozinho e o organismo precisa de ajuda para saber que tem algo errado e que ele precisa se autoajustar. Tudo o que vivenciamos desde a nossa vida fetal, infância, adolescência e vida adulta fica registrado em nossas células, e todas elas têm memória e consciência. Nosso corpo possui 16 trilhões de células – já imaginou quantas "marcas" e "cicatrizes" carregamos no decorrer da vida? Essas memórias prejudicam o ritmo vital do corpo, com isso desencadeiam uma cicatriz patológica. Quando descobrimos essa perda de vitalidade, o terapeuta informa para o paciente que existe no organismo um agente agressor que precisa ser corrigido, acessando a vitalidade do tecido e a do organismo.

Pessoas com conflitos emocionais respondem muito mais via corpo do que por informação verbal. Essa técnica vem mudando a vida de várias mulheres. Na França já é reconhecida pelo governo e é a segunda técnica não medicamentosa mais indicada pelos médicos que melhora a qualidade de vida e o bem-estar, diminuindo o uso de medicações.

O Brasil e mais de 17 países vêm abraçando a Microfisioterapia como técnica integrativa.

A Microfisioterapia pode trazer benefícios como bem-estar, autoestima, sensações de realização, autoconfiança, alegria, prazer, calma e sono com qualidade.

Oito patologias que mais afetam as mulheres

Toda doença é uma oportunidade para a transformação.

1. Depressão: *O que você sente?* Diminuição do prazer pela vida, baixa autoestima, isolamento social, distúrbios do sono, tristeza constante, irritabilidade, desamparo, culpabilização, desvalorização. É assustador o número de mulheres que entra em meu consultório e, antes mesmo de eu perguntar o nome completo, já começam a chorar, de tão fragilizadas que estão. Segundo a Associação Brasileira de Psiquiatria, 20% das mulheres já tiveram, têm ou terão depressão em algum momento da vida, e isso atinge duas vezes mais as mulheres do que os homens. A causa pode ser alguma alteração bioquímica no cérebro, o corpo fica com déficit de neurotransmissores como a Serotonina e a Dopamina (responsáveis pelo prazer, bem-estar e satisfação), por conta de eventos estressantes (perdas na infância, falta de cuidado, abuso físico ou sexual, estresse diário), genética (30 a 70% das causas), atividades e substâncias tóxicas (sedentarismo, excesso de medicação, álcool, drogas, deficiência de hormônios ou vitaminas).

Sessão de Microfisioterapia: Promove um aumento dos neurotransmissores que desencadeiam esses sintomas. Há resultados extraordinários com a melhora da autoestima, empoderamento e autoconfiança.

2. Fibromialgia: *O que você sente?* Dor por todo o corpo, síndrome do intestino irritado, fadiga, alteração do sono. Doença que afeta sete vezes mais as mulheres do que os homens. São dores musculares difusas nos membros e no tronco que se mantêm por mais de três meses. A fibromialgia pode aparecer após grandes traumas, sejam emocionais, psicológicos, físicos ou uma grande infecção ou agente tóxico trazendo sentimento de impotência, desvalorização, submissão e incapacidade.

Sessão de Microfisioterapia: Após a sessão, as pacientes tiveram melhora na variabilidade da frequência cardíaca, equilibrando as emoções. Com pequenas palpações, identificamos a causa primária e, assim, eliminamos os sintomas e as dores pelo corpo.

3. Infecção urinária: Muitas mulheres se queixam de infecção urinária recorrente. O que desencadeia essa infecção é uma bactéria que vem dos intestinos. Como nossa uretra é mais curta que a dos homens, temos muito mais probabilidade de infecção urinária.

Conflitos que podem desencadear: quando você sente seu território ameaçado, ou sente seu espaço invadido ou não sabe a que território pertence.

Sessão de Microfisioterapia: Age diretamente na diminuição da frequência da infecção.

4. Menopausa: *O que você sente?* Ondas de calor, suor noturno, secura, libido baixa, alteração de peso, alteração do sono. Geralmente ocorre entre os 45 e os 55 anos. Essa fase se chama menopausa, e é quando paramos de reproduzir e nosso organismo sofre várias consequências, podendo ser precoce, que ocorre por volta dos 40 anos. Sentimento de ficar sem referência, meio perdida.

Sessão de Microfisioterapia: Pacientes relatam alívio nas ondas de calor e melhora significativa na qualidade do sono.

5. Dor lombar: É a segunda patologia mais atendida em prontos-socorros.

Quantas vezes você já sentiu dor lombar? Em casa, no *home office*, ficamos ainda mais propensas a ter essa dor, pois nos sentamos na mesa de jantar ou da cozinha para trabalhar, sem ergonomia nenhuma.

Conflitos de dor lombar estão relacionados à desvalorização. Foi nessa ocasião que conheci a Microfisioterapia, pois tinha uma dor lombar forte, que nunca melhorava. Mesmo passando por vários métodos da fisioterapia e a dor não aliviava. Foi quando resolvi procurar a Microfisioterapia e descobri que minha dor era um conflito de anos atrás que não tinha resolvido.

Sessão de Microfisioterapia: Existem estudos científicos comprovando a eficácia entre 237 pacientes avaliados, em que 209 melhoraram com a sessão, ou seja, 88% obtiveram promoção na qualidade de vida.

6. Estresse: *O que você sente?* Fadiga, diminuição do limiar de dor, baixa no sistema imunológico, ansiedade, irritabilidade. É a primeira patologia de afastamento profissional no Brasil, segundo a Organização Mundial da Saúde. Quando o estresse toma conta do nosso corpo, a glândula suprarrenal, responsável pela produção do cortisol (desencadeando o estresse), está sobrecarregada. Com isso, aumentará nossa irritabilidade e haverá alteração de sono e dores musculares, causando a sensação de ser consumido ao máximo e de exaustão física. O medo também aumenta o nível de cortisol, elevando ainda mais o estresse.

Sessão de Microfisioterapia: Logo após serem atendidas, as pacientes relatam mais tolerância às adversidades do dia a dia.

7. Intestino preso: Nosso intestino é nosso segundo cérebro, responsável pelo sistema imunológico, por neutralizar as toxinas e desintoxicar os resíduos. É o único órgão que funciona sem depender do cérebro, sendo tão importante que tem um sistema nervoso próprio. Cerca de 80% dos neurotransmissores, como a Serotonina, responsáveis pelo nosso prazer, bem-estar e alegria, são produzidos nos intestinos. Quando o intestino funciona mal, ocorre uma baixa produção desse neurotransmissor, desencadeando mau humor, tristeza, insônia e alteração de apetite. A diminuição desses neurotransmissores pode desencadear até uma depressão.

Sessão de Microfisioterapia: Existem estudos científicos que comprovam que 74% dos pacientes avaliados tiveram melhora no funcionamento intestinal.

8. Insônia: sabe qual é a importância de uma noite bem dormida? O sono é o melhor remédio, restaura as funções vitais, desintoxica e repara o organismo. Só descansamos nosso cérebro quando entramos no estágio REM, e muitas mulheres têm dificuldade para atingir essa fase. As noites de má qualidade desencadeiam aumento do estresse durante o dia, irritabilidade, memória fraca, baixa imunidade, baixo controle das emoções, aumento do limiar da dor e ansiedade.

Sessão de Microfisioterapia: Na insônia, há benefício imediato, pois é estimulada a produção de melatonina.

Autoconhecimento

Nosso corpo é o nosso templo, portanto, o cuidado precisa ser diário. O autoconhecimento é muito importante para se ter autocontrole e conseguir lidar com as emoções e sentimentos, obtendo mais qualidade de vida.

Crença limitante: É tudo aquilo que nos limita de ir para a frente, ou seja, julgamentos, pensamentos, emoções e sentimentos limitantes. Precisamos limpar nosso "lixo mental", como "Eu não tenho tempo", "Eu sou velha demais", "Isso não é para mim", expandindo nossa consciência para conhecer o novo e ampliar as percepções.

Crenças fortalecedoras: São a aceitação, por parte da mente, de que algo é verdadeiro, o que muitas das vezes é sustentado por um sentimento ou por algo que você vivenciou. Permita-se viver o novo! Leia em voz alta as crenças fortalecedoras: **"Eu tenho tempo", "Eu acredito em mim", "Eu consigo, eu posso, eu sou capaz", "Eu tenho capacidade", "Eu tenho força de vontade", "Eu posso, eu sei, eu consigo".**

Quatro dicas para renovar sua saúde mental

1. Físico: A atividade física é primordial, pois beneficia várias áreas do corpo. Além de fortalecer os músculos, diminui dores e aumenta a performance. Alimentar-se bem, de maneira saudável, permite que o corpo sofra menos para realizar a digestão.

2. Mental: Planeje seu dia: tenha momentos de prazer, faça o que te deixa feliz e motivada. Adquira o hábito de ler livros, o conhecimento pode aprimorar o trabalho e a vida pessoal. Desenvolva a espiritualidade, avalie seus pensamentos. Praticar meditação aumenta o foco e a concentração e diminui a ansiedade.

3. Emocional: Planeje seu futuro, desfrute do seu presente. Estabeleça pequenos objetivos, não guarde mágoas, perdoe, aprenda com seus erros, reconheça o seu valor. Ame-se e ame!

4. Social: Não se isole, procure ajuda, converse. Tenha empatia para viver de uma forma leve, cuide de si em primeiro lugar, não reclame, agradeça. Pratique a gentileza, doe sem tempo para fazer o bem.

Conclusão

O corpo é afetado constantemente pelo estado emocional e pelo ambiente que o cerca, tanto no bem-estar como no incômodo. Nosso organismo vai armazenando memórias do que vivenciamos e, quando negativas e não eliminadas, transformam-se em sintomas físicos, levando a alguma doença. Cicatrizes de ontem levam a sintomas hoje. Vamos investigar suas dores para descobrir a origem primária de uma dor ou doença, trazendo os benefícios imediatos da Microfisioterapia, permitindo que o corpo elimine o problema na raiz. Cuide-se e se ame, não espere o amor vir de fora para ser preenchida. Tudo está dentro de você! Assuma a responsabilidade de se amar e ser feliz.

"Quem não sabe o que procura não sabe quando encontra."

28

ÓLEOS ESSENCIAIS E A SAÚDE EMOCIONAL
UM COMPLEMENTO À MEDICINA INTEGRATIVA

Entenda como os óleos essenciais agem no organismo, em nosso emocional e como podemos usá-los para gerenciar melhor nossas emoções. De maneira prática e simples, utilize-os no dia a dia e crie novos hábitos que transformarão sua mente, corpo e espírito na melhor versão que poderia imaginar.

VAL YOSHIDA

Val Yoshida

Emotional Mentoring

Psicóloga, aromaterapeuta e terapeuta ayurveda, especialização em Medicina Integrativa e cursando Gestão Emocional nas Organizações – CEB (HIAE), Tripla Certificação em *Mentoring* (GMG), *Life Coach Certification* – Transformation Academy, MBTI – Myers-Briggs Type Indicator (EUA), Capacitação Yoga (IEPY).

Contatos
www.emotionalmentoring.com
Instagram: @val_yoshida,
Facebook: Valeria Simonini Yoshida
LinkedIn: Val Yoshida

Para te dar luz, até você perceber que ela sempre esteve dentro de você...

Depois de 18 anos como empresária no segmento de bem-estar, senti que precisava me dedicar mais à minha missão de vida. Sempre tive vontade de despertar nas pessoas o que cada um tem de especial, diferente e único: a sua essência, seu brilho, ou, para mim, sua alma; e que, na maioria das vezes, encontra-se escondido sob inseguranças, medos e crenças limitantes.

Com a minha formação em Psicologia, percebi que seria benéfico incluir alguma forma de apoio emocional ao paciente para que ele pudesse lidar melhor com o estresse que as emoções negativas podem causar, como uma possível diminuição de sua motivação interna e da sua própria imunidade durante o processo terapêutico. Algo natural, como um forte abraço, que transmitisse: "Tudo vai ficar bem, você é suficiente, você consegue, você não está sozinho!". No processo terapêutico isso não seria bem aceito, mas sabemos hoje que um abraço produz no cérebro um aumento da dopamina, que é considerada um dos hormônios do bem-estar.

Durante essa busca, experimentei os óleos essenciais, que acreditava ser apenas um cheirinho gostoso, mas que me surpreenderam com a sua forma sutil de ação e sua incrível capacidade de transformar meu emocional, meus pensamentos, minha fé e espiritualidade. Descobri que podia tê-los como apoio para equilibrar tanto as emoções negativas como as positivas. Os óleos essenciais são maravilhosos para dar suporte aos sistemas do corpo humano, mas a riqueza do tema é imensa e, neste capítulo, irei ressaltar os benefícios ao nosso emocional e como usá-los no dia a dia para trazer mais "luz" às nossas vidas.

Há milênios os óleos essenciais são conhecidos e usados pelos povos antigos, como egípcios, romanos e gregos, para tratar doenças, curar feridas, embalsamar os mortos, evocar os Deuses, perfumar, embelezar e rejuvenescer; até na Bíblia o menino Jesus recebeu dos Reis Magos os óleos de Mirra e Incenso (Olíbano), que representam a espiritualidade e também eram utilizados, na época, para afastar pragas. Especiarias como cravo, canela, alecrim, sândalo, orégano, tomilho, pimenta-preta, entre outras, foram a matéria-prima utilizada por médicos para enfrentar a Peste Bubônica. Quando visitavam os doentes, carregavam incensos para purificar o ar e mantinham uma esponja embebida em vinagre e especiarias no nariz das máscaras que usavam.

O conhecimento dos benefícios dos óleos essenciais é antigo e passou pelos boticários com suas fórmulas para aliviar vários males, mas foi esquecido após a Segunda Guerra Mundial e o crescimento e a expansão do uso de antibióticos. Há uns 20 anos, seu uso e conhecimento voltou a ganhar força na Europa, principalmente na França e nos EUA, onde a busca por soluções naturais para tratamentos de doenças e promoção da saúde aumentou e a ciência tem demonstrado resultados surpreendentes por meio de pesquisas.

Mas o que são os óleos essenciais? São compostos químicos orgânicos que estão nas folhas, flores, cascas de frutas, sementes, troncos de árvores (resinas) e raízes, presentes nesses elementos naturais para sua proteção contra possíveis agressores do ambiente, como frio, calor, chuva, neve, fungos, bactérias e alguns animais; mas também servem para atrair insetos, como abelhas, borboletas e pássaros, para sua polinização. Sua composição química depende de sua função na natureza, por isso podem ter ação antimicrobiana, anti-inflamatória, fungicida, antiparasitária, antiviral, calmante, estimulante e afrodisíaca.

Uma vez que nós, seres humanos, somos constituídos à base de carbono, assim como as plantas, os óleos essenciais extraídos são compatíveis e benéficos. Outra qualidade é o tamanho molecular de seus compostos que, por serem bem pequenos, passam facilmente através das camadas dérmicas da pele. Por isso, apesar de naturais, os óleos essenciais são extremamente concentrados e exigem cuidados no uso principalmente por gestantes, bebês, crianças, idosos, alérgicos e pessoas com qualquer condição especial de saúde. É sempre recomendado consultar um profissional de saúde.

A maneira como uma emoção é interpretada na mente pode produzir no organismo hormônios do "bem-estar" (serotonina, dopamina, oxitocina) ou hormônios em resposta ao estresse, de "luta ou fuga" (cortisol e adrenalina). Do mesmo modo, os óleos essenciais agem em nossas emoções produzindo reações químicas que fazem o hipotálamo "acreditar na emoção" de determinada composição química e desencadear um processo que produz centenas de neuropeptídeos que afetam a função celular, alteram nossa bioquímica e nosso corpo. Por isso, quando inalamos óleos como menta e alecrim, que são mentolados e possuem alta concentração de cetonas, o corpo desperta e tem mais energia. E quando inalamos o gerânio e a melissa, que têm como componente principal o geraniol, o corpo reage relaxando.

Várias ciências da saúde antigas e modernas, como acupuntura, psicossomática e medicina germânica, comprovam a relação entre os problemas de saúde e emoções vividas pelas pessoas durante sua vida. Causadas por fatores ambientais ou por processos psicológicos internos, as emoções ficam gravadas nas células do corpo e, portanto, podemos considerar que quanto antes percebermos como estamos nos sentindo, maiores as chances de atuarmos de maneira proativa e assertiva para evitar os efeitos maléficos das emoções negativas no corpo e na alma.

Maneiras de usar os óleos essenciais:

• A aromaterapia, como ficou conhecida a técnica do uso dos óleos essenciais, se utiliza principalmente do sentido do olfato, que é o mais primitivo e exerce poderosa influência sobre nossos pensamentos, emoções, estados de espírito, memórias e comportamentos. A inalação é a forma considerada mais segura, fácil de aplicar e menos custosa, por isso a mais difundida. O óleo essencial pode ser propagado em um ambiente por meio de um difusor elétrico, ser inalado no próprio frasco ou com algumas gotas nas palmas das mãos em forma de concha, colocado em spray diluído em água ou álcool de cereais e, ainda, uma gota no travesseiro ou colchão.

• O uso tópico se dá por meio de massagens locais do óleo essencial diluído em algum óleo vegetal ou hidratante orgânico e passado nas têmporas, testa, nuca, peito, abdome, punhos, ombros, costas, pernas e sola dos pés; os compostos químicos orgânicos são absorvidos pelos poros da pele, entram na corrente sanguínea e são transportados a cada célula do corpo, auxiliando na promoção do resultado esperado. É uma forma de uso profundamente relaxante e extremamente eficaz quando também considerados os pontos de energia dos meridianos e os chakras no corpo.

• O uso interno, um pouco controverso no Brasil, afeta diretamente o sistema digestório, passa para a corrente sanguínea e circula rapidamente para muitas áreas do corpo. Não são todos os óleos essenciais que podem ser ingeridos, mas entre eles um exemplo são os efeitos anti-inflamatório e antiespasmódico da cúrcuma e anticarminativo do funcho em pacientes com Síndrome do Intestino Irritável, nos quais houve uma melhora nos sintomas.

• Podem ser usados para a fabricação de produtos artesanais e sustentáveis para casa, como aromatizador, sabonete, shampoo, condicionador, hidratante, sabão para lavar roupa, multiuso para limpeza, velas aromáticas, entre outros.

Nossas emoções e sentimentos sofrem a todo momento influências de fatores externos e internos como: o ambiente em que estamos e passamos a maior parte do tempo, nossos relacionamentos, acontecimentos positivos ou negativos do dia a dia, nossa saúde, alimentação, pensamentos, qualidade do sono, hormônios, posição dos astros etc. Podemos controlar alguns fatores, talvez a maioria não, mas naqueles em que podemos atuar é preciso considerar o quanto estão presentes em nossa rotina, pois são os que mais contribuem para como estamos nos sentindo. Esta é uma das razões pelas quais é importante se autoavaliar, analisar as emoções, sentimentos e sempre procurar nomeá-los para, assim, ter consciência do estado atual, o que realmente está precisando e, desse modo, sairá de um comportamento passivo para um ativo com seu próprio equilíbrio emocional. Exemplo: se está irritado e tem dores de cabeça toda vez que determinada reunião acontece, pare por alguns minutos, feche os olhos, respire fundo algumas vezes e reflita sobre como está seu corpo. Perceba onde está mais tenso, perceba seus pensamentos, avalie se é uma raiva não externalizada que pode estar causando a tensão na nuca, no pescoço, provocando dor de cabeça e que tudo isso pode ser resultado de um grande medo de não ser bem aceito. Busque investigar as causas mais profundas e não olhe somente os sintomas, você pode usar um óleo essencial para aliviar a dor de cabeça, mas será muito mais proveitoso e efetivo usar aquele que te ajuda a sentir-se mais seguro, mais tranquilo para expor sua opinião e aceitar de forma construtiva comentários.

Tornar essa autorreflexão e essa autoavaliação um hábito, SEM a necessidade de julgamento, simplesmente para tomar consciência e se questionar como pode atuar, irá contribuir para seu autoconhecimento e transformação. Com o passar do tempo, irá perceber novas pequenas atitudes, que experimentará e terá resultados inesperados e surpreendentes. Nessa pausa de alguns minutos diários, você escolherá um óleo essencial de acordo com sua necessidade e sentirá após alguns dias como se "ligassem" uma pequena luz de esperança em sua alma. Pouco a pouco surgirá um anseio de começar a fazer coisas que tenham mais significado para a sua vida.

Você se sentirá estranho, porque talvez as situações externas poderão não ter mudado ou estarem igualmente estressantes, mas algo em você estará melhor e mais integrado. Como os antigos egípcios acreditavam que com os óleos essenciais encontrar-se-iam com os Deuses, eu acredito que contribuem para esse encontro com nossa "alma" e com um despertar de nosso potencial e sentido da vida – nosso propósito.

A lista a seguir o auxiliará a encontrar o que mais se aproxima do seu contexto. Comece escolhendo de 1 a 5 no máximo, pois como são extremamente concentrados, o ideal é perceber as pequenas mudanças com o uso de cada um. Mais importante que a quantidade é a frequência, no mínimo duas vezes ao dia, todos os dias, por 10 a 15 dias. Cada pessoa tem uma sensibilidade e um tempo diferentes; quando perceber mudanças se reavalie e continue com o mesmo óleo ou escolha outro que se adapte mais à sua nova necessidade.

Emoções positivas, sua relação com o corpo e sugestões de óleos essenciais que podem auxiliar a promovê-las:

- Compaixão/empatia: apoiam o coração e os pulmões e promovem flexibilidade, circulação e bem-estar geral. Alecrim, laranja, limão, patchouli e olíbano.
- Coragem: fortalece o sistema estrutural (ossos, músculos, ligamentos), o
- Sistema respiratório, o sistema imunológico e o desempenho mental. Arborvitae, canela, cravo, laranja, manjericão, olíbano e sândalo.
- Gratidão: apoia o coração, promove o equilíbrio hormonal, o sono e reduz a inflamação. Cipreste, jasmim, olíbano, rosa, laranja e tangerina.
- Alegria: sensação de abundância ou expansão, impulsiona o sistema imunológico. Canela, olíbano, gengibre, petitgrain, laranja, limão.
- Amor/confiança: apoiam o coração, os sistemas estruturais, o sistema endócrino, o imunológico, o fígado, a vesícula biliar e os rins. Bergamota, gerânio, bagas de zimbro, laranja, lavanda, olíbano, rosa e sândalo.

- Paz/satisfação: apoiam as funções cerebrais, como cognição, fluxo sanguíneo e sistema endócrino. Coentro, laranja, manjericão, melissa, mirra e olíbano.

Emoções negativas, sua relação com o corpo e sugestões de óleos essenciais que podem auxiliar a restaurá-las:

- Raiva: afeta fígado, rins e pode contribuir para infecções. Arborvitae, alecrim, bergamota, laranja, lavanda, manjericão, menta, mirra, olíbano e vetiver.
- Ansiedade/insegurança/medo: afetam o cérebro, o sistema nervoso, o coração, os rins e os intestinos. Abeto branco, bergamota, camomila romana, capim limão, gerânio, laranja, lavanda e manjerona.
- Sobrecarregado: afeta os ombros, a coluna superior, o pescoço e a região lombar. Camomila romana, gengibre, laranja, manjericão, olíbano, sândalo e tangerina.
- Culpa/vergonha: afetam o estômago, os intestinos e o meio das costas. Bergamota, coentro e limão.
- Baixa autoestima/falta de autoestima: afetam a visão, o pâncreas, o baço, o meio das costas e a pele. Baga de zimbro, bergamota, canela, cipreste, eucalipto, manjericão e ylang ylang.
- Necessidade de controle/fora de controle: Afetam a bexiga, os órgãos reprodutivos e os seios nasais. Canela, cravo, lavanda e sândalo.
- Ressentimento: afeta a garganta, a boca e a glândula tireoide. Alecrim, cardamomo, eucalipto, limão e ylang-ylang.
- Tristeza/luto/depressão: essas emoções prolongadas afetam o coração, os pulmões e o sistema imunológico. Capim-limão, gerânio, helichrysum, melaleuca, melissa, olíbano, orégano e tomilho.

Espero contribuir para ampliar o conhecimento de um novo olhar para os óleos essenciais. Gostaria de compartilhar com o maior número de pessoas a imensa renovação que eles trouxeram à minha vida e que as informações aqui apresentadas despertem a curiosidade de experimentá-los. Em conclusão, a aromaterapia oferece uma ferramenta de apoio eficaz nos processos de cura emocional, sair de velhos hábitos e padrões de enfrentamento ineficazes e despertar a espiritualidade, independentemente de religião. Recomendo como suporte emocional em nosso cotidiano e como complemento a todas as práticas integrativas que nos auxiliam a viver a vida da melhor maneira dentro das possibilidades de cada um.

Referências

DINIZ, A. B. *O potencial dos óleos essenciais na pandemia*. Disponível em: <https://www.otempo.com.br/interessa/o-potencial-dos-oleos-essenciais-na-pandemia-1.2327082>. Acesso em: 09 nov. de 2021.

NATURAL ADVISER. *History of essential oils*. Disponível em: <https://natadviser.com/history-of-essential-oils/>. Acesso em: 10 out. de 2021.

OS FUNDAMENTOS essenciais: um guia simples para viver os hábitos de bem-estar. Total Wellness Publishing, 2018.

WIKIPEDIA. *Olfato*. Disponível em: <https://pt.wikipedia.org/wiki/Olfato>. Acesso em: 09 nov. de 2021.

29

RMDZ
REPROGRAMAÇÃO
MENTAL EM DELTA

Neste capítulo, a autora aborda o quanto somos energia e o nosso potencial infinito de cura e autorrealização, o que pode vir a ser desvelado com a aplicação da técnica de reprogramação mental em delta, e com a somatória de estudos terapêuticos embasados na neurociência, nos aparelhos em hertz, na homeostase do corpo humano, no correto uso da naturopatia e nas demais terapias integrativas aplicadas à saúde como um todo.

ZAIKA CAPITA

Zaika Capita

Empresária em produções artísticas, em saúde, estudos terapêuticos e tecnologias integradas à saúde.

Idealizadora e proprietária da Clínica Gratittude ao lado do esposo e sócio Dr. Davi Rodrigues, médico cirurgião e palestrante. A clínica fica localizada no coração do Brasil, Brasília. Biocomunicadora, terapeuta, doutoranda em Naturopatia, professora, neurocientista, e estudiosa em biomedicina e nas frequências. Realiza atendimentos integrativos com foco no equilíbrio do corpo, mente e espírito. Aplica a técnica para reprogramar a mente em Delta (RMDZ) e também outras terapias em hertz, com aparelhos terapêuticos como QUANTEC Pro.

Contatos
Instagram: @zaikacapita
61 3234 3400
61 99154 9499

Apresentarei com muita gratidão, nas próximas páginas, uma breve visão da imensa capacidade mental, emocional e até espiritual adormecida no profundo do subconsciente humano.

Somos energia e potencial infinito de cura e autorrealização, o que pode vir a ser desvelado com a aplicação da técnica de reprogramação mental em delta, e com a somatória de estudos terapêuticos embasados na neurociência, nos aparelhos em hertz, na homeostase do corpo humano, no correto uso da naturopatia e nas demais terapias integrativas aplicadas à saúde como um todo.

Desenvolvi uma dinâmica de limpeza mental que, aprimorada com a união de muitos estudos, é uma técnica capaz de detectar a capacidade de reconfiguração da autoimagem, da liberação de padrões mentais, hereditários e de costumes adquiridos, seja pelo convívio ou pela sucessão de fatos inesperados. Respeitando, assim, as memórias pessoais de cada indivíduo e se aplicada com diligência e orientação devida, liberará o paciente do cárcere das experiências traumáticas circulantes em cada célula desse conglomerado de vibração, frequência e energia chamado de cérebro humano.

Começar falando da Zaika parece uma tarefa simples, mas não é nem um pouco, com a característica de grande versatilidade e empreendedorismo constante. Essa característica visionária de sempre buscar conhecimento descreve uma multiplicadora de informação e cientista da alma, amante do infinito potencial humano e eterna aprendiz. Quanto mais busco, mais quero entregar ao próximo, o que se desvela nas minhas descobertas e estudos quânticos.

Minha primeira formação acadêmica é de professora, com licenciatura plena em Letras. Iniciei no magistério aos 16 anos, com uma intensa devoção pela educação, com a plena convicção de que cada um tem um potencial para grandeza e habilidades ilimitadas. De origem simples, mãe costureira e pai comerciante, aprendi desde cedo a buscar a autossuperação.

Na intenção inicial de limpar meus próprios traumas, debrucei-me no mundo místico dos estudos do cérebro e da alma. São muitas histórias, que contarei em outro momento.

Estudei atuação para cinema e televisão e degustei também maravilhosas experiências na comunicação e na locução televisiva. Casada e mãe, percebi a necessidade de ampliar os estudos terapêuticos para apoiar a qualidade de vida da família e, em especial, da minha filha, que passou por um processo intestinal diferente. Empresária na área de saúde com meu sócio e marido, temos uma clínica Integrativa de medicina e terapias complementares em Brasília.

Impelida e motivada a mergulhar de cabeça nos estudos de um grupo de cientistas da Nova Ciência, no qual realizei uma pós-graduação de Biofísica, outra de Neurociência, voltada para as frequências e ondas mentais, a graduação de biomedicina e um doutorado em Naturopatia, que faço atualmente com grande paixão a concluir em 2022, pois é um curso que veio para colocar um superlaço na visão do ser integrado à qualidade de vida e à importância da constante harmonia com o Universo.

RMDZ – reprogramação mental em delta

Sendo bastante objetiva, a técnica RMDZ (Reprogramação Mental em Delta), aplicada conjuntamente com o aparelho Neurospa, emissor de ondas mentais, reprograma a mente com a indução da onda delta profundo e, conjuntamente, a reprodução de uma gravação feita com a própria voz do indivíduo evitando, assim, a rejeição ou o questionamento interno. É aplicada em ambiente apropriado e com texto no imperativo, no modo do tempo presente.

Ao falar de traumas, fica quase impossível não falar na música circulante, como analogia ao roteiro interno, que se repete dia após dia, na mente de cada um de nós. Quem nunca ficou relembrando ou até revivendo por dias ou anos um determinado fato deletério? Memória essa capaz de adoecer, mudar o formato físico, bloquear sonhos, retardar metas e até levar o indivíduo ao extremo do suicídio. Quando olhamos um indivíduo sofrendo, não podemos dimensionar o limite suportável de cada trauma. O que para uns seria algo sem importância, para outros pode ser a gota d'água no processo psicoemocional. Visando a extrema importância dessa técnica na capacidade de tirar o paciente de um surto emocional, posso afirmar a extrema relevância da aplicabilidade da técnica de RMDZ para os mais diversificados fins, em especial a preservação da própria vida.

São inúmeras as experiências com pacientes em processos de mudança de hábitos e de superação de traumas, como estupros, bloqueios familiares, ampliação do processo ensino-aprendizagem, ampliação de intelecto, conquistas pessoais de autoestima, melhor concentração, processos de imunidade e até casos de restauração dos equilíbrios físico e emocional no tocante à reabilitação da saúde.

A aplicação da técnica de RMDZ é tão surpreendente que a cada paciente percebo que não existe uma regularidade, até mesmo porque cada um reage de modo diferente no tempo de liberação das informações e na permissão da reformulação da visão dessas mesmas experiências gravadas no fundo do subconsciente.

Estudos de caso – reprogramação com as ondas delta

1. Marília (nome trocado para preservar a paciente) sempre acordava de madrugada com a memória dos abusos que sofreu na infância e, com uma semana de aplicação da técnica, conseguiu passar a ter um sono revigorante e tranquilo.

Ela relatou, em retorno ao consultório, que após 45 dias de aplicação, conseguiu perder e liberar a sensação de medo intenso que sentia todas as madrugadas quando acordava com as memórias do seu agressor. Relatou ainda que não esqueceu, que apenas superou e que se sente fortalecida por saber que venceu as experiências traumáticas.

2. Outro paciente buscou a técnica pela sensação de rejeição e impotência que ficou pelo fracasso da lembrança gravada em seu subconsciente da primeira experiência sexual fracassada na adolescência. Fato esse que se arrastou por 42 anos. A lembrança circulante gerou um bloqueio e ele não conseguia se entregar a um relacionamento, e isso desencadeou uma tristeza profunda, uma sensação de não pertencimento e, por fim, um câncer de próstata. Após três meses de reprogramação, o paciente apresentou uma incrível mudança em seu organismo, assim como sua mente apresentou uma reconfiguração em sua autoestima e em seu desempenho físico, com profunda vontade de praticar esportes como tênis e corrida livre. A sensação de estar liberado de qualquer dor física e emocional se manifestou fortemente em sua personalidade e o melhor: a remissão do processo degenerativo celular também ocorreu. A cura emocional muitas vezes se estende ao corpo físico.

Sabemos que a capacidade mental diante dos processos de saúde é imensurável no que tange à reconfiguração e à autorrestauração das saúdes mental e física. Acredito que estamos começando a compreender a real capacidade dos efeitos da mente sobre o corpo e de todos os demais processos de criação e de realizações humanas.

3. Outra paciente, uma mulher bonita, realizada na carreira e financeiramente independente, buscou a reprogramação por se sentir solitária e pela tristeza profunda de sempre ter terminados os noivados na véspera do casamento, sem compreender por que agia assim, mas entendeu que algo a empurrava para uma atitude repetitiva em sua vida. Ao se perceber solitária e infeliz aos 50 anos, mesmo tendo uma carreira brilhante, compreendeu a necessidade de buscar a realização da mente em equilíbrio com o corpo. Foi então que iniciamos o processo de reprogramação com as ondas delta. Nos primeiros dias, ela tentou se sabotar e não deu seguimento. Após uma nova conversa, disse estar resoluta em ir até o fim da limpeza mental. Foi então que após uma semana recebi a ligação da paciente aos prantos dizendo ter lembrado de uma cena que vivenciou aos 6 anos de idade, na qual descobriu que o pai havia traído a mãe e, ao ver o sofrimento da genitora, jurou para si mesma nunca se casar, pois não permitiria que homem nenhum a fizesse padecer como a mãe estava sofrendo. Foi como se todas as fichas do mundo tivessem caído para ela. O acesso às lembranças e ao desbloqueio passa pela digestão e pela eliminação do trauma.

Metodologia

Muitos pacientes necessitam realizar várias etapas da reprogramação para conseguirem a reelaboração de si mesmos. Posso afirmar que é totalmente possível, e digo em causa própria.

A minha primeira paciente fui eu mesma. Tive uma infância nada fácil e, com a separação dos pais e a postura agressiva do pai com a família, precisei buscar meu próprio elixir antes de pensar em tratar alguém. Foi uma experiência que me libertou de mim mesma. Hoje digo que posso todas as coisas. Eu renasci, literalmente. Os traumas costumam imprimir rastros no corpo físico, e no meu caso não foi diferente. Várias vezes, tive na infância crises de pneumonia e febres emocionais inesperadas. Com a reprogramação mental, consegui reestruturar a visão do respeito pelo que cada um consegue dar. A cura da mente é ampla na alma e os benefícios no corpo são nítidos como um riacho cristalino a correr. Com muita gratidão pela minha própria história de vida e pelos diversos pacientes, posso dizer que encontrei a minha missão como curadora e terapeuta de almas. É indescritível a motivação e a alegria de ver uma pessoa renascer para a vida com a fantástica possibilidade da reprogramação profunda das memórias vividas.

No caso da utilização do aparelho emissor de ondas mentais, podemos utilizá-lo para várias finalidades com as ondas mentais de Beta (mente consciente), Alfa (mente analítica), Theta (mente subconsciente), Delta (subconsciente profundo), programas e hábitos. A neuroplasticidade mental é surpreendente. Quando decidimos reconstruir as pontes queimadas em nosso processo mental e decidimos acessar a vida plena que merecemos, é como se o próprio Criador nos refizesse para uma vida nova. Lembrando que tudo no Universo é informação e energia, posso afirmar que o observador altera o formato do processo. Assim como na energia em formato de onda que, ao ser observada, ganha formato de partícula.

Posso hoje afirmar que busquei, busquei e encontrei.

Após vivenciar muitos resultados, de fato, decidi compartilhar essa técnica com o maior número de pessoas. Acredito que em breve com mais detalhes.

Já são muitos casos de sucesso. Essa que resume inúmeros conhecimentos compilados e de fácil aplicabilidade chama se RMDZ.

A intenção é orientar o paciente e liberá-lo para uma aplicabilidade da técnica no seu próprio domicílio. As etapas da técnica são normalmente divididas em encontros presenciais ou on-line, com a periodicidade mensal.

Muitas vezes, existe a necessidade da inclusão da naturopatia no processo de reencontro com a homeostase emocional e física.

Nosso organismo funciona como uma pilha.

O processo de informação percorre o corpo, sendo encaminhado pelo estímulo respiratório e empurrado pela contração e estímulo elétrico gerado que ativa o rumo ao movimento simpático e parassimpático. Como uma bomba. Gerando polaridade e corrente no nosso líquido cefalorraquidiano que banha nosso cérebro e retorna à base da coluna em um ciclo estimado ao processo piezelétrico.

Pretendo, em um futuro próximo, abordar com requinte de detalhes, todo o processo de geração de energia, cura e fluxo de ATP, que também é beneficiado com o descongestionamento das mitocôndrias com o alívio das informações ruminantes.

Almejo, ainda, criar ampla divulgação e vislumbro que chegue às escolas primárias e fortaleça o emocional das nossas crianças na certeza de dias sempre melhores e de que somos super-humanos, capazes de realizar sonhos, ampliar nossos horizontes e de viver a tão falada vida viva.

Após consecutivas aplicações da técnica RMDZ e a constatação da mudança que proporciona no paciente, foi possível avaliar e utilizá-la também em processos de ampliação do cognitivo, relaxamento profundo, potencialização profissional e outras finalidades.

Nessa abordagem resumida espero ter transmitido a incrível paixão pela reprogramação mental e seus inúmeros benefícios ao ser humano.

Expresso minha intensa gratidão ao Criador e aos meus queridos pacientes pela confiança e persistência na busca do tesouro interior.

Agradeço a participação neste livro incrível.

Gratidão sempre.

Bem Viva!
de corpo e alma